Zu diesem Buch

Seit dem Zerfall der Zweiten Welt und der deutschen Vereinigung werden in der Bundesrepublik Standortdebatten geführt: Wo liegt das größer gewordene Land, wohin soll es sich entwickeln? Eine dieser Diskussionen ist «geopolitisch» orientiert und wird auf der linken wie der rechten Seite des politisch-ideologischen Spektrums gleichermaßen geführt: Deutschland sei angesichts der Umwälzungen in Europa in einer neuen Lage und dürfe sich nicht mehr so eng an den Westen binden. Zugleich hält die Auseinandersetzung mit dem Zustand und der Zukunft der westlichen Zivilisation unvermindert an, wird aber zunehmend konservativ romantisch eingefärbt. Immer häufiger wird in der Debatte offen oder verdeckt mit dem alten und unheilvollen Gegensatz von deutscher Kultur und westlicher Zivilisation hantiert. Die Werte des Westens, so erklärt man uns von allen Seiten und aus den unterschiedlichsten Beweggründen, seien weltfremde Abstraktionen, die sich angesichts politischer, sozialer, wirtschaftlicher und ökologischer Verfallserscheinungen als Illusion erwiesen hätten.

Das Antiwestlertum befindet sich im historischen Aufwind und gewinnt im Inland wie im Ausland weiter an Einfluß. Es trägt geistige und politische Strömungen vom Ökofundamentalismus bis zur Neuen Rechten, vom amerikanischen «political correctness»-Syndrom bis zur russischen Eurasierideologie, vom islamischen Fundamentalismus bis zum Ethnopluralismus der französischen Nouvelle Droite. Richard Herzinger und Hannes Stein suchen diese Strömungen auf und machen sie in ihren historischen und aktuellen Ausprägungen kenntlich. Sie halten das tradierte Rechts-Links-Schema bei der Auseinandersetzung mit politischem Gedankengut für überholt und ersetzen es durch ein neues: westlich oder antiwestlich? Aus diesem Blickwinkel machen sie Entdeckungen, die für weite Teile der Rechten ebenso wenig schmeichelhaft sein dürften wie für weite Teile der Linken. Dieser Band ist ein Sachbuch, insofern er die wichtigsten Phänomene des Antiwestlertums und ihre ideologischen Konstruktionen beschreibt; ein Sachregister hilft dem Leser, sich diese Beschreibungen zu erschließen. Er ist zugleich eine politische Streitschrift, insofern die Autoren offensiv verdeutlichen, wo sie selbst stehen: auf der Seite des Westens und seiner zivilisatorischen und demokratischen Prinzipien. «Die universalen Menschenrechte sind kein amüsantes Hobby für realitätsuntüchtige Moralisten. Das Recht auf freie Rede ist kein Luxus, ebensowenig wie die Gewaltenteilung oder die institutionelle Austarierung von Interessenkonflikten. All diese Werte und Prinzipien sind das Lebenselexier des Westens. Schärfer formuliert: Diese Werte und Prinzipien *sind* der Westen.»

Richard Herzinger, Dr. phil., Jahrgang 1955, ist Germanist an der Freien Universität Berlin. Er veröffentlichte zahlreiche Aufsätze, vor allem zur DDR-Literatur, zur konservativen Revolution und zur deutschen Kulturphilosophie sowie Essays, Artikel und Rezensionen u. a. in der *Zeit,* der *Frankfurter Rundschau,* der *Wochenpost.* 1992 erschien sein Buch *Masken der Lebensrevolution. Vitalistische Zivilisations- und Humanismuskritik in Texten Heiner Müllers.*

Hannes Stein, Jahrgang 1965, studierte Anglistik, Amerikanistik und Philosophie und lebt in Hamburg. Seine Veröffentlichungen – vor allem im Feuilleton der *Frankfurter Allgemeinen Zeitung* – umfassen Literaturkritiken, Essays, Polemiken und Reportagen.

Richard Herzinger / Hannes Stein

Endzeit-Propheten oder Die Offensive der Antiwestler

Fundamentalismus, Antiamerikanismus
und Neue Rechte

Rowohlt

rororo aktuell
Herausgegeben von
Rüdiger Dammann und Frank Strickstrock

Originalausgabe
Veröffentlicht im Rowohlt Taschenbuch Verlag GmbH,
Reinbek bei Hamburg, April 1995
Copyright © 1995 by Rowohlt Taschenbuch Verlag GmbH,
Reinbek bei Hamburg
Alle Rechte vorbehalten
Umschlaggestaltung Büro Hamburg – Jürgen Kaffer /
Peter Wippermann (Foto: Jürgen Röhrscheid / FOCUS)
Satz Aldus (Linotronic 500)
Gesamtherstellung Clausen & Bosse, Leck
Printed in Germany
1490-ISBN 3 499 13561 2

Dem Andenken von Karl Raimund Popper

Inhalt

Amerikaner sein, heißt auch geächtet und fremd gewesen zu sein, es heißt, Wege des Exils gegangen zu sein und zu wissen, daß der, der den Geächteten, Fremden und Exilierten abweist, auch Amerika abweist.

Robert Kennedy, To Seek a Newer World

Westler gegen Antiwestler

Das Jahr 1989 markiert nicht nur darum einen epochalen Einschnitt, weil damals die sozialistische Utopie eingestürzt ist wie ein Kartenhaus; auch die vertrauten politischen Kategorien sind seither ins Rutschen geraten. Niemand weiß mehr, was «links» und was «rechts» bedeuten soll, keiner kann mehr sagen, wer fortschrittlich ist und wer ein Reaktionär: Fidel Castro? Hans Magnus Enzensberger? George Bush? Michail Gorbatschow? André Glucksmann? Franz Schönhuber? Jitzchak Rabin? Das alte Schema ist heute ungefähr so aktuell wie der Streit zwischen den Grünen und den Blauen im byzantinischen Reich – nur die Farben sind geblieben.

Manche Intellektuelle vertreten deswegen die Ansicht, daß nach dem Ende des kalten Krieges die große Unübersichtlichkeit über uns hereingebrochen sei. Als Beweis dafür mußte ausgerechnet der italienische Medientycoon Silvio Berlusconi herhalten: Sein Wahlsieg bedeutete angeblich, daß nun endgültig das Fernsehen die Macht übernommen hatte. Die virtuelle Realität, so erklärte man uns, habe die Wirklichkeit absorbiert wie ein gefräßiger Schwamm. Aber die Neofaschisten, die als Minister in Berlusconis Regierung saßen, sind keine elektronischen Vorspiegelungen – sie sind sehr real. Und wir sind nicht in der postmodernen *Twilight Zone* angelangt, wo keine grundsätzlichen politischen Entscheidungen mehr gefällt werden müssen. Es ist längst eine neue Kontroverse entbrannt: ein tiefgreifender Konflikt zwischen den Befürwortern der offenen Gesellschaften des Westens und ihren Feinden.

Diese Terminologie ist dem russischen Kontext entlehnt. Seit mehr als hundert Jahren wütet dort der Streit zwischen «Prowestlern» und «Slawophilen», zwischen Freunden und Gegnern des Liberalismus. Doch nicht nur in Rußland gibt es Antiwestler. Von allen Seiten schallt uns heute entgegen, die liberalen Werte seien weltfremde Abstraktionen, die angesichts eines «multipolaren Pluriversums» ihre Gültigkeit verloren hätten. Die deutschen Herolde der Abkoppelung verkünden, die enge Bindung an die USA sei nicht mehr zeitgemäß, und rufen uns mit Urschreien der Eigentlichkeit zurück in die Nation. In ganz Europa tummeln sich Regionalisten und Kulturrelativisten jeglicher Couleur. Ob militante serbische Völkermörder oder wild zum totalen Frieden entschlossene Gemeinschaftsbauern – jeder probiert auf seine Art den Durchmarsch. Und vor den Toren Europas schickt man sich an, von der Peripherie her das Zentrum einzukreisen. Sowohl die algerischen Islamisten als auch die ägyptischen Muslimbrüder rüsten ungeniert zum letzten Gefecht gegen die westliche Dekadenz.

Es kommt also darauf an, die offene Gesellschaft zu verteidigen. Freilich stellt sich umgehend die Frage, was diese offene Gesellschaft eigentlich ist: Sollte es sich bei ihr um das Schlaraffenland handeln, das uns von den ewigmorgigen Heilsideologen immer wieder versprochen wurde? Was macht das Wesen des Westens aus? Hat der Westen überhaupt ein Wesen? Die Antwort möchten wir in der Polemik gegen eine ungarische Philosophin und eine deutsche Historikerin geben, die empört leugnen würden, daß sie antiwestliche Ressentiments hegen.

Einwand von links: Der Westen existiert gar nicht

Die Ungarin Agnes Heller, die in New York Soziologie lehrt und als undogmatische Linke gilt, glaubt allen Ernstes, daß der Westen eine «Fiktion des Kalten Krieges» war. Schon die «oberflächlichste Prüfung» macht ihrer Meinung nach klar, daß dieser «begrifflich-geopolitische Mythos... seine Geltung verloren hat, seit der Kommunismus zusammengebrochen ist». Schließlich könne er weder geographisch noch kulturell definiert werden: Japan liegt im Fernen Osten und man ißt dort mit Stäbchen, und doch gilt das Land als westlich. Die Mitglieder des westlichen Bündnisses hatten laut Agnes Heller «niemals die Absicht..., sich auf die Art universalistischer Ansprüche festzulegen, die ‹der Westen›... regelmäßig geltend macht». Der sogenannte Westen war also lediglich ein «nom de guerre», ein Pseudonym für eine «intern durchaus unterschiedlich zusammengesetzte Allianz». Nachdem der Eiserne Vorhang hochgezogen wurde, sei sie wieder in ihre disparaten Bestandteile zerbröselt. Die einzelnen Länder machten jetzt «ihre ursprünglichen verborgenen Vorbehalte geltend und zeigten ihre Entschlossenheit, «sich um ihre eigenen Interessen zu kümmern».[1] Kurz: Der Kampfauftrag des Westens ist erfüllt, der Kommunismus totgerüstet, und von nun an gibt es nur noch eine buntscheckige Vielfalt von Nationalstaaten.

Agnes Hellers These verweist auf eine tiefe Irritation, die der Westen bei seinen Feinden (und manchmal auch bei seinen Freunden) hervorruft. *Er ist nicht substantialistisch definierbar.* Wie im Zentrum des jüdischen Monotheismus ein unnennbarer, körperloser und völlig abstrakter Gott steht (der gleichwohl als universaler Gesetzgeber auftritt), so klafft auch im Inneren der liberalen Demókratie eine Leerstelle. Niemand kann sagen, was den Kern des Westens ausmacht, denn er hat keinen Kern. Genau aus diesem Grund ist der westliche Lebensstil so universaltauglich: Auch Kulturen, die nicht in seinem Sinne geprägt sind, können problemlos den *American way of life* übernehmen.

Das bedeutet freilich nicht, daß der Westen keine verbindlichen Werte kennt. Nur sind die westlichen Prinzipien eben nicht inhaltlich bestimmbar: Es sind neutrale Werte. «Was verstehen Sie unter einer offenen Gesellschaft?» wurde Karl Popper einmal in einem Fernsehinterview gefragt. Popper grinste tückisch und erwiderte gelassen: «Ich habe keine Ahnung.» Und er fügte erläuternd hinzu: «Ich weiß nicht, was die offene Gesellschaft ist; ich weiß nur, was sie nicht ist.» Anders gesagt: Der Westen ist nicht das Bild, sondern der Rahmen; er kann nicht positiv, sondern nur negativ gefaßt werden.

Die liberale Demokratie ist nicht die Lösung der Menschheitsprobleme und gibt auch gar nicht vor, es zu sein. Sie ist aber die einzige Chance, eine schlechte Regierung ohne Blutvergießen wieder zu stürzen.[2] Der englische Philosoph Thomas Hobbes dachte, daß der Mensch dem Menschen ein Wolf sei, und nur ein starker, macchiavellistischer Staat könne das Chaos verhindern. Laut Hobbes gibt es nur die Alternative: autokratische Herrschaft oder allgemeiner Bürgerkrieg.[3] Wir dagegen sagen: die Demokratie ist der ständige Bürgerkrieg, der niemals geführt wird.

Der Westen, den wir verteidigen wollen, ist also keine heile Welt. Er ist auch nicht die beste aller Welten. Unser Bekenntnis zum westlichen Liberalismus ist nicht mehr als das fröhliche Eingeständnis, daß wir keine Utopie haben. Es gibt nur diese eine, unvollkommene Wirklichkeit, und der zivilisierte Umgang mit scheinbar überwältigenden Problemen muß täglich neu ausgehalten und erlernt werden. Die Krise kann nur ein ums andere Mal überwunden werden, aber nicht ein- für allemal; es gibt keine absoluten Lösungen, sondern nur den permanenten Versuch der Katastrophenminderung. Darum sind die universalen Menschenrechte kein amüsantes Hobby für realitätsuntüchtige Moralisten. Das Recht auf freie Rede ist kein Luxus, ebensowenig wie die Gewaltenteilung oder die institutionelle Austarierung von Interessenkonflikten. All diese Werte und Prinzipien sind das Lebenselixier des Westens. Schärfer formuliert: Diese Werte und Prinzipien *sind* der Westen.

Die Moderne wurde dank dem kapitalistischen Weltmarkt längst global durchgesetzt; die westlichen Standards aber gelten nur auf einem kleineren Teil unseres Planeten. Es gibt gute Gründe für die Annahme, daß es ohne diese Standards unmöglich sein wird, die vielfältigen Probleme der Moderne in den Griff zu bekommen. Gewiß, es ist die westliche Zivilisation selbst, die immer wieder neue Fragen aufwirft. Tiefgreifende Konflikte existieren auch zwischen demokratischen Staaten – etwa zwischen Japan und den USA. Gelegentlich regnet es dann Handelssanktionen, es hagelt böse diplomatische Noten, und manchmal kommt es sogar zu einem regulären Sturm im Wasserglas. Aber noch nie in der Geschichte hat es einen Krieg zwischen zwei westlichen Demokratien gegeben.[4]

Die «inhaltliche Leere» des westlichen Liberalismus (in Wirklichkeit: seine kluge Entscheidung, keine substantiellen Vorgaben zu machen) hat von Anfang an erbitterte Feinde auf den Plan gerufen. Bereits 1799 klagte Novalis, die Vertreter der Aufklärung seien «rastlos beschäftigt, die Natur, den Erdboden, die menschliche Seele und die Wissenschaft von der Poesie zu säubern, – jede Spur des Heiligen zu vertilgen, das Andenken an alles erhebende Vorfälle und Menschen durch Sarkasmen zu verleiden.»[5] Der romantische Dichter rief den Prowestlern zu:

Alle eure Stützen sind zu schwach, wenn euer Staat die Tendenz nach der Erde behält, aber knüpft ihn durch eine höhere Sehnsucht an die Höhen des Himmels, gebt ihm eine Beziehung aufs Weltall, dann habt ihr eine nie ermüdende Feder in ihm und werdet eure Bemühungen reichlich gelohnt sehen.[6]

Dieser romantische Antiliberalismus hat sowohl «fortschrittliche» als auch «reaktionäre» Früchte getragen. Die Linken wiederholten gebetsmühlenhaft, daß die bürgerliche Demokratie ja nur eine formale Demokratie sei; ihre rechten *opposite numbers* beklagten des Wertevakuum in der Massengesellschaft. Beide wurden von dem heftigen Verlangen getrieben, die Leerstelle des Liberalismus so schnell wie möglich mit inhaltlichem Ideologieschutt zu füllen, und keiner von ihnen verstand (oder wollte verstehen), daß ja gerade diese Leerstelle das Kostbare am Westen ist. Im Grunde war vorauszusehen, daß die linken und rechten Substantialisten sich irgendwann wieder gegen den gemeinsamen Feind zusammenschließen würden. Dieses Stadium scheint jetzt erreicht. Oder sollten wir da einer Sinnestäuschung aufgesessen sein?

Einwand von rechts: Das Antiwestlertum existiert gar nicht

Die rechte ehemalige Sozialdemokratin Brigitte Seebacher-Brandt hält alle Thesen über antiwestliche Strömungen für «Dämonisierungen und Verschwörungstheorien». Zugleich wendet sie sich gegen Tabus und Denkverbote – schließlich gehöre es zur politischen Kultur des Westens, daß jedermann frei seine Ansichten äußern darf. Sie schreibt:

> Ruhig und behäbig fließt der Meinungsstrom dahin... Wehe dem, der dran rührt und die Richtung ändern möchte. Er wird in Strudel hineingezogen, und wenn er nicht untergeht, dann ist er berühmt, besser: berüchtigt und wird abgestraft. Grobe und gröbste Argumente werden zu Hilfe genommen, antisemitisch, antiwestlich, rechts, was soviel heißt wie rechtsextrem.

Wenn nun ein paar tapfere neue Nationalisten ihre Badehose anziehen und sich waghalsig ins lauwarme Wasser stürzen, dann nütze dies doch nur dem demokratischen Pluralismus. Und wenn sie über eine eigenständige deutsche Außenpolitik nachdenken und dabei auf Deutschlands «Mittlerstellung zwischen Ost und West» verweisen, dann könne man dies doch wohl kaum als antiwestlich brandmarken. «Mittler zwischen wem, wenn der Osten westlich wird und nur noch eine geographische Größe ist?» fragt Brigitte Seebacher-Brandt rhetorisch.[7] Kurz: Das Antiwestlertum entpuppt sich bei näherem Hinsehen als eine Erfindung von verbohrten Linken, die nicht ertragen können, daß ihnen mit ihrer Heilslehre nun auch der vertraute Feind abhanden gekommen ist.

Brigitte Seebacher-Brandt argumentiert wie eine Anwältin, die ihrem Mandanten erstens bescheinigt, er habe doch gar nichts gesagt, zweitens habe er es vollkommen anders gemeint, und drittens könne man ja wohl noch seine Meinung sagen. Nun geht es aber gar nicht darum, ob auch die Feinde der westlichen Zivilisation reden dürfen. Selbstverständlich dürfen sie; nur dürfen sie es eben nicht unwidersprochen. Der Streit soll endlich geführt werden, denn er ist überfällig. Weder wollen wir dabei uns, noch wollen wir unsere Gegner zensieren.

Zugegeben: Bei unseren Recherchen sind uns allerhand kuriose Allianzen aufgefallen – Übereinstimmungen zwischen Pazifisten und Nationalisten, Rotgrünen und Grünbraunen, Multikulturalisten und Befürwortern der Apartheid. (Insofern könnte dies Buch auch heißen: *Strange Bedfellows*.) Aber handelt es sich hier wirklich um Verschwörungstheorien, wie Brigitte Seebacher-Brandt behauptet? Verschwörungen pflegen im Geheimen vor sich zu gehen; die antiwestlichen Koalitionen, die wir beschreiben, werden in aller Offenheit geschlossen. Sie basieren auf einem gemeinsamen Affekt, der nichts Mysteriöses hat.

Daß die Linke jemals prowestlich gewesen wäre, wie Brigitte Seebacher-Brandt insinuiert, ist übrigens neu. Zwar gab es immer wieder einzelne Linke, die für den Westen Partei ergriffen – *enfant terribles* wie Manès Sperber oder George Orwell oder Jorge Semprun –, aber sie blieben innerhalb der eigenen Bewegung hoffnungslos isoliert. Am abenteuerlichsten ist freilich die Behauptung, daß auch der Osten dabei sei, westlich zu werden. Diese Prognose ist eindeutig zu schön, um wahr zu sein. Die linke Agnes Heller und die rechte Brigitte Seebacher-Brandt ergänzen sich großartig: Die eine sieht aus ihrer Froschperspektive gar keinen Westen mehr, und die andere sieht aus ihrer Vogelperspektive nur noch Westen.

Endzeitpropheten

Unterdessen gehen die Antiwestler zur Offensive über. Die zivilisationskritischen Endzeitpropheten sagen voraus, daß der Liberalismus pünktlich zur Jahrtausendwende untergehen wird, und sie haben die allgemeine Stimmungslage auf ihrer Seite. Jede technische Großkatastrophe scheint zu zeigen, daß die Aufklärung gescheitert ist. Jede politische Großkatastrophe scheint zu beweisen, daß die UNO nichts taugt. Jede Naturkatastrophe deutet darauf hin, daß Mutter Erde die modernen Frevel nicht länger duldet. Diese Untergangsstimmung hat freilich Tradition. Im Jahre 1798 – also lange bevor es die grünen Theorien vom Treibhauseffekt gab – wertete Novalis «mächtige Überschwemmungen, Veränderungen der Klimate, sonderbare Meteore» als Symptome einer heftigen globalen Umwälzung.[8] Heute scheint jeder Anstieg der Arbeitslosigkeit um 0.3 Prozent davon zu künden, daß das Ende der westlichen Demokratien unmittelbar bevorsteht.

Die Neue Weltordnung, die noch vor kurzem erhofft wurde, soll nun nichts weiter gewesen sein als ein Kindertraum. Dabei hat die UNO-Intervention in Somalia (trotz aller Fehler, trotz der unvorhersehbaren Risiken) Erfolge gezeitigt und international Zeichen gesetzt. Die unblutige US-Invasion in Haiti hat die unabdingbaren Voraussetzungen geschaffen, um dort eine rechtsstaatliche Demokratie zu installieren. Auch in der Republik Südafrika kann der Westen mit Stolz einen vorläufigen Sieg verzeichnen. Nachdem der ANC sich von einer marxistisch angehauchten Stammesbewegung zu einer demokratischen Partei gewandelt hatte, wurde es möglich, das rassistische Apartheid-Regime abzuschaffen. Das militärische Engagement der Vereinigten Staaten gegen den Irak hat sogar den Weg zu einem israelisch-palästinensischen Abkommen geebnet – dem ersten in der Geschichte. Und in Ulster hat die umsichtige Politik der britischen Regierung sowohl die katholischen Fanatiker als auch die protestantischen Extremisten ins westliche System eingebunden: Der Nordirland-Konflikt erscheint plötzlich nicht mehr unlösbar. Doch all dies ficht die zivilisationskritischen Antiuniversalisten nicht an. Sie machen es sich in ihren apokalyptischen Gewißheiten gemütlich.

Wahr ist freilich auch dies: Die politische Klasse in Westeuropa bunkert sich ein. Sie erweist sich zunehmend als unfähig, die neuen Herausforderungen in Osteuropa und der ganzen Welt anzunehmen. Das schändlichste Beispiel dafür ist das ehemalige Jugoslawien, wo man kaltblütig eine völkische Neuordnung in der Mitte Europas hingenommen hat. Daß unsere politische Klasse in ihrer Bunkermentalität verharrt, beweist aber noch lange nicht, daß der Westen gescheitert ist. Es zeigt nur, daß der Westen im Begriff ist, sich selbst aufzugeben.

Seine Feinde werten dies als Beweis, daß er sozusagen naturgesetzlich an seinen inneren Widersprüchen verfault – wir nicht. Wir glauben nicht an ein inhärentes Leichengift des Liberalismus, das die Geschichtsbiologen in der Nachfolge Oswald Spenglers herbeifabulieren. Es stimmt zwar, daß der westliche Universalismus sich lange Zeit auf die Ideologie eines Fortschritts stützte, der angeblich in der Menschheitsgeschichte angelegt sein sollte. Deshalb läßt der Zusammenbruch dieser Heilslehre manche Antiwestler frohlocken; uns aber schreckt er nicht. Im Gegenteil, jetzt wird endlich deutlich, daß für das, was wir wollen, kein höheres Wesen sorgt: kein Gott, kein hegelianischer Weltgeist und keine marxistische Dialektik. Sollte die Epoche der westlichen Demokratien wirklich zu Ende gehen, wären wir selbst daran schuld. Zwischen uns und den Antiwestlern steht keine Instanz mehr, die unseren Streit entscheidet, und jeder muß selbst wissen, was er will. Wir haben uns entschieden, was wir nicht wollen: den Triumph des Antiwestlertums.

Auf manchen heftigen Einwand gegen unsere Thesen sind wir gefaßt. Einer könnte lauten, unsere Analyse sei terminologisch unpräzise. Behaupten wir denn nicht, der Links-Rechts-Gegensatz sei kein entscheidendes Kriterium zur Erkenntnis der gegenwärtigen politischen Frontlinien, und benutzen wir auf den folgenden Seiten nicht trotzdem die Etiketten «links» und «rechts» zur Kennzeichnung der diversen antiwestlichen Positionen? Und gehen wir mit diesen Etikettierungen nicht sogar äußerst freigebig um? So zählen wir zum Beispiel Erhard Eppler ebenso zur Linken wie Ulrike Meinhof. Sind das aber nicht ganz und gar gegensätzliche politische Charaktere?

Kein Zweifel, wir befinden uns bei der Beschreibung des Antiwestlertums in einem begrifflichen Dilemma. Denn obwohl sie immer weniger bedeuten, werden die Termini «links» und «rechts» nach wie vor als Feldzeichen im politischen Gerangel verwendet. Wir müssen uns also wohl oder übel dieser Richtungsbezeichnungen bedienen, wenn wir zeigen wollen, wie sich vermeintlich gegensätzliche Auffassungen in zentralen Fragen miteinander decken. Im Zweifelsfalle halten wir uns an die Selbsteinschätzung der Betreffenden: Reinhard Lettau etwa würde sich eher als einen Linken einstufen, Ernst Nolte eher als einen Rechten. Gleichwohl finden sich bei beiden Grundtopoi einer lagerübergreifenden Zivilisationskritik – und eben diese gemeinsamen Grundelemente wollen wir kenntlich machen. Sie überschreiten die altbekannten Fronten, flottieren gleichsam frei und verbinden sich mit unterschiedlichen ideologischen Konstruktionen. Die Wirkung, die sie dabei entfalten, ist nach unserer Diagnose das relevante Problem der Gegenwart – und nicht der semantische Streit darüber, was nun eigentlich authentisch links und rechts ist. Um zum Kern der Sache vorzudringen, müssen wir die alten ideologischen Schemen zunächst einmal wie vertrocknete Hülsen beiseite räumen. Sollen Alfred Hrdlicka, wenn er antisemitische Flüche ausstößt, oder Frank Castorf, wenn er ein neues «Stahlgewitter» herbeisehnt, mit Nachsicht rechnen können? Sollen sie, nur weil sie der «Linken» zugerechnet werden, milder behandelt werden als rechte Judenfeinde und Kriegsverherrlicher?

Wir meinen: Nein. Damit behaupten wir aber weder, daß es überhaupt keinen Unterschied zwischen Linken und Rechten gebe, noch sagen wir, daß einzelne Linke sich nicht ebenso gravierend voneinander unterscheiden wie einzelne Rechte. Solche Differenzen finden sich manchmal auch in den Auffassungen ein und derselben Person: Einige Positionen von Hans Magnus Enzensberger zum Beispiel halten wir für höchst alarmierend, anderen können wir vorbehaltlos zustimmen. Und selbstverständlich setzen wir, um obenstehendes Exempel noch einmal aufzugreifen, Reinhard Lettau nicht mit Ernst Nolte gleich. Über ersteren kann man sich trefflich ärgern, vor letzterem muß man sich ernsthaft fürchten. Und Noltes Thesen stellen wiederum eine ganz andere Qualität von Gefahr dar als die Praxis des islamischen Fundamentalismus (bei dem die Frage, ob er eher links oder rechts ist, ohnehin gänzlich absurd wird). Daß wir Lettau, Nolte und die Fundamentalisten gleichermaßen als Sprachrohre eines antiwestlichen Diskurses anführen, heißt nicht, daß wir kulturelitäre Hitzköpfe, kaltblütige intellektuelle Geschichtsrelativierer und extremistische Mörder in einen Topf werfen. Uns interessiert an diesen ganz unterschiedlichen Ausprägungen von Antiwestlertum das gemeinsame Ferment, um das sich ein neuer Diskurs in Europa formiert. Bedeutsam ist gerade, daß dieses Ferment bei Denkern und Bewegungen auftaucht, die ansonsten nichts miteinander zu tun haben. Diese Tatsache zeugt davon, wie weit die neue antiwestliche Stimmung bereits fortgeschritten ist.

Der russische Vernichtungskrieg in Tschetschenien und die Reaktion des Westens darauf bestätigen unsere schlimmsten Befürchtungen. Man fragt sich ernsthaft, ob die Carl Schmittsche Großraumdoktrin unter der Hand nicht schon längst zum strategischen Leitfaden der Europäischen Gemeinschaft geworden ist – nach dem Motto: Mögen doch die Serben und die Russen in ihrem Einflußgebiet jedes beliebige Verbrechen verüben, uns geht das nichts an. Die Predigten deutscher Intellektueller, derzufolge die Werte des Universalismus nur theologische Einbildungen seien, werden von engstirnigen, routinierten Machtverwaltern à la Klaus Kinkel in eine neue Appeasement-Politik umgesetzt. Auch dies ist aber keine Frage der politischen Farben: Der Sozialdemokrat Peter Glotz gehört, vor allem in Sachen Bosnien, schon lange zu den eiferndsten Propagandisten einer aggressiven westlichen Indifferenz gegenüber allen Weltgegenden, die, um eine Wendung von Alain Finkielkraut aufzugreifen, «nicht ans globale Intercity-System angeschlossen sind». Daß der neue kulturrelativistische Isolationalismus schon längst regierungsfähig geworden ist, zeigt die jüngste Äußerung des CDU-Fraktionsvorsitzenden Schäuble, die Türkei dürfe niemals Mitglied der EU werden – nicht etwa, weil sie systematisch Menschenrechte verletzt und die islamischen Fundamentalisten dort immer mehr politischen Einfluß gewinnen, sondern weil die Türkei kulturell angeblich nicht zu Europa passe.

Diese Tendenzen zeigen, daß man kein Extremist sein muß, um dem neuen Antiwestlertum die Türen sperrangelweit zu öffnen. Und in den entscheidenden Fragen der Verteidigung des Universalismus und der freiheitlichen Ideale des Westens verlaufen die Fronten quer durch die künstlich aufrechterhaltenen ideologischen Lager. Das Gefährliche an der neuen Rechten ist gerade das, was an ihr nicht ausschließlich rechts ist. Und der Antiamerikanismus von links ist gerade deshalb so bedrohlich, weil Rechte mit größter Emphase in ihn einstimmen können.

Wir selbst weigern uns, uns eine der stereotypen Etiketten anzukleben: Wir definieren uns weder als links noch als rechts, noch als Repräsentanten der «Mitte». Den unverdrossenen Linken wird dieses Buch viel zu rechts, den gläubigen Rechten viel zu links und denen in der Mitte viel zu militant sein. Damit fühlen wir uns richtig verstanden.

Wir danken dem Journalisten Stefan Grund (Hamburg), der Slawistin Dr. Karla Hielscher (Kassel), der Philosophin Dr. Marie-Luise Heuser-Keßler (Düsseldorf), dem Zivilisationsforscher Prof. Dr. Dr. Gunnar Heinsohn (Bremen) und dem Altphilologen Dr. Benny Peiser (Liverpool; von ihm stammt die Überschrift «Sündenböcke und Bocksgesänge»). Sie alle haben uns mit Anregungen, Material und Kritik geholfen. Dem Linguisten und Entologen Wolfert von Rahden (Berlin und Entenhausen) gilt unser Dank für seine donaldistische Beratung.

Das aktuelle Antiwestlertum

Wer hat Angst vor Amerika?

Über die Universalität des Antiamerikanismus

Auf einer Tagung in Berlin im Frühjahr 1993 las der Schriftsteller Reinhard Lettau dem deutschen Volk die Leviten. Es sei peinlich und unerträglich, wie unkritisch sich die Deutschen jeder amerikanischen Unsitte anpaßten. Besonders lächerlich und abstoßend sei die bereitwillige Übernahme amerikanischer Vokabeln in die deutsche Sprache. Solche widerstandslose Fügung in die Überfremdung komme einer kulturellen Selbstaufgabe gleich. Lettaus Suada kulminierte in der rhetorischen Frage: «Sind wir denn ein Volk von Lakaien?»

Kulturkritische Lamentationen dieses Zuschnitts sind auf deutschen Schriftstellertreffen nicht ungewöhnlich. Es gehört zu den rituellen Übungen der hiesigen Wortkünstler, den bevorstehenden Untergang deutschen Kulturgutes im allgemeinen und der Lesekultur im besonderen zu beklagen, um sodann die «Amerikanisierung» für den drohenden Analphabetismus eines Volkes verantwortlich zu machen, welches wohl früher einmal aus lauter Dichtern und Denkern bestanden haben muß. Mit dieser Schuldzuweisung pflegen vornehmlich unbegabte Schriftsteller sich und ihren Lesern die Tatsache zu erklären, daß ihre Produkte kaum einen Abnehmer finden.

Die antiamerikanische Aufwallung Reinhard Lettaus verdient jedoch besondere Beachtung. Zum einen handelt es sich bei ihm weder um einen unbegabten noch um einen erfolglosen Autor. Und zum anderen hätte man gerade bei diesem weltläufigen Mann deutschtümelnde Phrasen aus dem Lehrbuch des autochthonen Kulturpessimismus nicht ohne weiteres erwartet. Denn Lettau ist erst kürzlich aus den USA, wo er jahrzehntelang als Literaturprofessor gelehrt hat, nach Deutschland zurückgekehrt. Anders als so mancher Provinzler, der sich unter den Vereinigten Staaten ein kontinental aufgeblähtes Disneyland vorstellt, weiß Lettau aus eigener Erfahrung und Anschauung, daß es sich bei den Horrorvisionen vom kulturlosen Amerika um eine reine Erfindung handelt. Und Lettau, der

Wächter sprachlicher Autarkie, weiß nur zu gut, daß die amerikanische Kultur ihren Reichtum und ihre Vielfalt gerade ihrer beispiellosen Bereitschaft verdankt, fremde Kultureinflüsse aus allen Teilen der Erde in sich aufzunehmen und kreativ zu transformieren.

Bei näherem Hinsehen ist der plötzliche Rückfall des durch und durch amerikanisierten Reinhard Lettau in die Attitüde des Kultursaubermannes jedoch keine Überraschung. Denn der Antiamerikanismus basiert nicht auf bloßen Vorurteilen, die durch bessere Erfahrungen korrigiert werden könnten. Der Antiamerikanismus ist vielmehr eine Weltanschauung, die auf tief in der europäischen Kulturgeschichte verwurzelten, erfahrungsresistenten Topoi beruht.

«Amerika» ist ein universales Schreckbild: Metapher für eine unheimliche, unfaßbare Bedrohung. Auf den «Amerikanismus» werden alle Ängste vor Zersetzung, Orientierungsverlust, Selbstentfremdung und Selbstauflösung projiziert, die den modernen Menschen plagen, seit er die vermeintliche Harmonie der Stammes- oder Ständegemeinschaft verlassen hat. «Amerika» ist das Symbol eines Aufbruchs ins Ungewisse. Es ist eine Projektionsfläche für die Selbstzweifel, von denen die Moderne auf ihrer Reise ohne Wiederkehr immer wieder befallen wird.

Für kulturelle Identität oder: Bekämpf den Schweden in dir!

Amerika würde sich als Inbegriff der apokalyptischen Selbstaufgabe des Menschen jedoch längst nicht so gut eignen, wenn die Angst nicht auch mit Lustphantasien durchmischt wäre. So wie Amerika als Hölle des Egoismus, der Raffgier, der Vereinsamung und der nackten, brutalen Gewalt gilt, so gilt es doch zugleich auch als das Land der «unbegrenzten Möglichkeiten» und der schrankenlosen Genußbefriedigung. Die negative Zwangsfixierung der deutschen Linken auf den amerikanischen «Konsumterror» erklärte Wolfgang Pohrt mit ihrem geheimen, kaum zu unterdrückenden Wunsch, sich in einem Meer von Micky-Maus-Heftchen badend vor laufendem Fernseher eimerweise Coca-Cola über den Kopf zu gießen. Anders läßt sich laut Pohrt die Tatsache nicht deuten, daß die Linke ausgerechnet einem Phänomen, dem «amerikanischen Kulturimperialismus» nämlich, den Kampf angesagt hat, gegen das man im Unterschied zu vielen anderen Phänomenen gar nicht kämpfen muß. Es genügt schließlich, sich keine Coca-Cola zu kaufen, wenn man sie nicht mag.[1] In ihrer Warnung vor der schönen neuen Welt gleichen die Antiamerikaner dem Zarathustra bei Friedrich Nietzsche, der das Volk über die verhängnisvollen Folgen der heraufziehenden Herrschaft des «letzten Menschen» aufklären will. Dieser letzte Mensch werde, ohne Gefühl für Größe und Opfer, unbesorgt in den Tag hineinleben, ausgestattet mit risikolosen «Lüstchen» für den Tag und für die Nacht. Nachdem das Volk dem Zarathustra aufmerksam zugehört hat, ruft es unisono: «Gib uns diesen letzten Menschen, o Zarathustra, und wir schenken dir den Übermenschen!»[2].

In ähnlicher Weise wie dieser mißglückte Dialog funktioniert wohl auch der innere Diskurs des Antiamerikaners. Wenn er sich nur lange genug verächtlich über «Disneyland»-Kultur empört hat, raunt ihm eine innere Stimme zu: «Kauf mir ein Ticket für Euro-Disney!» Kein Wunder, daß fundamentalistische antiamerikanische Kulturrevolutionäre wie Alfred Mechtersheimer unermüdlich zum Kampf gegen «den Ami in uns selbst» aufrufen müssen. Irgend etwas ganz tief im Antiamerikaner sagt ihm, daß der *American way of life* großartig ist. Vor dem Hintergrund dieser Beobachtung können wir zu einer ersten Definition des Antiamerikanismus ansetzen: Unter Antiamerikanismus verstehen wir nicht etwa die Angewohnheit, diese oder jene Maßnahme der amerikanischen Regierung zu kritisieren. Antiamerikanismus ist der nicht endenwollende Kampf des verhinderten modernen Übermenschen gegen eine zersetzende innere Stimme, die sich flüsternd zwischen die Nietzsche- und Lettau-Lektüre schiebt: «Mach's gleich richtig, geh zu McDonald's.» Und der antiamerikanische Kulturmensch weiß, daß es dagegen keinen rational begründeten Einwand gibt.

McDonald's ist nicht zu Unrecht zum Symbol für die Amerikanisierung geworden. Keine Frage, wer gerne Chateaubriand ißt und dazu erlesene französische Rotweine genießen will, kommt dort nicht auf seine Kosten. Legt man aber die deutsche Currybuden-Kultur als Maßstab an, so erweist sich die vielgeschmähte Fast-Food-Kette als geniale Antwort auf die Speisebedürfnisse der modernen Massengesellschaft. Das Lokal ist gepflegt, das Personal freundlich, und man kann für wenig Geld eine ordentliche Mahlzeit zu sich nehmen. Und das gilt überall auf der Welt – McDonald's ist eine wahrhaft universalistische Einrichtung.

Die Rechten hassen McDonald's, weil es auf zivilisierte Weise die Idee des nationalsozialistischen Eintopfsonntags überboten hat (Motto: einen Teller warme Suppe für jeden Volksgenossen). Die Linken hassen McDonald's, weil es die alte Forderung der Arbeiterbewegung verwirklicht hat, auch der Proletarier solle an den Fleischtöpfen der Bourgeoisie teilhaben dürfen und in gut gelüftete und helle Restaurants gehen können. McDonald's symbolisiert das amerikanische Experiment, Gleichheit für alle mit Profitstreben und unternehmerischer Initiative zu verbinden – ein Experiment, das trotz aller kulturpessimistischen Unkenrufe funktioniert. So kommt es, daß sich ernsthafte Vertreter des Geistes, von Günter Grass bis Heiner Müller, nicht entblöden, unermüdlich den Kulturverfall zu geißeln, der sich in der Existenz von McDonald's manifestiere.

Daß hier eine tiefere Motivation am Werke sein muß als die Abneigung gegen Cheeseburgers, beweist die Tatsache, daß noch niemand die «Skandinavisierung» Mitteleuropas angeprangert hat. Dabei überschwemmt die Ikea-Möbelkultur seit Jahren die Wohnstuben des (nicht zuletzt linken) Mittelstandes. Wir sprechen an dieser Stelle eine Warnung aus: Wenn die Antiamerikaner nicht aufhören, gegen McDonald's zu Felde zu ziehen, dann werden wir eine Bürgerinitiative «Bekämpft den Schweden in euch!» gründen. Und dann, wehe euch, ihr Nietzsche- und Lettau-Leser! Wie werden wir euch eure Regalbrett-Kultur madig machen! Zählt lieber schon einmal eure Geldscheine, ihr edlen Kulturmenschen, denn unter Mahagoni-Schränken mit schweinsledern gebundenen Gesamtausgaben unserer großen deutschen Dichter und Denker werdet ihr dann nicht mehr davonkommen.

Antiamerikanismus als nationale Rettung oder: Der tägliche Antifaschismus des deutschen Linken

Das Beispiel Reinhard Lettaus illustriert die Kontinuität der negativen Zwangsfixierung, die die deutsche Linke im Verhältnis zu den Vereinigten Staaten entwickelt hat. Anfang der siebziger Jahre trat dieser Kulturschützer mit einem Werk hervor, das zur Kultlektüre des linksradikalen Antiamerikanismus avancierte: In seiner Analyse listete Lettau, damals schon ein wohlbestallter Professor in den USA, penibel Indizien auf, die das scheinbar demokratische Amerika des «täglichen Faschismus» überführen sollten.[3] Unter den deutschen Linksradikalen fand dieser Befund begeisterte Aufnahme, konnte doch so der Kampf gegen den amerikanischen Imperialismus als eine Art nachgeholter Widerstand gegen den Nationalsozialismus in Deutschland inszeniert werden. Anarchistische Haschrebellen, maoistische Sektierer und trotzkistische Kapitalkursabsolventen sahen sich dank der von Lettau verbreiteten Theorie nunmehr auf eine moralische Stufe mit antinazistischen Partisanen gestellt.

Die meisten der untereinander verfeindeten antiimperialistischen Kämpfer versammelten sich jedoch schon bald unter einem einzigen Banner, nämlich dem des gediegenen Karriereaufstiegs im öffentlichen Dienst («Mit taktischem Geschick die BAT-Stelle besetzen!»). Aber es gab einige, die die Thesen von selbsternannten Faschismusexperten wie Reinhard Lettau zu ernst nahmen. Während Lettau sein nonkonformistisches Dasein im liberalen amerikanischen Universitätsmilieu genoß und zu einer moralischen Autorität aufstieg, kam eine Handvoll Linksradikaler zu dem Schluß, gegen die bevorstehende Errichtung eines faschistischen amerikanischen Weltreichs helfe nur noch der Griff zu den Waffen. Am 11. Mai 1972 brachte eine Gruppe, die sich «Rote Armee Fraktion» nannte, am Eingangsportal und im Offizierskasino des V. US-Korps in Frankfurt am Main zwei Rohrbomben zur Explosion. 13 Personen wurden verletzt, ein amerikanischer Oberstleutnant wurde getötet. In einer Stellungnahme der Gruppe hieß es: «Für die Ausrottungsstrategen von Vietnam sollen Westdeutschland und Westberlin kein sicheres Hinterland mehr sein.» Am 24. Mai 1972 explodieren auf dem Gelände des Europa-Hauptquartiers der US-Armee in Heidelberg zwei Bomben mit einer Sprengkraft von 200 kg TNT. Ein Captain und zwei Sergeanten werden getötet, es gibt zahlreiche Verletzte. Dazu erklärt die RAF: «Die amerikanische Luftwaffe hat in den letzten Wochen mehr Bomben über Vietnam abgeworfen als im Zweiten Weltkrieg über Japan und Deutschland zusammen. Das ist Völkermord».[4]

Die These, nach der die USA in Vietnam einen genozidalen Vernichtungskrieg führe, erfüllte für die «antifaschistische» Linke in Deutschland eine nicht zu unterschätzende Entlastungsfunktion. Ihren plansten Ausdruck fand diese Tatsache in der gern skandierten Parole «USA-SA-SS». Daß Amerika angeblich die gleichen Verbrechen verübte, die sie ihrer deutschen Elterngeneration vorhielten, gab den jungen Linken das gerade noch so vehement negierte Vaterland zurück. Im projektiven antifaschistischen Widerstand gegen die USA bügelten sie den nationalen Selbstverlust aus, den Deutschland durch die unvergleichliche Katastrophe des Nationalsozialismus erlitten hatte. Im Kampf gegen Nazi-Amerika konnte man jetzt endlich wieder ein guter Deutscher sein. Der Antiamerikanismus der Linken war die einzig zeitgemäße Möglichkeit, den nationalen Widerstandsgeist gegen die fremden Eroberer aus seiner nachhaltigen Diskreditierung durch den Nationalsozialismus zu retten.

Diese These mag übertrieben erscheinen, und in gewisser Weise ist sie es auch. Denn erstens waren Proteste gegen die grausamen Methoden der amerikanischen Kriegsführung in Vietnam selbstverständlich legitim. Auch das schönste demokratische Ideal rechtfertigt nicht den Einsatz chemischer Waffen gegen die Zivilbevölkerung eines Landes. Das gilt unvermindert auch dann, wenn man bedenkt, daß die Führungsmacht der westlichen Welt es damals mit einem expansiven stalinistischen Terrorregime zu tun hatte – ein Umstand, auf den vereinzelte linke Denker wie Manès Sperber und Max Horkheimer die Vietnam-Protestbewegung weitgehend erfolglos aufmerksam zu machen versuchten.[*]

Zweitens waren natürlich nicht alle Achtundsechziger verkappte, ressentimentgeladene Nationalisten (und wir sind übrigens auch nicht so albern, Reinhard Lettau für die Gründung der RAF persönlich verantwortlich zu machen). Aber es steht doch fest, daß das verdeckte Ressentiment von 1968 im Laufe der siebziger Jahre offen in die nationalistische Propaganda abgekippt ist. Während sich die herrschenden Eliten der Bundesrepublik bereits damit abgefunden hatten, daß deutsche nationale Interessen nur noch im Verbund mit der westlichen Gemeinschaft artikuliert werden können, entfesselten linke Friedens- und Ökologiefreunde eine Massenbewegung gegen die verhängnisvolle amerikanische Fremdherrschaft.

Doch wenden wir uns zunächst noch einmal der Geburtsstunde der RAF im Jahre 1972 zu. Die Tatsache, daß der bewaffnete deutsche «antiimperialistische Widerstand» mit dem Blut amerikanischer Soldaten aus der Taufe gehoben wurde, rückt einen bis heute weitgehend tabuisierten Zusammenhang ins Licht: den Zusammenhang zwischen der linken Protestbewegung und dem deutschen Ressentiment gegen die amerikanischen Sieger des Zweiten Weltkriegs. Die Flächenbombardements gegen

---

[*] Gegen den Ho-Chi-Minh und Mao-Romantizismus der Neuen Linken bestand Max Horkheimer auf der Differenz zwischen westlicher Freiheit und Totalitarismus aller Couleur: «Die sogenannte freie Welt an ihrem eigenen Begriff zu messen, kritisch zu ihr sich zu verhalten und dennoch zu ihren Ideen zu stehen, sie gegen Faschismus, Hitlerscher, Stalinscher oder anderer Varianz zu verteidigen, ist Recht und Pflicht jedes Denkenden.» Max Horkheimer: Kritische Theorie. Bd. 1, Frankfurt am Main 1968, S. XIII.

Zu Manès Sperber vgl.: Ders.: Nur eine Brücke zwischen Gestern und Morgen. München (dtv) 1983, S. 58–67.

das kleine, hilflose Vietnam weckten im kollektiven Unterbewußtsein der Achtundsechziger-Generation die Erinnerung an die Demütigung, die dem deutschen Volk mit der Zerstörung der deutschen Städte durch die alliierten Luftgeschwader zugefügt worden war. Der amerikanische Krieg in Vietnam wurde für die Linke auch deshalb zu einer so großen Sache, weil sie in der Solidarisierung gegen den «Aggressor USA» das eigene verdrängte und verleugnete nationale Ressentiment ausleben konnte. Das Beispiel Vietnam bewies in den Augen der Linken, daß Amerika in Wirklichkeit kein Garant der Freiheit, sondern eine aggressive Besatzungsmacht sei, die alle Völker ihrer Selbstbestimmung und ihrer nationalen Identität beraube. Das galt dann implizit natürlich auch für Deutschland.

Der Mensch im Kampf gegen Amerika oder: Lieber tot(alitär) als Ware sein

1967 verfaßte die DDR-Schriftstellerin Christa Wolf einen denkwürdigen Beitrag für eine DDR-Propagandabroschüre zur Unterstützung des stalinistischen Regimes in Nordvietnam und der von ihm gesteuerten südvietnamesischen FNL. Sie schrieb dort:

Verbohrt in ihre barbarische Unvernunft, schlagen die Amerikaner auf Vietnam und meinen ein jedes Volk, das nicht mehr Objekt der Geschichte sein will, sondern mit wachsendem politischem und nationalem Selbstbewußtsein über sich selbst verfügt. Meinen jeden lebendigen menschlichen Gedanken, der ihrem pragmatisch-technischen Weltbild im Wege steht. Meinen im Grunde jeden Menschen, der sich seiner Verwandlung in ein manipulierbares Instrument, in einen willfährigen Konsumenten, in eine Ware widersetzt.[5]

Die kleine Passage enthält in hübscher Vollständigkeit das gesamte Arsenal des gewöhnlichen, universellen Antiamerikanismus. Die Aggression gegen Vietnam erscheint hier als notwendiger Ausfluß des «pragmatisch-technischen Weltbildes» der Amerikaner, deren «barbarische Unvernunft» auf die Vernichtung aller «lebendigen» menschlichen Werte zielt. Ausdrücklich nennt Christa Wolf als solchen Wert auch das «nationale Selbstbewußtsein». Wer sich dem Anspruch der Amerikaner, alle Völker und Menschen in «Instrumente» ihrer technizistischen Ziele zu verwandeln, nicht widersetze, höre gleichsam auf, «lebendig» zu sein, und müsse zum willfährigen Konsumzombie mutieren. Nur vordergründig redet Christa Wolf hier von Vietnam. Die Geschichte, die sie erzählt, ist die Deutschlands nach 1945, wie sie von der antiwestlichen SED-Propaganda interpretiert wurde: Amerika hat Deutschland zerstört und okkupiert, und es hat danach jenen Teil des Landes, der sich ihm willfährig unterwarf, per Konsum in ein Instrument seiner pragmatisch-technischen Welteroberungsziele verwandelt. Die Sache der Nation ebenso wie die jedes einzelnen Menschen und seiner «lebendigen Ideen» wird dagegen von der mutigen kleinen DDR vertreten, die sich mit wachsendem politischem und nationalem Selbstbewußtsein der Amerikanisierung, also der Verwandlung von Menschen in Waren widersetzt.

Das Grandiose an der kurzen Textpassage von Christa Wolf ist, daß sie in äußerster Komprimierung die universalistische mit der nationalistischen Komponente des Antiamerikanismus kurzschließt. Die DDR-Schriftstellerin malt den Teufel des völkerzerstörenden Amerika an die Wand – und damit läßt sich eine internationalistisch-weltrevolutionäre Utopie ebenso begründen wie eine nationalistische. Wenn Amerika der Feind des Menschen an sich ist, die USA also das unmenschliche oder nicht-menschliche Prinzip schlechthin verkörpert, müssen logischerweise alle Menschen gegen Amerika zusammenhalten. Man könnte hinzufügen: gleichgültig ob sie Faschisten, Nationalisten, Fundamentalisten oder Kommunisten sind.

Das Menschheitsfeindbild «amerikanischer Imperialismus» ist nämlich keine Erfindung der Linken – weder der Achtundsechziger, noch der SED und ihrer talentiertesten Schriftsteller. Der Kampf gegen den Todfeind USA war in der DDR auch nicht zum erstenmal offizielles Ziel eines deutschen Staates. Dem edlen Werk, die Menschheit vor dem kulturzersetzenden Amerikanismus zu retten, hatten sich vordem schon die Nationalsozialisten geweiht.

Halt uns fest, Carl, wir heben ab oder: Amerika als raum- und bodenloses Prinzip

Einer der intelligentesten Nazi-Apologeten, der Staats- und Völkerrechtler Carl Schmitt, hat die Grundmotivation des ewigen Antiamerikanismus in exemplarischer Weise formuliert. In einem Vortrag von 1939 faßte Schmitt die welthistorische Konfrontation der Zeit in der knappen Formel zusammen: «Großraum gegen Universalismus».[6] Schmitt versuchte damit, die Vorherrschaft Deutschlands über Europa völkerrechtlich zu legitimieren. Der Anspruch des deutschen Reichs, Europa ungestört von amerikanischer Einmischung dominieren zu dürfen, stütze sich auf das gleiche Recht, das die USA in Anspruch genommen hätten, als sie mit der sogenannten «Monroe-Doktrin» von 1823 Südamerika zu ihrer Einflußzone erklärten, in der sie keine fremde militärische Einmischung dulden würden.

Schmitt bezichtigt die Vereinigten Staaten, diese «raumbezogene» Monroe-Doktrin seit dem Ende des 19. Jahrhunderts auf die gesamte Erdkugel ausgeweitet zu haben. Das universalistische Völkerrecht diene den Amerikanern als Alibi für die weltweite Durchsetzung ihres «liberalkapitalistischen Imperialismus» und für eine unbegrenzte Einmischungspolitik. Gegen dieses Prinzip eines amerikanischen Weltimperialismus setzt Schmitt das Konzept einer Weltordnung aus «Großräumen mit Interventionsverbot für raumfremde Mächte». Die Führung und Kontrolle solcher Großräume komme dem jeweils stärksten, dominierenden Volk zu – im Falle des europäischen «Raumes» natürlich Deutschland.

Wir werden uns mit diesem Konzept Schmitts im Kapitel «Der neue Antiuniversalismus II» inhaltlich näher auseinandersetzen. An dieser Stelle interessiert uns das grundlegende Paradigma, das den Schmittschen Welt-Neuordnungsplänen zugrunde liegt. Dieses Paradigma besteht in der Entgegenstellung eines auf den «konkreten Raum» bezogenen Denkens und einer «allgemeinen raum- und grenzenlosen Weltdoktrin».[7] Unter «konkretem Raum» versteht Schmitt ein bestimmtes Territorium, eine bestimmte Landmasse. Sein ganzes Denken ist auf die Definition eines abgrenzbaren «Raumes» gerichtet, wobei sich «Raum» immer auf ein Stück Erdboden bezieht. Schmitt ist im wahrsten Sinne des Wortes ein bodenständiger Denker. Eine Konzeption, die vom Boden abstrahiert, ist ihm schlicht und einfach nicht begreiflich.

«In der Tat», so schreibt er, «hat die ursprüngliche amerikanische Monroedoktrin mit den Grundsätzen und Methoden des modernen liberalkapitalistischen Imperialismus nichts zu tun. Als echte Raumdoktrin steht sie sogar in ausgesprochenem Gegensatz zu einer raummißachtenden Verwandlung der Erde in einen abstrakten Welt- und Kapitalmarkt».[8]

Schmitt dankte daher seinem Führer Adolf Hitler emphatisch dafür, eine Art «deutsche Monroedoktrin» formuliert und somit deren authentische Idee dem Mißbrauch durch die Amerikaner entrissen zu haben. Indigniert zitiert Carl Schmitt einen amerikanischen Staatsrechtler, der erklärt hatte, die Japaner könnten sich bei ihren Expansionsplänen in dem zu ihrem Einflußgebiet deklarierten «Großraum» keineswegs auf die Prinzipien der Monroe-Doktrin berufen. Denn diese rechtfertige gerade nicht die Annexion und Unterwerfung fremder Völker. Fassungslos konstatiert Schmitt, der amerikanische Staatsrechtler empfehle den Japanern allen Ernstes, sie sollten ihre Vormachtstellung über den Weg der ökonomischen Eroberung der freien Märkte sichern. Damit werde, so Schmitt, «die Monroedoktrin als Vorwand für besonders rücksichtslose Methoden einer liberal-kapitalistischen ‹Dollar-Diplomacy› mißbraucht».[9]

Hinter der teuflischen Abstraktion des Weltmarktes wittert der bodenständige Denker Carl Schmitt ein böses Prinzip, das darauf ziele, die «Völker und die Staaten zu vernichten».[10] Der «liberalkapitalistische Imperialismus» erscheint ihm deshalb weit schlimmer als ein gewöhnlicher fremder Eroberer. Er bedrohe die Menschheit in ihrer angestammten Existenz schlechthin. Das universalistische Prinzip, das unabhängig von territorialen Definitionen gilt, hebe alle natürlichen, geopolitischen Grenzen auf. Es erscheint in Carl Schmitts Horrorszenario als eine unheimliche, unkontrollierbare, eine schlechthin unmenschliche Kraft.

Carl Schmitt war nicht in der Lage zu verstehen, daß die weltweite Gültigkeit der abstrakten Prinzipien eines universalen Völkerrechts und eines freien Weltmarktes keineswegs zur Einreißung aller Grenzen und schon gar nicht zur Weltherrschaft einer einzigen Macht führt. Nirgendwo sind die zwischenstaatlichen wie auch die rechtsstaatlichen Begrenzungen so gesichert wie dort, wo sich die Anerkennung universaler Normen durchgesetzt hat.

Carl Schmitt konnte sich hinter dem Siegeszug des «Amerikanismus» nur die strategische Planung einer perfiden Macht vorstellen. Damit führte er modellhaft den kurzschlüssigen Denkmechanismus vor, der allen Spielarten der These von der amerikanischen Weltverschwörung zugrunde liegt. Schmitt hat nicht begriffen, daß mit dem von ihm inkriminierten Ratschlag des amerikanischen Staatsrechtlers an die Japaner das Geheimnis ausgesprochen war, das den Erfolg der «Amerikanisierung» begründet hat. Dieser Erfolg beruht eben nicht auf Eroberung und Unterwerfung, sondern auf der Magnetkraft eines abstrakten Verhältnisses, an dem prinzipiell alle Völker und Individuen partizipieren können. Und von der politischen und ökonomischen Vorherrschaft eines Landes, das sich der Durchsetzung dieses Verhältnisses verschrieben hat, profitiert eben nicht nur dieses Land allein. Erst nach einem entsetzlichen Krieg und einer verheerenden Niederlage haben die Japaner den amerikanischen Ratschlag angenommen. Das Resultat: Binnen fünfzig Jahren ist Japan den USA ökonomisch über den Kopf gewachsen. Jetzt müssen amerikanische Pendants von Carl Schmitt zähneknirschend über die besonders rücksichtslosen Methoden der «Yen-Diplomacy» sinnieren.

1939 versuchte Schmitt seine Angst vor dem identitätsauslöschenden Universalismus noch dadurch zu bekämpfen, daß er den Amerikanismus zu einem unrealistischen Wahn erklärte. Die Rückkehr zu einer «echten», «erdraumhaften» Raumvorstellung, die «den wirklichen politischen Lebenskräften gerecht zu werden vermag» [11], schien für ihn beschlossene Sache zu sein. Nach der katastrophalen Niederlage des deutschen Reichs und dem Sieg des «universalistisch-imperialistischen Weltrechts» sah die Sache jedoch ganz anders aus. Plötzlich mußte Carl Schmitt erklären, warum sich nicht die universalistische Völkerrechtslehre, sondern seine Großraumkonzeption als Illusion entpuppt hatte. Sein Erklärungsmodell der fünfziger Jahre setzt daher historisch tiefer an als bei der universalen Ausweitung der Monroe-Doktrin Ende des 19. Jahrhunderts und läßt Amerika zunächst einmal außen vor. Die Engländer, so meint Schmitt nun, seien die Urheber einer ungeheuren anthropologischen Wende: Im Verlaufe des 16. und 17. Jahrhunderts habe Großbritannien den «Anruf des Meeres» vernommen und sei von der «terranen» zu einer «maritimen Existenz» übergegangen. Es habe sich vom europäischen Kontinent gelöst und sei – gleichsam als ortloses Insel-Schiff – zum «Machtträger eines ozeanischen Weltreiches» geworden.

Dieser beispiellose Schritt der Ablösung von der angestammten Erde habe eine Technik entfesselt, die sich aller menschlichen Kontrolle entziehe. Der Kulminationspunkt dieses Prozesses sei die Entwicklung atomarer Massenvernichtungsmittel und der Aufbruch in den Weltraum. [12] Carl Schmitt hat freilich in den fünfziger Jahren schon einen neuen «Anruf» vernommen: Es gelte, die «entfesselte Technik» zu «bändigen» und in eine «konkrete Ordnung» einzufügen. Dann werde «der Mensch nach einer schweren Nacht der Bedrohung durch Atombomben und ähnliche Schrecken eines Morgens (aufwachen) und sich dankbar als den Sohn der festgegründeten Erde wiedererkennen». [13]

Aufbruch in die Weltkultur
Die Amerikanisierung als Voraussetzung der Freiheit Europas

Amerika erscheint bei Carl Schmitt gleichsam als Super-Insel-Schiff, das die von den Engländern betriebene Abkehr der Menschheit von der Erde ins Extrem steigert. Schmitt legt damit ein uraltes Angstbild frei: Schon der Aufbruch des Kolumbus in Richtung Westen erschien Teilen des katholischen Klerus Spaniens als sündhafter Frevel. Der Angst vor Amerika liegt die tiefeingewurzelte Furcht zugrunde, den Boden unter den Füßen zu verlieren. Zugleich haftet dieser Angst eine überdimensionierte Bewunderung, eine quasireligiöse, negative Vergötterung an. So unendlich, unmenschlich zerstörerisch Amerika angeblich ist, so unendlich und übermenschlich mächtig erscheint es auch. Die antiamerikanische Fixierung ist daher immer auch Projektion eigener Allmachtsphantasien auf ein unheimliches *Anderes*, an dessen Omnipotenz man als vermeintliches Opfer nicht teilhaben kann. Schmitt bringt diesen Zusammenhang sehr schön zum Ausdruck. Durch seinen postnazistischen Katzenjammer geläutert, denunziert er den angelsächsischen Ausbruch aus der terranen Existenz gar nicht mehr, sondern rühmt ihn als großartige welthistorische Leistung. Das Paradigma, nach dem die Entfesselung vom Erdboden in den Untergang führen müsse, bleibt freilich immer dasselbe: egal, ob die Beschreibung denunziatorisch oder geschichtsphilosophisch verklärend ausfällt.

Die Vereinigten Staaten sind eine Art Neugründung der Menschheit, sie beweisen tagtäglich, daß eine Nation auf universalistischer Grundlage gebildet werden kann. In Abkehr von den «gewachsenen» Traditionen begann mit den USA das fortlaufende, unabgeschlossene Experiment einer Gesellschaft, die für alle Menschen jeder ethnischen und kulturellen Herkunft offen ist: das lebendige Laborexperiment einer zukünftigen Weltzivilisation. Um an diesem Versuch teilzuhaben, mußten alle Menschen von ihrem angestammten Platz aufbrechen, sie mußten ihre vorgegebenen kulturellen Identitäten hinterfragen und in einem universalen Kontext transformieren. Daß ein derartiges Experiment nicht ohne Schwierigkeiten ablaufen kann, liegt auf der Hand. Aber ungeachtet aller apokalyptischen Warnungen funktioniert diese Gesellschaft und stellt eine im Weltvergleich eindrucksvolle Stabilität unter Beweis.

Dank der Amerikanisierung kann man inzwischen an diesem Experiment teilnehmen, ohne mit Sack und Pack nach Übersee auszusiedeln.

Wer immer die Prinzipien teilt, auf denen die amerikanische Nation beruht, kann in Abwandlung eines berühmten Kennedy-Wortes von sich behaupten: «Ich bin ein Amerikaner». Wie den Schreckbildern von der unheimlichen Verschwörung des «Weltjudentums» oder der Freimaurer liegt dem Horror vor Amerika der Vorwurf zugrunde, hier vergifte ein bindungslösendes, unsichtbares Prinzip die Seelen der Menschen – ein Prinzip, das eine dem nationalen, kulturellen oder religiösen Bekenntnis übergeordnete Loyalität fordere. Mit der Amerikanisierung ist der Alptraum der Antiwestler manifeste Wirklichkeit geworden. Die politische Anlehnung an Amerika beinhaltet mehr als nur klassische Bündnisverpflichtungen. Sie bedeutet eine politisch-kulturelle Überschreitung: den Eintritt in den Horizont einer praktisch gewordenen Weltzivilisation. Sybille Tönnies hat recht, wenn sie feststellt: «(N)icht Europa, sondern Amerika ist der Westen». Indem sich «Deutschland militärisch, ökonomisch und kulturell an Amerika orientiert», beteilige es sich «am Prozeß der Universalisierung der Weltkulturen, einem Prozeß, in dem die Vereinigten Staaten allerdings eine führende Rolle spielen – und zwar nicht wegen ihrer hegemonialen Vormacht, sondern wegen ihrer völkerverschmelzenden Vorleistung. Die scheinbare Anlehnung an die USA ist in Wirklichkeit die Fortsetzung des Völkerbundprojektes.» [14]

Der Ruf nach einer «europäischen Identität» ist so gesehen ein Ausdruck des Wunsches, sich gegen den amerikanischen Universalismus abzuschotten und in einem abgeschlossenen «Raum» festzukrallen – gegen die Dynamik der zur handfesten Praxis gewordenen Idee, daß die offene Gesellschaft potentiell jedes menschliche Wesen umfaßt. Europa befindet sich dabei in einem besonders zugespitzten Dilemma: Es hat in zwei Welt- und Vernichtungskriegen seine eigene, so hoch gepriesene Kultur fast völlig zerstört. Entgegen den Lebenslügen paneuropäischer Patrioten hat hauptsächlich Amerika in der Nachkriegszeit die Freiheit eines Teils von Europa garantiert. Die «Amerikanisierung» ist keine unangenehme Nebenfolge, sondern die *conditio sine qua non* der Freiheit Europas.

Französische Intellektuelle wie Alain Finkielkraut oder die Regisseurin Ariane Mnouchkine sehen in der Errichtung eines amerikanischen Vergnügungsparks auf französischem Boden den Nagel auf dem Sarg der europäischen Kultur – Mnouchkine bezeichnete die Eröffnung von Euro-Disney in der Nähe von Paris gar als «Tschernobyl der Kultur». Sie sollte sich fragen, ob ihr die Existenz von lebensgroßen tanzenden Micky-Mäusen, die kleinen und großen Kindern in einer Sprache Freude machen, die sie alle verstehen können, ein zu hoher Preis für ihre Freiheit ist. Euro-Disney ist ein Symbol dafür, daß die westliche Freiheit in Europa eine dauerhafte Basis gewonnen hat. Offenbar muß man ein vom östlichen Totalitarismus drangsalierter Intellektueller sein, um das zu verstehen. Der deutsch-rumänische Schriftsteller Richard Wagner bekundete kürzlich lakonisch, der Maßstab dafür, wie weit die demokratischen Reformen in Osteuropa vorangekommen seien, bestehe für ihn im Grad der Verbreitung von McDonald's-Restaurants. Die Tatsache, daß es in Rumänien bis heute kein einziges davon gibt, besagte alles über den Zustand dieses Landes.[15]

Schizophrenie als System oder: Kurzer Aufriß unserer liebsten antiamerikanischen Argumente nebst dem jüngsten antiamerikanischen Gerücht

Die Amerikanisierung als Öffnung von Partialidentitäten hin zu einer entstehenden Weltkultur muß natürlich Überflutungsängste in allen Varianten hervorrufen. Der Antiamerikanismus ist keineswegs nur unter Anhängern totalitärer Ideologien verbreitet; er hat sich als geschlossene Vorurteilsstruktur auch in den Köpfen der liberalsten Befürworter der westlichen Demokratie festgesetzt. Das antiamerikanische Klischee ist eine gesellschaftsfähige Form, Ressentiments jeglicher Form zu verbreiten. Kein kulturrelativistischer Ethnologe würde es dulden, daß irgendeinem Volk vorgeworfen wird, es sei «kulturlos», «oberflächlich» und «naiv» – wenn ebendies über «die Amerikaner» gesagt wird, stimmt er weise-mitleidig lächelnd zu. Natürlich kennt jeder Antiamerikaner soundsoviele Amerikaner, die wahnsinnig nett und warmherzig sind, in der Regel viel warmherziger und netter als wir komplizierten, grüblerischen Europäer. Um so eindringlicher kann der deutsche Fernsehkommentator jeglichen außenpolitischen Schritt der USA mit der mahnend-besserwisserischen Bemerkung versehen, die Naivität der Vereinigten Staaten in weltpolitischen Dingen werde uns alle noch einmal ins Grab bringen.

Die antiamerikanische Vorurteilsstruktur bringt in jedem Punkt zwei sich gegenseitig ausschließende Vorwürfe zum Ausdruck. Wie Dan Diner[16] beobachtet hat, wird den Amerikanern gleichzeitig säbelrasselnder Militarismus und haarsträubender Dilettantismus in kriegerischen Dingen vorgehalten. Einerseits wird die Furcht genährt, Amerika wolle seine perfekte Militärmaschine zur Vernichtung der Menschheit einsetzen, andererseits werden militärische Fehlschläge der USA mit der triumphierenden Bemerkung kommentiert, die Amerikaner hätten eben keinen Sinn für Waffentechnik und soldatische Tugenden.

Diese Schizophrenie hat System. Weil Amerika ein unmögliches Prinzip repräsentiert, das nicht sein darf und nicht funktionieren kann, muß alles, was die Amerikaner machen, falsch sein. Mehr noch, an allem Übel in der Welt müssen im Grunde die Amerikaner schuld sein, selbst noch an jenen Übeln, die sie mit der Waffe in der Hand bekämpfen. Wenn diese pathologische Logik, die in der Regel ohne Belege auskommt, sich allzusehr in die Sackgasse verrannt hat, hilft ein besonders beliebtes Genre weiter: das antiamerikanische Gerücht.

Am Beispiel der Somalia-Intervention der USA läßt sich dieser Zusammenhang anschaulich exemplifizieren. Als die ersten grauenvollen Hungerbilder aus Somalia über die Bildschirme liefen, erhob sich von seiten ewiger antiimperialistischer Moralapostel auch schon lautstark der Vorwurf an die Adresse der USA, sie seien bodenlose Heuchler. Gerade erst hätten sie eine aufwendige Militäraktion gegen den Irak durchgeführt (die von denselben Moralwächtern als erster Schritt in den apokalyptischen Weltuntergang verurteilt worden war), und ihr einziges Interesse sei dabei die Sicherung ihrer Ölressourcen gewesen. Gegen das Elend in Somalia dagegen rührten sie keinen Finger, denn in diesem bodenschatzarmen Land gebe es für sie geschäftlich nichts zu holen. Überhaupt sei die Untätigkeit der USA ein Beweis für ihren notorischen Rassismus. Das Leben von schwarzen Menschen sei ihnen keinen Dollar wert, im Gegenteil: daß Schwarze sterben, sei ihnen nur recht. Als nun das amerikanische Militär in Somalia einrückte, nur um die Zufahrtswege für die Lebensmittellieferungen der UNO zu sichern, waren die Antiamerikaner für einen Augenblick verwirrt. Sie behalfen sich vorerst mit dem Vorwurf, die Intervention sei ein neuerlicher Beweis für die Welt-Unterwerfungspläne der Amerikaner und zudem der erste Schritt einer geplanten Re-Kolonisierung Afrikas durch den weißen Mann. Kopfzerbrechen bereitete den Antiamerikanern nur noch die Frage, welches sinistre Motiv die USA wohl dazu getrieben haben mochte, ihre teuflische Strategie ausgerechnet in dem völlig verarmten Somalia zu beginnen.

In diesem Dilemma kam ihnen ein passendes antiamerikanisches Gerücht zuhilfe. Unter der somalischen Erde, so wollten es sensationelle

Enthüllungen, lagerten die weltweit größten Erdölvorkommen. Das amerikanische Eingreifen sei das Ergebnis einer von langer Hand vorbereiteten Strategie der amerikanischen Ölkonzerne, sich diese Ölquellen unter den Nagel zu reißen.

Laut dem *Stern*-Artikel «Der Haupttreffer in Ostafrika» vom 14. Oktober 1993 haben amerikanische Ölkonzerne schon 1986 ein «unterirdisches Tal mit zahlreichen Ölquellen» entdeckt, die sich «unter dem Golf von Aden hindurch bis unter das Horn von Afrika erstrecken». «Eilig», so heißt es weiter, «machten sich die amerikanischen Ölgiganten Chevron, Arnoco, Phillips Petroleum und vor allem die texanische Conoco auf die Jagd nach Bohrrechten. Ihr Ziel war Somalia. Dort nämlich sollen – zu Lande und vor der Küste – die reichsten Ölfelder des arabisch-afrikanischen Tals liegen.» Nachdem sie bereits «Verträge mit der Regierung des später gestürzten Diktators Siad Barre» geschlossen und «Millionen Dollar in Probebohrungen und geologische Untersuchungen investiert» hätten, sei den profitgierigen Ölkonzernen durch den Bürgerkrieg ein Strich durch die Rechnung gemacht worden, und sie seien kurzerhand wieder «abgezogen».

Nur eine Firma, die «Conoco», habe die Stellung gehalten und bei der amerikanischen Intervention «kräftig mit angepackt»: «Die Ölfirma stellte dem Vorauskommando der Amerikaner... ihre Niederlassung als Hauptquartier zur Verfügung und bereitete offenbar auch die Landung der amerikanischen Truppen vor.»

Für seine abenteuerlichen Behauptungen führt der Autor des Artikels, Gabriel Grüner, keinen konkreten Beleg an. Er begnügt sich mit dem Hinweis auf Zeitungsberichte im *San Francisco Chronicle* und in der *Los Angeles Times*, in denen angeblich die «Vermutung» geäußert wird, die Somalia-Intervention könnte etwas mit amerikanischen Ölinteressen zu tun haben. Ferner zitiert er einen «Ölgeologen» namens Larry Nation, der versichert haben soll, daß die «Ölfirmen sehr aufgeregt über ihre Probebohrungen dort waren», und der hinzufügte: «Kein Zweifel, Somalia ist der Haupttreffer in Ostafrika.» Wirklich? Der Autor Grüner bringt es fertig zu behaupten, «auch eine Studie der Weltbank» habe «Somalia als eines der vielversprechendsten Öl- und gasreichen Länder Afrikas» gepriesen, ohne irgendeinen Hinweis darauf zu geben, was das für eine Studie sein soll, von wann und aus welchem Zusammenhang sie stammt – geschweige denn, daß er irgendeinen Satz aus dieser angeblichen Studie zitiert.

Es ist ja aber auch das Wesen von Gerüchten, daß sie mit noch so vagen Andeutungen auskommen. Wirklich lustig wird es nur, wenn Grüner als einen weiteren Kronzeugen für seine Story einen «durch Waffen- und Drogenhandel steinreich gewordenen Somali» namens Osman Atto zitiert, der «Aidids engster Freund und Berater» gewesen sein soll und der «kurz vor seiner Festnahme durch die Amerikaner» gesagt habe: «Ich habe lange genug für amerikanische Ölfirmen gearbeitet, um zu wissen, daß die Amerikaner nicht allein wegen der verhungernden Menschen gekommen sind. Sie haben auch wirtschaftliche Interessen, und dazu gehört an erster Stelle das Öl.»

Wenn es darum geht, die sinistren Machenschaften der Amerikaner anzuschwärzen, wird für den *Stern* selbst ein notorischer Gangster und Komplize eines terroristischen Mörders zum glaubwürdigen Zeugen. Suggeriert wird dabei noch, der Zeuge sei wegen seines Wissens um die wahren amerikanischen Interessen aus dem Verkehr gezogen worden. Es ist makaber, daß sich ausgerechnet ein verbrecherischer Geschäftemacher, der selber für Hunger und Elend in Somalia die unmittelbare Mitverantwortung trägt, in einer linksliberalen deutschen Zeitschrift unwidersprochen zum Ankläger amerikanischer Unmoral machen darf, welche darin bestehe, daß «sie nicht allein [sic!] wegen der verhungernden Menschen» gekommen seien. Mit der gleichen moralischen Autorität könnte etwa der Wolf den Jäger beschuldigen, er habe ihm das Rotkäppchen nicht allein aus Kinderliebe aus dem Bauch geschnitten, sondern auch, weil er einen Vertrag mit Steinbruch-Betreibern hatte, für die er die mögliche Nutzung von Wackersteinen zur Versenkung von Wölfen in Brunnen ausprobieren sollte.

Der eigentliche Witz des Grünerschen Ammenmärchens aus der Grabkammer der Stamokap-Theorie ist aber, daß gar nichts Schlimmes daran wäre, wenn es sich als wahr herausstellte. Besäße Somalia wirklich so riesige Ölquellen und könnte es amerikanische Ölkonzerne dazu locken, sie auszubeuten, so wäre Somalia von heute auf morgen eines der reichsten Länder der Dritten Welt. Nichts Besseres könnte Somalia passieren, als daß die USA auf Dauer eine stabile Ordnung garantierten, die die reibungslose Abwicklung des Jahrhundertgeschäfts ermöglichte. Die von Grüner erwähnte «Tatsache», die amerikanischen Ölkonzerne hätten sich bei der Regierung Barre Bohrrechte gesichert, besagt ja wohl, daß der somalische Staat an jedem geförderten Barrel Öl mitverdienen würde. Selbst wenn die amerikanischen Konzerne bei diesem Geschäft betrügerische Extraprofite erzielen wollten, wäre Somalia mit einem solchen Deal aus dem Schneider. Voraussetzung wäre allerdings, daß wenigstens ein Minimum der daraus erzielten Erträge dem (derzeit leider nicht existenten) somalischen Staat zugute kommt und nicht in den Taschen von korrupten Autokraten verschwindet. Sollten die Amerikaner aus Geschäftsinteresse nun auch noch dafür sorgen, so wären sie doppelt zu preisen.

Appendix: Wer hat Angst vor Israel?

Der Gipfel der antiamerikanischen Infamie ist allerdings erst mit der Behauptung erklommen, die USA würden von den Juden beherrscht. Diese Ansicht wird übrigens nicht nur von eingefleischten Antisemiten vertreten: Auch gutwillige Menschen glauben das Märchen von der einflußreichen jüdischen Lobby in Washington. Wie mächtig diese Lobby in Wirklichkeit ist, zeigt sich daran, daß sie es nicht vermocht hat, den Verkauf auch nur eines AWACS-Flugzeugs an Saudi-Arabien zu verhindern; noch hat sie erreicht, daß der Spion Jonathan Pollard aus der amerikanischen Haft entlassen wurde, dessen Verbrechen darin bestand, daß er den Israelis Einzelheiten über die Bewaffnung des Irak verriet. Während des Zweiten Weltkrieges konnte die mächtige jüdische Lobby nicht durchsetzen, daß die Bahngeleise nach Auschwitz bombardiert werden, und nicht einmal Eleanor Roosevelt – immerhin die Ehefrau des Präsidenten – konnte verhindern, daß jüdische Flüchtlinge nach Europa zurückgeschickt wurden.

Trotzdem haben sogar jene Amerikahasser, die offen antisemitisch sind, vollkommen recht. Die Vereinigten Staaten sind tatsächlich von jüdischem Einfluß geprägt: Die amerikanische Grundidee, der Universalismus, ergibt sich zwingend aus dem jüdischen Monotheismus. Wenn es nur einen Gott gibt, dann folgt daraus, daß auch nur eine Menschheit existiert.

Der Wissenschaftsjournalist P. J. Blumenthal glaubt sogar, daß die Wiege der amerikanischen Demokratie im alten Israel stand (und nicht in Athen, wie oft behauptet wird). Seiner Ansicht nach machten die radikalen Monotheisten im Land Kanaan zwei bahnbrechende Entdeckungen: Erstens erfanden sie die Gleichheit vor dem Gesetz – schließlich gilt die Thora für alle gleichermaßen, den König wie den Sklaven. Und zweitens erfanden sie das Individuum. Denn die Bibel bestimmt, daß jeder Mensch für seine Taten selbst verantwortlich ist. Über die mittelalterlichen Scholastiker seien diese revolutionären Ideen dann ins Christentum eingeflossen.[17]

Man mag dies für übertrieben halten – unbestritten steht aber in der hebräischen Bibel das älteste antirassistische Credo, das uns überliefert wurde. Beim Propheten Amos heißt es: «Seid ihr Kinder Israel mir nicht gleichwie die Mohrenkinder? spricht der Herr. Habe ich nicht Israel aus Ägyptenland geführt, und die Philister aus Kaphthor, und die Syrer aus Kir?» (Amos 9,7). Das jüdische Volk definiert sich ausdrücklich als Willensnation, die durch einen Vertrag konstituiert wurde; es ist das einzige Volk, dem man seit 2500 Jahren beitreten konnte. Im fünften Buch Mose heißt es unmißverständlich:

Ihr steht heute alle vor dem Herrn, eurem Gott, die Obersten eurer Stämme, eure Ältesten, eure Amtsleute, ein jeder Mann in Israel, eure Kinder, eure Weiber, der Fremdling, der in deinem Lager ist (beide, dein Holzhauer und dein Wasserschöpfer), daß du tretest in den Bund des Herrn, deines Gottes, und in den Eid, den der Herr, dein Gott, heute mit dir macht; auf daß er dich heute ihm zum Volk aufrichte, und er dein Gott sei, so wie er dir verheißen hat und wie er deinen Vätern Abraham, Isaak und Jakob geschworen hat. Denn ich mache diesen Bund und diesen Eid nicht mit euch allein, sondern sowohl mit euch, die ihr heute hier seid, und mit uns stehet vor dem Herrn, unserm Gott, als auch mit denen, die heute nicht mit uns sind. (5. Mose 29,9–14)

Zu keiner Zeit der Geschichte war das Judentum eine monolithische Erscheinung. So haben fast alle jüdischen Gruppen und Grüppchen, die es unter der Römerherrschaft gab, ihre moderne Entsprechung; nur die Sadduzäer gibt es nicht mehr, seit das Judentum gänzlich ohne Opfer und Tempel auskommt. Aber sonst sind alle noch da. Aus den Pharisäern, die ihren Alltag durch göttliche Gesetze heiligen wollten, entwickelte sich das rabbinische Judentum unserer Tage. Die säkulare Tradition der *Am ha-Aretz*, die sich nicht um Religion kümmerten, wird von der Mehrheit der Israelis fortgesetzt. Den apokalyptisch-messianischen Schwärmern der jesuanischen Zeit entsprechen heute religiöse Sekten wie die Lubawitscher. Die Zeloten, die mit religiösem Fanatismus gegen die Römer kämpften, haben sich in eifernde Siedler verwandelt. Die weltgewandten jüdischen Griechen, die in Alexandrien lebten, nennen sich neuerdings Reformjuden und leben in der Bay von San Francisco. Und die Essener heißen heute *Naturei Karta* und lehnen die weltliche Republik Israel kompromißlos ab.

Was haben alle diese Gruppen miteinander zu schaffen? Nichts – außer daß sie eben zufällig Juden sind. Entgegen einem landläufigen Vorurteil gab es niemals und nirgendwo eine homogene jüdische Gemeinschaft. Die Juden bildeten immer nur eine heterogene Gesellschaft, die weder ethnisch noch kulturell zu bestimmen war. Zusammengehalten wurden sie nicht so sehr durch «substantielle Werte» – wie wir gesehen haben, sind die jüdischen Werte nicht gewachsen, sondern gemacht. Was die Juden über die Jahrhunderte verband, war keine Heilsideologie, kein totalitärer gemeinsamer Nenner, sondern das gemeinsame Studium der Geschichte. Der israelische Romancier Amos Oz konstatiert: «Juden sind keine ethnische Gruppe, alles, was sie verbindet, ist in ihren Köpfen.» [18]

Wir betonen diesen Aspekt deswegen, weil es einen hartnäckigen Mythos gibt, der besagt, Israel sei ein ethnischer Staat. Je nach Standpunkt kann dies als Kompliment oder als Beleidigung gewertet werden. Die Philosemiten bewundern die Israelis ob ihrer überlegenen Stammesmoral; die anderen bezichtigen Israel des Rassismus. Das Klischeebild vom guten Juden ist bekannt: Er lebt naturverbunden im Kibbuz, beackert unermüdlich die Scholle und bringt die Wüste zum Blühen. Das Klischeebild vom bösen Juden ist das passende Gegenstück dazu: Er führt sich auf wie ein Herrenmensch, unterdrückt die Palästinenser und bedroht im übrigen den Weltfrieden.

Nun ist Israel alles mögliche. Es ist ein unerträglicher Affront für die muslimischen Araber, die immer nur gewohnt waren, Juden als verächtliche *Dhimmis* (Schutzbefohlene) unter sich zu haben; und plötzlich erleben sie diese *Dhimmis* als freie, selbstbewußte Menschen in ihrer Mitte. Es ist die Metapher für den Westen im Nahen Osten, so wie Westberlin eine fröhliche Insel des Kapitalismus in der DDR war. Es ist ein Land, das fünfmal hintereinander militärisch überfallen wurde, wobei jeder dieser Kriege das klare Ziel hatte, den deutschen Genozid an den Juden zu vollenden. Es ist (wieder in den Worten von Amos Oz) «eine unfertige Demokratie, wie jede Demokratie, die mit einem äußeren Feind konfrontiert ist, wie die englische oder amerikanische während des Zweiten Weltkrieges». [19] All dies ist Israel und noch viel mehr. Aber eines ist Israel ganz gewiß nicht – ein Staat, der auf dem Stammesgesetz basiert.

Man stelle sich folgendes Szenario vor: In Afrika leben mehrere Millionen Schwarze, die mit ihren Kindern schwäbisch sprechen, regelmäßig Spätzle verzehren und nach einem merkwürdig altfränkischen Ritus Weihnachten feiern. Nehmen wir ferner an, daß sie deswegen von den anderen Afrikanern verfolgt werden und zwischen die Fronten eines Bürgerkrieges geraten. Würde die Lufthansa eine Luftbrücke einrichten, um sie aus der Gefahrenzone zu evakuieren, und würde die Bundesrepublik sie als Deutsche anerkennen, obwohl sie keinerlei deutsche Blutsbande nachweisen können? Genau dies hat Israel getan. Es hat die schwarzen Juden aus Äthiopien umstandslos eingebürgert, genauso wie all die jüdischen Russen, Marokkaner, Deutschen, Rumänen, Jemeniten und Polen vor ihnen. Und niemand soll behaupten, daß der Judenstaat sich nur um die Juden kümmert. Das kleine Israel war ein Zufluchtsort für Hunderte vietnamesische *boat people*, es nahm muslimische Flüchtlinge aus Bosnien auf und beherbergte krebskranke Kinder aus der Ukraine. Nach den Massakern in Ruanda entsandte die israelische Verteidigungsarmee humanitäre Truppen, die den Überlebenden nicht nur symbolisch halfen (die deutschen Medien verloren kein Wort darüber).

Aber Israel tat noch mehr. Es gab jedem Araber, der nach dem Unabhängigkeitskrieg des Jahres 1948 nicht geflüchtet war, einen israelischen Paß – obwohl der Generalsekretär der Arabischen Liga gerade eben noch versprochen hatte: «Dies wird ein Ausrottungskrieg und ein gewaltiges Massaker, über das man sprechen wird wie über die mongolischen Massaker und die Kreuzzüge».[20]

Selbstverständlich ist Israel nicht das Paradies auf Erden. Es stimmt, daß die israelischen Araber oft diskriminiert werden, und die Palästinenser auf der Westbank und in Gaza mußten jahrelang unter einer Militärverwaltung leben. Die Tatsache, daß die israelische Armee gegen palästinensische Gefangene die Folter anwendet, kann durch nichts gerechtfertigt werden. Die Integration der Neueinwanderer bringt erhebliche wirtschaftliche Probleme mit sich. Zwischen den verschiedenen jüdischen Kulturen und Mentalitäten brechen immer wieder herbe Differenzen auf. Es sollte jedoch festgehalten werden, daß dieser Staat immer eine offene Gesellschaft geblieben ist – mit einer freien Presse, die am liebsten jeden Tag einen neuen Skandal aufdecken würde.

Ein bekannter stalinistischer Slogan lautet: «Man diskutiert nicht vor den Gewehrläufen des Feindes!» Die Israelis mißachten diese Verhaltensmaßregel souverän; sie verbringen ungefähr die Hälfte ihrer Lebenszeit damit, daß sie im Angesicht von Panzern, Kanonen und Giftgasraketen heftige Streitgespräche führen. Vermutlich ist dies der Grund, warum das zionistische Experiment (im Unterschied zur kommunistischen Utopie) ein voller Erfolg wurde. In Israel gab es niemals Säuberungen oder

ideologische Bürgerkriege, dafür aber Parteiengezänk und Korruptions-
affären zur Genüge – kurz: die lebendige Wirklichkeit einer parlamentarischen Demokratie.

Gewiß hatten auch die Zionisten anfangs den Traum, den Neuen
Menschen zu erschaffen und mit seiner Hilfe ein sozialistisches Wolken-
kuckucksheim in den Wüstensand zu setzen. Dieser Plan ist zum Glück
gescheitert. Statt dessen verwirklichten die Zionisten etwas viel Groß-
artigeres, etwas vergleichsweise Nüchternes und Pragmatisches: Sie
schufen eine Heimat für ausweglos gejagte Flüchtlinge aus aller Welt.
Am Mittelmeer ist eine Miniaturausgabe der USA entstanden.

Antiwestler in Deutschland I:
Szenen einer Abkoppelung

In Deutschland steht die Entscheidung für die westliche Gesellschafts-
und Lebensform wieder in Frage. Die Schwierigkeiten bei der Integration
der DDR resultieren ja nicht nur aus dem ökonomischen Systemunter-
schied; dahinter verbergen sich tiefer reichende kulturelle Risse. Die
DDR ist «deutscher» geblieben als die Bundesrepublik, deren politische
Kultur eine durchgreifende Verwestlichung erfahren hat. Doch nun zeigt
sich, daß die gesellschaftliche Basis dieser Verwestlichung brüchiger ist,
als vielfach angenommen. Mit dem Wegfall der Ost-West-Konfrontation
ist Deutschland erneut den zentrifugalen kulturellen Kräften ausgesetzt,
an denen sich die Versuche, «deutsche Identität» zu definieren, immer
reiben mußten. Das Schlagwort von der «Mittellage» Deutschlands macht
wieder die Runde und suggeriert uns, der Begriff der «deutschen Nation»
müsse von Grund auf neu definiert werden – in Abkehr von der Westintegration der alten Bundesrepublik.

Abkoppelung, rechtshändig:
die jungkonservative Schule der Entwestlichung

Eine Denkschule junger konservativer Historiker, die sich um Rainer Zitelmann schart, der lange Zeit Lektor des Ullstein-Verlages und zeitweilig Ressortleiter für geistiges Leben in der *Welt* war, trägt diese Forderung
massiv und mit beachtlichem Geschick in die Diskussion. Wie sie dabei
vorgeht, kann man einem Aufsatzband entnehmen, der 1993 im (dem
Ullstein-Verlag angegliederten) Propyläen-Verlag erschienen ist: «Westbindung. Chancen und Risiken für Deutschland». In ihrem Vorwort begründen die Herausgeber, zu denen neben Zitelmann auch Karlheinz
Weißmann und Michael Großheim gehören, warum sie eine grundlegende kritische Revision der Argumente für die dauerhafte Westbindung
Deutschlands für nötig halten. Sie zitieren dazu einen Satz von Jürgen
Habermas, der über den Prozeß der Verwestlichung in einem Interview
von 1989 sagte: «Dieser Prozeß wird erst irreversibel, wenn die kultu-

relle Verwestlichung die Mentalität der gesamten Bevölkerung durchdrungen haben wird.»

Zitelmann, Weißmann und Großheim kommentieren diese Äußerung wie folgt:

Das Bekenntnis zur «westlichen Wertegemeinschaft» hat damit fast den Charakter einer auf totalitäre Durchdringung der gesamten Gesellschaft gerichteten politischen Utopie angenommen. Um eine Utopie handelt es sich zweifellos, weil eine ‹irreversible› Entwicklung angestrebt wird, also ein finaler Zustand, der einmal festgeschrieben nicht mehr veränderbar ist. Totalitär muß diese Utopie deshalb genannt werden, weil es das Spezifikum totalitärer Systeme ist, den Anspruch auf vollständige ideologische Beeinflussung der gesamten Bevölkerung eines Landes zu erheben.[1]

An dieser Argumentation läßt sich exemplarisch ablesen, wie die Neue Rechte ihre Strategie verfolgt, die «kulturelle Hegemonie» zu erringen, das heißt: die Besetzung und Umwertung der intellektuellen Leitbegriffe im Sinne konservativer Ideologie durchzusetzen. Ist die «Verwestlichung» erst einmal als «totalitäre Utopie» gebrandmarkt, können die Argumente ihrer rechtskonservativen Gegner als nichtideologische und besonders realistische Einwände erscheinen, die ein fundamentales Tabu, ein irrationales Denkverbot durchbrechen. Mit dem Zusammenbruch des Kommunismus, so erklären Zitelmann, Weißmann und Großheim, werde «den Deutschen zunehmend bewußt werden, daß die Definition ihrer Interessen und ihre Handlungsoptionen auch von geopolitischen Gegebenheiten, zumal vom Schicksal der Mittellage, mitbestimmt wird».

Die jungen Rechtskonservativen behaupten, es gehe ihnen gar nicht darum, die westliche Orientierung Deutschlands in Frage zu stellen. Viele Autoren ihres Aufsatzbandes über die «Westbindung» plädierten jedoch dafür,

die Chancen und Risiken der Westbindung nüchtern zu diskutieren, frei von der manchmal schon mystischen Verklärung ‹des Westens›, wie sie nach 1945 fast zum Glaubensbekenntnis für viele Linksliberale und Konservative geworden ist.[2]

Zitelmann, Weißmann und Großheim betonen, die meisten ihrer Autoren gehörten «einer jungen Generation an, die weder durch das Trauma der NS-Vergangenheit noch durch die 1968er-Revolte geprägt ist.»[3] Diese Formulierung enthält die Unterstellung, erst eine vom «Trauma der NS-Vergangenheit» unbelastete «junge Generation» sei in der Lage, das Für und Wider der Westbindung in einer objektiven Weise abzuwägen. Das

Trauma der NS-Vergangenheit hat demnach die politische Argumentation der Bundesrepublik ebenso pathologisiert wie ihre Geschichtsschreibung. Der Text von Zitelmann, Weißmann und Großheim läßt deutlich sichtbar werden, daß die rechtskonservative Attacke gegen die «Westbindung» untrennbar mit dem Frontalangriff auf die Legitimität der nachkriegsdeutschen Geschichtsaufarbeitung verbunden ist, die (im großen und ganzen vollständig und wissenschaftlich fundiert) die Geschichte des Nationalsozialismus rekonstruiert und das Ausmaß und die Einzelheiten deutscher Schuld festgestellt hat.

Um diese Aufarbeitung des Nationalsozialismus zu diskreditieren, versuchen Zitelmann und seine nationalrevolutionären Mitstreiter, sie als Folge einer irrationalen Fixierung auf einen «Glauben», als Resultat einer «mystischen Verklärung» des Westens in Mißkredit zu bringen. Sie selbst sollen dagegen als «nüchtern» und «abwägend» erscheinen: Die Gruppe um Zitelmann posiert als «junge Generation», die vom pathologischen deutschen Schuldkomplex frei sei.

Der Prototyp dieser so definierten «jungen Generation» ist der Mitherausgeber Karlheinz Weißmann. Er wurde 1959 geboren und ist aus einschlägigen Publikationen als Vorzeigeintellektueller der nationalrevolutionären Neuen Rechten bekannt. Dort nimmt Weißmann kein taktisches Blatt vor den Mund wie in dem um den Eindruck wissenschaftlicher Objektivität bemühten Propyläen-Band. In Beiträgen für das rechtsradikale Theorieblatt «Etappe» preist Weißmann die Lehre des französischen Dezisionisten Georges Sorel vom «Mythos» als dem Kraftquell einer Nation, der aller rationalen Begründung vorangehe. Ebenso würdigt er emphatisch den «integralen Traditionalismus» des italienischen profaschistischen Rassenmystikers Julius Evola (1898–1974), dessen Hauptwerk «Aufstand gegen die Moderne» eine kanonische Schrift der Neuen Rechten ist.

In einem Interview mit der *Jungen Freiheit*, dem Renommierblatt der jungen Rechtsintelligenz, reaktiviert Weißmann die Lehre des konservativen Revolutionärs Moeller von den Bruck von den «jungen» und «alten» Völkern».[4] (Mit den alten Völkern sind selbstredend die demokratischen Staatsnationen des Westens gemeint, vor allem England und Frankreich.) «Ich glaube», sagt Weißmann in der *Jungen Freiheit* wörtlich,

daß die Deutschen, die in ihrem Werdegang eigentlich noch nie so richtig fertig geworden sind, die so viele jugendliche Züge behalten haben, daß denen noch große Aufgaben zuwachsen werden, die zu erfüllen die älteren Nationen nicht in der Lage sein werden... Wenn wir es richtig anstellen, können wir uns in der Geschichte Europas den Platz erarbeiten, der uns gebührt.[5]

Bei ihrem Kampf gegen die Westbindung geht es der nationalrevolutionären Rechten keineswegs nur um Korrekturen an einem angeblich verklärten Bild des Westens. Es geht ihr um die Revitalisierung eines irrationalen, antiaufklärerischen Begriffs von «Nation». Für die neuen konservativen Revolutionäre ist er ein Instrument, mit dessen Hilfe sie ihr organologisches Gesellschaftskonzept durchzusetzen hoffen. Der «Junge Konservatismus», so schreibt der *Junge Freiheit*-Redakteur Roland Bubik in einem Grundsatzartikel, wolle «den Menschen in seiner ‹individuellen Freiheit› nicht alleine lassen. Der Eigenbestimmung setzt er die Bindung zur Seite.» Ein Bindemittel sei zum Beispiel «der Gedanke der Nation». Mit seiner Hilfe solle eine «neue Ordnung» jenseits des «Interregnums» der «bürgerlichen Zivilisation» begründet werden.[6]

Zitelmann, Weißmann und Großheim erwecken in ihrem Vorwort den Eindruck, sie wollten lediglich die Begründungen für die Westbindung kritisch überdenken und so deutlich machen, daß die Entscheidung für den Westen nur eine von mehreren Optionen für die Zukunft Deutschlands sei. In Wahrheit greifen sie die prowestliche Option in ihren Grundfesten an. Dabei gehen sie von der Voraussetzung aus, daß das vereinigte Deutschland zukünftig weitaus stärker zu eigenverantwortlichem außenpolitischem Handeln gezwungen sein werde als die alte Bundesrepublik. Zitelmann, Weißmann und Großheim suggerieren, die westliche Wertegemeinschaft, die bisher die Richtschnur der deutschen Außenpolitik war, erweise sich jetzt als eine ideologische Täuschung.

Keineswegs nur die Vertreter der «Gesellschaftsgeschichte», sondern auch zahlreiche als «konservativ» geltende Politik- und Geschichtswissenschaftler erlagen dem Irrtum, daß sich außen-, sicherheits- und bündnispolitische Festlegungen aus bestimmten gesellschaftspolitischen Präferenzen und Optionen ergäben.[7]

Wer an eine andere Präferenz für deutsche Außenpolitik als die des «nationalen Interesses» glaubt, so wollen uns die jungrechten Historiker weismachen, der sei ein Utopist, und ein totalitärer noch dazu. Im Sinne Carl Schmitts erklären sie nationale Machtpolitik für die einzig realistische Form der Außenpolitik und die seit vierzig Jahren praktizierte Politik des transatlantischen Bündnisses für das Hirngespinst geschichtsflüchtiger bundesrepublikanischer Verzichtsrhetoriker.

Wer an diesen Absichten des Kreises um Zitelmann noch Zweifel hatte, mußte spätestens seit Erscheinen eines weiteren Ullstein-Bandes mit dem Titel «Die selbstbewußte Nation» überzeugt sein.[8] Es handelt sich dabei um eine Art Fortsetzung des Anti-Westbindungs-Bandes mit identischer Kernbesetzung und noch aggressiverer Thesenbildung. In seinem Beitrag zu diesem Band fordert Weißmann einen «politischen Verismus für Deutschland». Dieser habe der Tatsache Rechnung zu tragen, daß «der Planet sich . . . wieder seinem natürlichen Zustand, dem des Pluriversums» nähere. Der Universalismus als Maßstab für das deutsche nationale Selbstverständnis sei nur eine kurzfristige, ideologische Illusion gewesen. In der jetzt folgenden Phase planetarischer Neuordnung werde «darüber entschieden, wer zu den Subjekten des künftigen historischen Geschehens gehört».[9] Die offene Gesellschaft habe keine Zukunft mehr, und das Festhalten an Themen wie «Westbindung» und «Europa oder Nationalstaat» zeuge von «dem Unwillen, die neue Lage zu begreifen».[10] Und Weißmanns jungrechter Historikerkollege Karl-Eckard Hahn propagiert im gleichen Band die Rückbesinnung Deutschlands auf die sogenannte «Geopolitik»: Dadurch könne Deutschland, wie Hahn formuliert, «Anschluß an andere Großmächte gewinnen». Hahn weiter: «Als potentiell wichtigster Faktor zwischen den USA und Rußland wäre Deutschland durchaus in der Lage, in Zentral- und Osteuropa eigene Akzente zu setzen». Die Aufgabe der «Geopolitik» sei es, «unterschiedliche Räume mit divergierenden Interessen zu einem funktionierenden Ganzen zusammenzufassen». Maxime deutscher Europapolitik müsse es daher in Zukunft sein, die «raumbildenden Elemente» zu befördern. Dazu bedürfe es freilich der Befreiung der «ordnenden politischen Kraft» der Deutschen aus der Fremdbestimmung durch die «Seemacht» USA, denn, so Hahn: «. . . der politische Gestaltungswille setzt Macht im Raum voraus».[11]

Die angeblich so zeitgemäßen europäischen Neuordnungspläne sind nichts weiter als detailgetreue Kopien völkisch-nationalistischer «Großraum»-Konzepte der zwanziger und dreißiger Jahre. Abgekupfert wird die expansionistische Lehre des völkischen Staatstheoretikers Karl Haushofer (1869–1946) und seiner «geopolitischen Schule» ebenso wie die von Carl Schmitt ausgearbeitete Theorie vom Gegensatz zwischen Land- und Seemächten als dem angeblich entscheidenden welthistorischen Grundkonflikt[12]. Aus diesem archaischen Raster versuchen die neuen Nationalisten einen naturwüchsigen Gegensatz Deutschlands und Kontinentaleuropas zum meerorientierten angelsächsischen Westen abzuleiten. Andererseits soll die «Landmacht» Rußland aus Europa herausgehalten werden. Dafür werde «Moskau in seinem alten Einflußgebiet nolens volens das letzte Wort haben».[13]

Die neo-nationalistischen Strategen stellen nicht nur die Westbindung Deutschlands in Frage, sie greifen auch die Grundlagen an, die den Westen überhaupt erst konstituieren. Denn mit dem «Westen» ist ja nicht nur eine Himmelsrichtung gemeint oder eine bestimmte Art zu essen, sich zu kleiden und zu wirtschaften. Ziel des Westens ist eine universale Staatenordnung, der es gelingen soll, die Beziehungen der Staaten in ähnlicher Weise zu zivilisieren wie die Beziehungen der Bürger innerhalb einer demokratischen Gesellschaft. Daß sich Deutschland dieser pragmatischen Vision auch weiterhin verpflichtet, wollen die Neuen Rechten verhindern. Es ist nur konsequent, daß sie zu diesem Zweck nicht nur Linksliberale, sondern auch «als konservativ geltende» Prowestler attackieren. Denn der Konservatismus Adenauerscher Prägung ist vielleicht die wichtigste und stärkste Säule, auf der die westintegrierte Bundesrepublik Deutschland beruht.

Adenauers unbestreitbares Verdienst ist es, daß er zum ersten Male in der deutschen Geschichte einen Konservatismus formulierte, der prowestlich und prodemokratisch war. Konrad Adenauer hat dem traditionellen deutschen Antiwestlertum damit auf seinem ureigensten Terrain das Wasser abgegraben. Rainer Zitelmann hat das sehr genau erkannt. In seinem Buch mit dem Titel «Demokraten für Deutschland» würdigt er sozialdemokratische und konservativ-liberale Adenauer-Gegner wie Kurt Schumacher, Gustav Heinemann und Paul Sethe. Daß er mit einer solchen – für sich genommen völlig legitimen – Würdigung ein politisches Ziel verfolgt, verschleiert Zitelmann in gewohnter Weise, indem er eine rein «objektive» wissenschaftliche Haltung für sich reklamiert und dies mit einem Seitenhieb gegen «volkspädagogische Absichten» in der Geschichtsschreibung verbindet, die ihm «zuwider» seien.[14]

Wie eminent politisch sein Vorhaben ist, verrät aber seine affirmative Haltung zu den deutschlandpolitischen Positionen der Adenauer-Gegner und sein vom Ressentiment verzerrtes Adenauer-Bild. Zitelmanns Basis ist die Unterstellung, Adenauer habe den Wert der deutschen Einheit gegenüber der Westbindung geringgeschätzt, weil es ihm an nationaler Gesinnung mangelte. Er habe zudem – horrible dictu – «seinem eigenen Volk mißtraut». Als hätte es dafür nach zwölf Jahren nationalsozialistischer «Volksgemeinschaft» nicht genügend gute Gründe gegeben! Daß es bei Zitelmann auch hier um Politik geht oder, um in der Terminologie der Neuen Rechten zu sprechen, um «Metapolitik»; daß hier im Sinne der Neuen Rechten um die Definitionsmacht im Diskurs gekämpft wird, zeigt auch das Vorwort des linken Sozialdemokraten Erhard Eppler zu Zitelmanns Buch. Eppler meint dort, nach der Vereinigung Deutschlands bestehe die Gefahr, daß «wiederum die Sieger Geschichte schreiben – und dabei Adenauer als Vorkämpfer der deutschen Einheit glorifizieren».[15] Es gelte der «Legende» entgegenzutreten, nur Adenauers Weg der Westintegration habe zur Einheit Deutschlands in Freiheit führen können.

Epplers Formulierung, nach der nicht «wiederum die Sieger» die Geschichte schreiben dürften, impliziert, daß die Geschichtsschreibung der alten Bundesrepublik das Resultat einer Anpassung an eine von den Alliierten diktierte Lesart der Geschichte gewesen war. Der Weg der engen Westintegration, der sich ja schließlich alle wichtigen politischen Strömungen der Bundesrepublik angeschlossen haben, auch die Sozialdemokratie, wird so als die Folge eines Unterwerfungsaktes dargestellt und ins Zwielicht gerückt.

Abkoppelung, linkshändig:
Deutschland erklärt der Welt den Frieden

Mit der Bewegung gegen die Installierung neuer amerikanischer Mittelstreckenwaffen hat zum ersten Mal seit den fünfziger Jahren ein erheblicher Teil der bundesdeutschen Bevölkerung die enge Westintegration in Frage gestellt. Angesichts der vermeintlichen Bedrohung durch den amerikanischen Verbündeten erschien den linken Nachrüstungsgegnern der Gegensatz zwischen der demokratischen Bundesrepublik und der totalitären DDR als vernachlässigbar. Ihre Sprecher, zu denen an prominenter Stelle Erhard Eppler gehörte, verfochten die These, daß Deutschland von der atomaren Vernichtung durch «die Supermächte» bedroht sei. Darin schwang nicht nur unterschwellig ein nationalistisches Ressentiment mit. Es war unleugbar die «Friedensbewegung», die das nationale Interesse wieder als erstes Kriterium deutscher Außenpolitik angemahnt hat: An die Stelle der westlichen Wertegemeinschaft, deren Führungsmacht von Eppler und anderen verdächtigt wurde, «strukturell friedensunfähig» zu sein, sollte die «deutsch-deutsche Verantwortungsgemeinschaft» mit Erich Honecker und seinem Politbüro treten.

1982 erklärte Erhard Eppler, die sowjetischen Interessen stünden den deutschen in der Frage der NATO-Nachrüstung näher als die amerikanischen. Denn die Amerikaner würden, aufgrund ihrer geographischen Entfernung, einen «nuklearen Holocaust» in Europa mit «kühlem Kopf» kalkulieren können. Der Sowjetunion hingegen, die im Falle einer militärischen Konfrontation selber unmittelbar Schaden nehmen würde, fiele dies schon erheblich schwerer; und für Deutschland, das als nukleares Schlachtfeld eines europäischen Krieges vorgesehen sei, verbiete sich der Gedanke an den Ernstfall gänzlich.

Eppler hat mit diesem Argument nicht nur die Abkoppelung Europas von Amerika gedanklich vollzogen, den Unterschied zwischen einer freiheitlichen und einer totalitären Gesellschaft negiert und die Werteordnung, auf der die Bundesrepublik basiert, auf den Kopf gestellt. Mit der Verwendung des Terminus «nuklearer Holocaust» entsorgten er und andere Vordenker der Friedensbewegung auch ganz nebenbei noch die deutsche Vergangenheit. Indem Eppler suggerierte, Deutschland sei das potentielle Opfer eines «Holocaust», stellte er die Deutschen mit den Opfern des realen, von Deutschen verübten Völkermordes auf eine moralische Stufe. Jahre vor dem sogenannten «Historikerstreit» hatten bereits führende Köpfe der Linken, nicht der Rechten, mit einer rhetorischen Handbewegung den Gedanken von der Singularität der nationalsozialistischen Verbrechen vom Tisch gewischt.[16]

In Teilen der friedensbewegten Linken wurden nationale Töne laut, die sich kaum von der völkischen Agitation der Neuen Rechten unterschieden. Die Neue Rechte unterstützte die Friedensbewegung übrigens als eine antiwestliche Bewegung und erhoffte sich von ihr Impulse für die Wiedererringung deutscher «Souveränität»,[17] und Franz Alt ernannte sie zu einer die Ost- und Westdeutschen vereinigenden «deutschen Befreiungsbewegung».[18] Dem Essayisten Wolfgang Pohrt fiel dazu das treffende Aperçu ein, einst hätten die Deutschen der Welt den Krieg erklärt, heute erklärten sie ihr den Frieden.

Der Soziologe Arno Klönne hat den Zusammenhang von nationalem Erweckungsgefühl in der pazifistischen Linken und dem Erstarken der nationalrevolutionären Rechten schon 1984 einer eindringlichen Analyse unterzogen. Unter anderem zitiert Klönne den Geleittext des Liedermachers und damaligen linken SPD-Kulturfunktionärs Dieter Dehm zu einer Platte der linken Volksmusikgruppe «Zupfgeigenhansel»: «Unser Volk war die bereitwilligste Manövriermasse für die Kulturmonopolisten aus den USA», schreibt Dehm dort. «Derart intensiv ist kein Volk in Westeuropa jemals kulturell fremdbestimmt worden... Das hier vorliegende Volksliederbuch ist in einer historischen Phase entstanden, die Geschichtsschreiber später wohl als neuen nationalen Aufbruch bezeichnen werden. Der deutsche Wald, die Heimat können sich nur noch auf die Linke verlassen, sei sie nun rot oder grün oder am besten beides.» [19] Überhaupt muß daran erinnert werden, daß der deutsche Nationalismus keineswegs nur eine Spezialität der Rechten ist. So denunzierten die kommunistische Führung der DDR und ihre westdeutschen Propagandisten in den fünfziger Jahren die Westverträge, die zur Einbindung der Bundesrepublik in EG und NATO führten, als ein «Super-Versailles» und geißelten die Amerikaner als «Kolonisatoren» des deutschen Volkes. [20]

Abkoppelung beidhändig: «Friedensmacht Deutschland»

Während des Golfkriegs wiederholte sich das Schauspiel der Synthese «linker» und «rechter» antiwestlicher Argumente. In seinem neuesten Buch «Friedensmacht Deutschland» treibt der «Nationalpazifist» Alfred Mechtersheimer die im deutschen Pazifismus angelegte paranoide Vorstellung, daß ein friedliebendes Deutschland von aggressiven westlichen Imperialismen umzingelt sei, auf seine ebenso groteske wie unverfrorene Spitze. Deutschland sei nämlich aus seiner Geschichte heraus gleichsam dazu prädestiniert, als Vormacht in Europa den Frieden zu sichern: «Die Dämonisierung Deutschlands wie auch die Selbstzweifel vieler Deutschen», schreibt Mechtersheimer, «sind eine Folge historischer Unkenntnis der Geschichte vor dem zwanzigsten Jahrhundert. Deutschland hat die am wenigsten kriegerische Vergangenheit in Europa.» Die «relativ [sic!] kriegsfreie Geschichte der Deutschen » sei «ein historischer Besitzstand, der auch durch die deutsche Mitschuld [sic!] am Ersten und die Schuld am Zweiten Weltkrieg nicht zerstört wurde.» [21]

Sieht man, wie Mechtersheimer, von solchen episodenhaften Ausnahmen wie einem Eroberungskrieg und einem in der Geschichte beispiellosen Vernichtungskrieg einmal ab, dann erschließt sich die verblüffende Einsicht: «In der politischen Kultur Deutschlands gibt es eine konstante und ausgeprägte Abneigung gegen die kriegerische Lösung von Konflikten wie in keinem anderen vergleichbaren Land». [22] So einfach kann die Entsorgung belastender deutscher Vergangenheit sein.

Mechtersheimer verweist mit Stolz auf eine Äußerung des norwegischen «Friedensforschers» Johan Galtung, derzufolge der Golfkrieg ein Beispiel dafür sei, «wie leicht Europäer zu mobilisieren sind, wenn es darum geht, Araber zu töten» – mit Ausnahme der Deutschen, wie Galtung lobend hervorhob.[23] Tatsächlich hatten nicht einmal Hitler und Himmler, die zu den großen Vorbildern eines Saddam Hussein oder Muhammar al Ghaddafi gehörten, in dieser Richtung allzu ausgeprägte Neigungen. Statt dessen gab es eine gute Zusammenarbeit mit dem Großmufti von Jerusalem (der sich wie Hitler und Saddam Hussein als Opfer angelsächsischer Kriegstreiberei fühlte). Es wurden schon konkrete Vorstellungen darüber angestellt, wie nach dem deutschen Endsieg mit den Juden in Palästina zu verfahren sei und wie sich eine gute deutsch-arabische «Zusammenarbeit» in dieser Frage gestalten könnte.[24] Von der Erinnerung an solche Zeiten fruchtbarer Übereinstimmung zehren die deutsch-arabischen Beziehungen noch heute. Deutsche Firmen sind bei der Errichtung von Giftgasfabriken in Irak oder Libyen besonders beliebte und zuverlässige Partner gewesen.*

Abkoppelung, naturrein: Alternative Vernichtungsphantasien

Es gibt einen unseligen «Zusammenhang» zwischen der ökologisch motivierten fundamentalen Zivilisations- und Technikkritik des vergangenen Jahrzehnts und der aktuellen Renaissance rechtskonservativen Denkens. Der Aufbruch der Ökopaxe in das «einfache Leben», ihr Rückzug in die vorindustrielle, vermeintlich harmonische kleine Gemeinschaft der makrobiotischen Bauernhöfe wurde in den siebziger und achtziger Jahren von intelligenten Zeitgenossen zwar milde-ironisch belächelt, zumeist aber als Auswuchs einer an sich positiven Hinwendung zu einem «neuen ökologischen Bewußtsein» legitimiert. Nur vereinzelte Beobachter erkannten und benannten schon damals, was diesen folkloristisch inszenierten Aufstand gegen die Grundlagen der modernen Zivilisation antrieb: apokalyptische Vernichtungsphantasien.[25]
Schon Anfang der achtziger Jahre erfreute der Ökoforscher Hoimar

---

* Diese Feststellung soll die Komplizenschaft und tätige Mithilfe der Westmächte USA, England und Frankreich und ihrer Rüstungsindustrien bei der Aufrüstung des Irak keinesfalls verschleiern oder beschönigen.

von Ditfurth die Öffentlichkeit mit der These, das «Raumschiff Erde» sei hoffnungslos übervölkert; er mahnte, all die Millionen und Abermillionen hungernder Kinder in der Dritten Welt seien von den immer karger werdenden Früchten unserer kahlgefressenen Erde nicht mehr zu ernähren.[26] Entweder, so meinte Ditfurth, die Bevölkerungszahlen in der Dritten Welt müßten durch strengste Geburtenkontrolle drastisch reduziert werden, oder dem «Raumschiff Erde» würden demnächst der Sauerstoff und die Nahrungsreserven ausgehen. Was angesichts solcher Dramatik mit den vielen überzähligen Essern zu geschehen hätte, falls die Idee mit der Geburtenkontrolle nicht verfangen sollte, verriet uns Ditfurth nicht.

Der sogenannte «Baumkünstler» Ben Wargin errichtete, ebenfalls Anfang der achtziger Jahre, in Berlin eine Art Öko-Skulptur organischen Werdens: Ein ausgedienter Linienbus wird über die Jahre von Pflanzen überwuchert. Am Berliner S-Bahnhof Savignyplatz installierte Wargin 1986 gemeinsam mit anderen Künstlern (darunter Günter Grass) ein künstlerisches Memento mit dem Titel «Weltenbaum». Die Bilderfolge ist mit Kommentaren versehen, die in der Feststellung kulminieren: «Wir sind die Hautkrankheit der Erde.» Die Antwort auf die Frage, was mit dem Bazillus Mensch zu geschehen habe, damit die Erde (nebst Bäumen) wieder gesunden könne, muß man sich auch hier dazudenken.

Man mag einwenden, daß der Warginsche Satz metaphorisch zu verstehen sei und der Fanatismus des – im Gegensatz zu Ditfurth asketischen – Pflanzenfreundes zwar übertrieben, doch harmlos und gut gemeint war, diene er doch letztlich dem aufklärerischen Anliegen, den Schwächeren (die vergewaltigte Natur) vor dem Stärkeren (der vernichtungswütigen Zivilisation) zu schützen. Und in der Tat: Man kann sich nur schwerlich vorstellen, daß ein kauziger Chlorophyl-Fetischist wie Ben Wargin bei der Beseitigung des «Schädlings Mensch» selber mit Hand anlegen würde.

Wer aber über die Enthumanisierung der Gesellschaft und den katastrophalen Werteverlust klagt, der darin zum Ausdruck kommt, daß nicht nur deklassierten, sondern auch wohlbehüteten mittelständischen Jugendlichen Menschenleben nichts mehr wert zu sein scheinen, der muß nach dem Schuldanteil fragen, den das seit zwanzig Jahren unablässig auf uns einwirkende Öko-Ideologem an dieser Entwicklung trägt, demzufolge der Mensch als parasitärer Störenfried eines an sich guten und gesunden Naturkreislaufes zu gelten habe. Es ist längst zu einem staatlich anerkannten Dogma geworden, das den Konsumenten via Massenmedien tagtäglich in die Hirne gehämmert wird. Eine kampagnenartig ausgestrahlte Serie von Fernseh-Werbespots des Bundesumweltministeriums etwa verkündet, von einer Grabesstimme vorgetragen, die schauerliche Wahrheit: «Die Natur braucht uns nicht, aber wir brauchen die Natur». Wenn wir uns also, das ist wohl damit gemeint, nicht den Wünschen «der Natur» beugen, so wird «die Natur» uns abschaffen. Die Wünsche «der Natur» aber übermittelt uns das Bundesministerium für Umwelt – in Form von Handlungsanweisungen wie der, die Wasserklosettspülung sparsamer zu betätigen als bisher.

Daß solche Handlungsanweisungen durchaus vernünftig sein können, soll hier nicht bestritten werden. Fatal ist aber, daß sich die Öko-Propaganda des fiktiven Subjekts «Natur» bedient, um ihren eher marginalen Reformideen das Gewicht apokalyptischer Verkündigungen zu geben. Wenn es sich tatsächlich so verhält, daß eine in jeder Hinsicht übermächtige Natur den Nestbeschmutzer Mensch nur großzügig duldet, bis sie ihn zwecks Gesundung aus ihrem Organismus abstoßen wird, dann leuchtet es nicht ein, daß – wie in den Werbespots zu sehen – eine als glücklich-blöde lächelnde Comicfigur gezeichnete Erdkugel dankbar «Saustark, Mensch» lispeln sollte, bloß weil irgendein Herr Schmidt jetzt ein Stofftaschentuch statt des schwer zu entsorgenden Kleenex verwendet. Zweifellos müssen dann, um es «der Natur» recht zu machen und sie von ihrem Entschluß, den Menschen wie ein Ungeziefer zu vertilgen, doch noch abzubringen, wesentlich schärfere Maßnahmen ergriffen werden.

Ideologen der Neuen Rechten wie Karl Richter argumentieren daher konsequent, wenn sie feststellen, die Unterwerfung des Menschen unter «die Natur» habe die Beseitigung des naturwidrigen Individualismus und Liberalismus der Aufklärung zur Voraussetzung. «Wenn es um das Überleben der Völker, ja ganzer Regionen und Kontinente geht», so zitiert Richter zustimmend den rechtsnationalistischen Historiker Wolfgang Venohr, «werden Demokratie und Individualität keine Rolle mehr spielen»; und Richter schlußfolgert daraus:

Mit jedem toten Baum, mit jedem Hektar gerodeten Regenwaldes, mit jedem Milligram FCKW, das in die Erdatmosphäre gelangt, rückt der Abgang des unzeitgemäß gewordenen Weltbildes von 1789 näher. Die Folgen des Wahns von der Gleichheit aller, von der beliebigen Manipulierbarkeit des Natürlichen, schlagen zurück. Die Natur ist nicht demokratisch. Wer unter diesen Rahmenbedingungen partout glaubt, an demokratisch-parlamentarischen Rahmenbedingungen festhalten zu müssen, soll dies tun. Aber er wird zur Kenntnis nehmen müssen, daß die Menschheitsgeschichte demnächst darüber weg sein wird. Grund zur Trauer? Aber woher denn. Ein neues Spiel beginnt, wir sind dabei.[27]

Abkoppelung, von hinten durch die Brust ins Auge: Die politische Romantik kehrt heim

Ein vermeintlich künstlerisch hochwertiger Film wie das Endlos-Epos «Heimat» von Edgar Reitz – das von der deutschen Kulturkritik gerade wegen seiner vollständigen Spannungslosigkeit als tiefsinnige Alternative zum verhaßten Hollywood-Kino gefeiert wurde – sang Mitte der achtziger Jahre das Hohelied auf die intakte Region und ihre im Eigentlichen verwurzelten, im heimischen Dialekt radebrechenden Menschen, die das Herz eben deshalb auf dem rechten Fleck behalten haben, weil sie im Leben nicht auf die Idee kämen, sich vom angestammten Flecken zu rühren. Pikanterweise verlegte Edgar Reitz seine Heimatsuche in die Zeit des Nationalsozialismus und erfüllte so die schon damals lauter werdende Forderung, man möge über die Verdammung deutscher Vergangenheit die Alltagsleiden und -freuden der einfachen Menschen fernab aller Ideologie nicht vergessen. In Kürze läßt sich die – beim linksintellektuellen wie beim sogenannten breiten Fernsehpublikum in seltener Einhelligkeit höchst erfolgreiche – Botschaft des Films «Heimat» wie folgt zusammenfassen: Damals, in den vierziger Jahren, gab es zwar einige schlimme (und einige weniger schlimme) Nazis, es gab aber auch noch eine saubere Umwelt, frische Luft, unbebaute Wiesen, intakte Wälder, menschliche Wärme, wenige Autos – und kein Fernsehen.

Ein Schelm, wer bei dieser Sehnsucht nach der organischen kleinen Einheit an die urdeutsche Tradition der politischen Romantik dächte. Der Vorwurf, sie ließe zivilisations- und aufklärungsfeindliche deutsche Traditionen wiederaufleben, wurde von der Ökologie- und Friedensbewegung der achtziger Jahre zumeist empört zurückgewiesen. Es mußte erst eine neue Rechtsintelligenz auftreten, um die Urväter der neudeutschen Sehnsucht nach der Geborgenheit in der homogenen Stammesgemeinschaft wieder offen und ohne Umschweife beim Namen zu nennen.

Ende 1993 gab der «Eichholzbrief» immerhin eine Zeitschrift für politische Bildung der Konrad-Adenauer-Stiftung, erklärten Gegnern der Adenauerschen Westorientierung wie Karlheinz Weißmann oder dem

Gemütsdarwinisten Irenäus Eibl-Eibesfeldt die Gelegenheit, den Begriff der deutschen Nation im Sinne einer ethnischen Homogenisierung umzudefinieren. Der xenophobische Kieler Professor Kurt Hübner ergriff die Gelegenheit, um sein organologisches Gegenkonzept zur Europäischen Integration mit den Worten Adam Müllers, des Mentors der politischen Romantik, vorzustellen: «Alle Staaten», so hatte Müller im Jahre 1809 geschrieben, sollten «in ihren eigentümlichen, nationalen Formen wachsen und leben und einander geltend und fruchtbar machen».

Die Nationen als symbiotische, pflanzenhafte Organismen – dieses scheinbar so idyllische Phantasma aus dem Repertoire der romantischen Gegenaufklärung wird heute nicht mehr nur in den sektiererischen Kreisen grüner Utopisten und rechter Fundamentalisten beschworen. Auch staatstragende Konservative nehmen es als Alternative zu einer angeblich nivellierenden Weltzivilisation wieder ernst. Zwar distanziert sich Wolfgang Schäuble, einer der wichtigsten Vordenker der CDU, politisch eindeutig von der Neuen Rechten und erklärt die Westbindung zu einem Teil der Staatsraison auch des vereinigten Deutschlands. Bei seinem Plädoyer für «die Nation als Schutzgemeinschaft» greift er jedoch beherzt auf die romantische Definition des Volkes zurück. Schäuble zitiert zustimmend die folgenden Sätze des Romantikers Joseph von Eichendorff:

Das Volk lebt weder von Brot noch Begriffen allein, es will durchaus etwas Positives zu lieben, zu sorgen und sich daran erfrischen, es will vor allem eine Heimat haben in vollem Sinne, d. i. seine eigentümliche Sphäre von einfachen Grundgedanken, Neigungen und Abneigungen, die alle seine Verhältnisse lebendig durchdringen und in keinem Kompendium registriert stehen.[28]

Dies ist nun aber genau jene Auffassung vom Volk als einem organischen Wesen mit einer rational nicht beeinflußbaren Seele, auf die sich das deutsche völkische Sonderbewußtsein seit den Tagen der politischen Romantik berufen hat.

Aber auch Günter Grass, der bei den Konservativen als die Inkarnation vaterländischer Seinsvergessenheit gilt, hat die deutsche Vereinigung mit dem Argument abgelehnt, Deutschland sei eine föderale «Kulturnation» und dürfe keine zentralistische «Staatsnation» werden. Daß sich Grass dabei lieber auf den Aufklärer Herder als auf die aggressiv-nationalistischen «Reden an die deutsche Nation» Fichtes berief, macht sicherlich einen Unterschied: Chauvinistische Ressentiments zu schüren liegt dem Mahner und Warner vor der «Normalisierung» der deutschen Vergangenheit gewiß fern. Dennoch: Der Moralist bediente sich bei der Begründung seiner tiefen Skepsis gegenüber dem westlichen Zivilisationsmodell, dessen Vordringen nach Ostdeutschland und Osteuropa er nur als «Kolonisierung» und «Auslöschung» vermeintlich intakter kultureller Identitäten hat wahrnehmen und verteufeln können, der gleichen traditionellen deutschen Denkfiguren wie seine rechtskonservativen Gegner.

Lange Zeit hat sich das Konzept eines «deutschen Gegenentwurfs» zur westlich-liberalen Moderne, das durch den Nationalsozialismus diskreditiert war, nicht offen zu Wort melden können. Gleichwohl hat es, unter der Flagge der bundesdeutschen Zivilisationskritiker von links, weiter gewirkt. Ziemlich erfolglos allerdings, denn die herrschenden Eliten der Bundesrepublik waren wirtschaftlich und politisch auf Gedeih und Verderb an die enge Westintegration gefesselt. Günter Grass, Walter Jens und andere Propheten eines «links» begründeten, antiamerikanischen deutschen Sonderweges fanden, von der kurzen Euphoriephase der «Ostverträge» abgesehen, mit ihren Abkoppelungswünschen bei den staatspolitischen Entscheidungsträgern kein Gehör.

Der neue Nationalismus braucht das kosmopolitische Pathos nicht mehr, in das die Linke den Gedanken verpackt hatte, den Deutschen komme eine Vorreiterrolle bei der Verteidigung der «Kultur» gegen den Ungeist der westlichen Konsumgesellschaft zu. Die deutsche Sondermission wird jetzt offen wieder als *deutsche* Mission deklariert.

«Kultur» ist wieder das geworden, was es in der Tradition deutscher Zivilisationskritik seit der politischen Romantik lange Zeit gewesen ist: ein Kampfschrei gegen den westlichen Liberalismus.

Abkoppelung, geistig:
Der Horror vacui der Wertestifter

Daß sich die aktuelle Diskussion jenseits der traditionellen politischen Grenzen zwischen rechts und links bewegt, zeigt sich auch an den Thesen von Botho Strauß. Unzweifelhaft verwendet Strauß in seinem vieldiskutierten *Spiegel*-Beitrag[29] Termini, die dem Vokabular der Gegenaufklärung entnommen sind. Er preist die Gegenaufklärung auch explizit als «die oberste Hüterin des Unbefragbaren, des Tabus und der Scheu». Rechts zu sein gilt ihm als ein Ergriffensein von «der Übermacht einer Erinnerung» und damit ausdrücklich als eine ethisch-kulturelle Qualität.

Botho Straußens expliziter Antiliberalismus läßt keinen Zweifel daran zu, daß sein Konservatismus nicht nur ästhetischer, sondern philosophisch-politischer Natur ist. Folgerichtig hat die neue Rechtsintelligenz den Dichter jetzt auch offiziell vereinnahmt: Als Nachdruck in den erwähnten Ullstein-Sammelband von Ulrich Schacht und Heimo Schwilk übernommen, erschallt der «Anschwellende Bocksgesang», mit ausdrücklicher Billigung des Autors, nunmehr zu Ehren der «selbstbewußten Nation». Doch ist Botho Strauß damit schlicht und einfach vom Linken zum Rechten mutiert? So einfach liegt der Fall, zum Ärger für die Moralwächter einer heilen Welt der Linken, ganz und gar nicht. Botho Straußens apokalyptische Medienkritik, seine Kritik an Verdinglichung und Entfremdung decken sich nach wie vor mit Theorien aus der Linken. Ohne Mühe lassen sich in seinen Ausführungen Versatzstücke von Adornos und Horkheimers «Dialektik der Aufklärung» wie auch von aktuellen Simulations- und Medientheorien – von Baudrillard über Neil Postman bis Paul Virilio – erkennen. Hätte sich Strauß nicht gar so demonstrativ des Vokabulars konservativer Gegenaufklärung bedient, würden viele Linke ihm offen Beifall gespendet haben. So blieb es bei der eher verschämten Bewunderung, die seinen Thesen vor allem aus dem Veteranenmilieu jener akademischen Linken zuteil wurde, die sich, nach dem Bankrott der weltlichen Utopien, nach unzerstörbaren metaphysischen Werten sehnen.

Botho Strauß hat so manchem in Ehren ergrauten, mittlerweile beamteten Linken aus der Seele gesprochen. Denn nachdem die Utopiekritik die Intellektuellen von ihrer Funktion als geistige Erzieher der vom Kapitalismus manipulierten Massen suspendiert hat, herrscht in deutschen geisteswissenschaftlichen Fakultäten der *Horror vacui*. Die Sinnkrise, von der die alternde akademische Linke in Wahrheit selber befallen ist, wird von ihr auf «die Gesellschaft» projiziert. Der Liberalismus, so lautet eine häufig zu vernehmende Auffassung ehemaliger revolutionärer Meisterdenker, lasse den Arbeiter, die Putzfrau oder den Straßenbahnschaffner, den einfachen und ungebildeten Menschen also, ohne gemeinschaftsstiftenden Wert mit sich und seinem sinnlosen Dasein allein. Er selbst, so meint dieser Typus des ums Gemeinwohl besorgten Akademikers, könne einen umfassenden Wertenihilismus aufgrund seines reflektierten Bewußtseins zwar mühelos aushalten; und wenn nicht, dann lasse sich der Sinnverlust durch einen Gang ins Theater oder in die Tempel der Kunst kompensieren. Der einfache, der Konsum- und Fast-Food-

Gesellschaft kritiklos verfallene Bürger dagegen müsse an der Tatsache verzweifeln, daß ihm keine übergeordnete Institution mehr die Richtung zum guten Leben weise. Seine Verzweiflung werde sich, so stehe zu befürchten, schließlich in antidemokratischer Gesinnung und rechtsextremistischer Gewalttätigkeit entladen. Daher schlägt der Akademiker vor, zwecks Rettung des Liberalismus vor sich selbst eine sogenannte Wertediskussion zu führen. Am Ende dieser intellektuellen Neuauflage des Hornberger Schießens solle die Wiedereinsetzung transzendenter Werte wie der «Nation», der «Gemeinschaft» oder der «Institution» stehen.

Botho Strauß hat dieser katzenjammerhaften Sehnsucht nach einem neuen Priestertum geradezu karikaturhaften Ausdruck gegeben. Zugrunde liegt ihr eine dünkelhafte Verachtung des atomisierten Konsummenschen, den sich der kultivierte Geistesmensch als ein Opfer vorstellt, das von der Verführungskraft der Medien und Moden um Seele und Verstand gebracht wurde und dem er daher die Fähigkeit abspricht, mit der verwirrenden Pluralität der modernen Gesellschaft selbstverantwortlich umzugehen. In der Klage darüber, daß dem vor lauter enthemmtem Liberalismus zum Zombie mutierten Normalbürger das Bedürfnis danach abhanden gekommen sei, auf das «Weistum» (Botho Strauß) der Dichter und Denker zu hören, reproduziert sich die alte Avantgardetheorie der Linken, die ihre Erfolglosigkeit bei «den Massen» auf deren Unfähigkeit zurückführte, dem Blendwerk bürgerlicher Verderber des reinen Klassenbewußtseins zu widerstehen.

Es ist leicht, sich über Botho Straußens sakralen Gestus, über den Dilettantismus seiner Denkversuche oder über sein sprachliches Scheitern lustig zu machen. Aber sein Vorstoß in die Sphären einer neuen Kunstreligion faßt eine verbreitete Stimmungslage in Worte und dokumentiert den Übergang zu neuen Paradigmen des intellektuellen Diskurses in der Bundesrepublik Deutschland. Angesagt ist die Lust an der Überwältigung durch Kräfte, die zu groß seien für die Instrumentarien unseres armseligen Verstandes. Weltweite Massaker und Katastrophen beweisen in den Augen des deutschen Apokalyptikers einmal mehr den Bankrott der Aufklärung.

Und jetzt alle: Weg mit der Illusion von den universalen Menschenrechten!

Hans Magnus Enzensberger gibt in seinem neuen Buch «Aussichten auf den Bürgerkrieg»[30] ein Beispiel dafür, wie man als Kosmopolit und Universalist auf die kultivierteste Art und Weise die Nerven verliert und vorauseilend die Waffen streckt. Seine Beobachtung über die weltweite Explosion einer – durch ideologische Versatzstücke immer schwerer zu legitimierenden – Gewalt sind oft scharfsinnig und punktuell erhellend. In der Tat: Wir sollten keinerlei Unterschied mehr machen zwischen Schlächtereien mit «revolutionärer» oder «progressiver» und solchen mit «konterrevolutionärer» oder «reaktionärer» Begründung. Doch Enzensberger übersteigert diese notwendige Entdifferenzierung bis hin zu einem völligen Indifferentismus. Die weltweite Gewaltexplosion gilt ihm als Beleg für einen unerklärlichen und unkalkulierbaren, einen sinnlosen Zerstörungswillen, der kein anderes Ziel habe als die schließliche Selbstauslöschung der daran beteiligten Kombattanten: Der globale Bürgerkrieg sei der Ausdruck eines kulturellen Todestriebes.

Um seine intellektuelle Kapitulation vor der herrschenden isolationistischen Stimmung in Deutschland theoretisch abzusichern, bemüht Enzensberger – verdeckt, also ohne ihren Urheber zu erwähnen – die Theorien des konservativen Soziologen Arnold Gehlen. Dieser meinte, der Mensch sei durch die Reizüberflutung in der modernen Zivilisation von seiner anthropologischen Konstitution her überfordert. Die totale Informationsgesellschaft ersetze den nachprüfbaren eigenen Lebens- und Erfahrungsraum durch eine sekundäre Welt abstrakt vermittelter Erfahrungen, denen der einzelne nicht mehr folgen könne. Der Mensch könne moralische Maßstäbe aber nur in Beziehung auf eine eingegrenzte, seiner unmittelbaren Anschauung zugängliche Lebenswelt entwickeln. Mit anderen Worten, moralisches Handeln ist allenfalls zu Hause möglich, wo man die eigenen Familienmitglieder und die nächsten Nachbarn kennt. Von der großen weiten Welt läßt man besser die Finger. Nach der Theorie vom Sozialismus in einem Lande beschert uns Enzensberger, sonst immerhin einer unserer scharfsinnigsten intellektuellen Köpfe, eine neue Variante: die vom Universalismus in einem Lande.

Die Weltlage mag freilich noch so katastrophal und aussichtslos sein, der deutsche Meisterdenker läßt es sich nicht nehmen, dazu in aller Erhabenheit das ultimative letzte Wort zu sprechen. Wer noch immer glaube, der Westen könne durch eine Intervention in Jugoslawien das ethnische Gemetzel stoppen, so bedeutete uns Enzensberger Ende 1993, der hänge kindlichen universalistischen Allmachtsphantasien an. In einem Interview in der *tageszeitung* vom 14. 12. 93 erklärte Enzensberger, gerade von einer Erkundungsreise aus Serbien und Kroatien zurück, die Oppositionellen in diesen Ländern hätten sich endlich damit abzufinden, daß ihnen der Westen nicht helfen könne. «Es fällt solchen Menschen schwer zu begreifen», so diagnostizierte er, «daß sie nicht das Zentrum des Interesses der ganzen Welt sind; daß der jugoslawische Krieg einer von vielen ist.» Mit altväterlicher Abgeklärtheit schreibt Enzensberger den Opfern in Bosnien ins Stammbuch:

Die Menschheit als Ganzes ist keine Hilfsorganisation. Das ist moralisch fatal, aber es ist ein politisches Faktum. . . . Bürgerkriege enden in der Regel an Erschöpfung – daran, daß sie die ökonomische Lebensgrundlage der Menschen vollständig ruinieren. Früher oder später haben die Leute kein Wasser mehr und nichts mehr zu heizen, und selbst die Plünderer und die Kriegsgewinnler finden keine Beute mehr. . . . Die Drohungen der EG und der USA haben sich als leer erwiesen.[31]

Was mag der «Realist» Enzensberger von seiner eigenen zynischen Rede gehalten haben, als kaum zwei Monate später die NATO durch ihre erste halbherzige Andeutung einer militärischen Interventionsdrohung den Krieg in Bosnien zumindest eindämmte? Und ist auch die US-Intervention in Haiti nur ein weiteres Beispiel für die theologisch verbrämte Hilflosigkeit des Westens? Seine vollständige, mit dem Gestus des Zertrümmerers kindischer universalistischer Illusionen vorgetragene Fehleinschätzung der internationalen Lage wird Enzensberger kaum daran hindern, sich bei nächster Gelegenheit wieder als pragmatischer Moralphilosoph zu betätigen. Und er wird, wenn er bei seiner Anpassung an kulturrelativistische Sentiments bleibt, wieder dankbare Anhänger unter den Antiuniversalisten pazifistischer wie konservativer Prägung finden.

Es ist kein Zufall, daß das zitierte Interview von Antje Vollmer geführt wurde. Für die Grünen, denen auch nach dem NATO-Ultimatum zum bosnischen Krieg nichts anderes einfiel, als auf ihrem Parteitag die Abschaffung der NATO zu ihrem programmatischen Ziel zu erklären, war Enzensbergers brillant formulierter Abgesang auf den Westen ein Himmelsgeschenk. Mit seiner Hilfe konnten sie ihre skandalöse Opposition gegen deutsche humanitäre Einsätze in Bosnien oder Somalia als avancierte intellektuelle Position ausgeben.

Aber auch auf konservativer Seite hat Enzensberger viel Beifall gefunden. Dort wächst in letzter Zeit ganz offenbar der Mut, sich unverhohlen aggressiv gegen die «demokratischen Menschenfreunde von 1945» auszusprechen. Diese Formulierung stammt von einem gewissen Eberhard Straub, der gelegentlich für die *Frankfurter Allgemeine Zeitung* schreibt.[32]

Politisch kann die Konsequenz daraus nur heißen: Schluß mit dem Versuch des Exports westlicher Werte in Regionen, deren Einwohner solche Werte weder begreifen noch wollen.

Es lebe die Abkoppelung, es lebe das «Schicksal der Mittellage», es lebe die Einheit von links und rechts im Schatten des heimischen Kirchturms, wo sich der regressive Wunsch, die «eigene Identität» zu pflegen, aufs trefflichste mit Machtphantasien von einem «Großraum Europa» unter der Führung einer «Friedensmacht Deutschland» verbinden läßt. Schluß mit der Wahnidee von einem vereinten Europa, zurück zum «Realismus» der nationalen Machtpolitik, der regionalen Folklore und der besonderen deutschen Art zu frühstücken – dieses Identitätsmerkmal der Deutschen hat Günter Gaus, der linkskonservative Kämpfer für das «Menschenrecht auf Anpassung», allen Ernstes in die Debatte geworfen. Zum Westen zu gehören scheint die deutsche Intelligenz zu überfordern. Er stört sie in ihrer apokalyptischen Selbstzufriedenheit, in ihrer Sehnsucht nach dem *Hortus conclusus*. Ein «Viertes Reich» haben wir vom deutschen Antiwestlertum, zumindest vorläufig, nicht zu befürchten – aber die Isolation, die Provinzialisierung, die politische und geistige Verödung unseres Landes.

Nachbemerkung: Nolte packt aus

Der Historiker Ernst Nolte stilisiert sich gerne zum Skandalon und zur wissenschaftlichen Sphinx. Die Öffentlichkeit hat das Spiel jahrelang brav mitgespielt. Die Entschlüsselung von Noltes kryptischen Formulierungen wurde für Freund und Feind ein beliebter Denksport. Steckte hinter seiner Theorie vom «europäischen Bürgerkrieg» der Versuch, den Nationalsozialismus zur bloßen Abwehrbewegung gegen den Bolschewismus zu verharmlosen? Wollte er mit seiner grotesken Behauptung, Hitler habe die Parteinahme des jüdischen Weltkongresses für die Westalliierten im Zweiten Weltkrieg als formelle Kriegserklärung der Juden an das deutsche Volk auffassen müssen, den Holocaust rechtfertigen? Noltes wissenschaftliche Verdienste sind unbestreitbar; und so haben seine effektvoll gestreuten Provokationen in der Öffentlichkeit zwar immer wieder Erschrecken hervorgerufen, doch irgendwie nahm man sie doch nur für punktuelle Entgleisungen eines im Grunde seriösen Wissenschaftlers. Gleichwohl blieb der finstere Verdacht, Nolte verschweige das, was er wirklich sagen will. Und er selbst genoß diesen Status des zu Unrecht verdächtigten und zu Recht gefürchteten tabubrechenden Finsterlings sichtlich.

Die Behauptung, seine Forschungen seien von einer strengen wissenschaftlichen Objektivität geleitet und von keinerlei subjektiver Leidenschaft affiziert, wiederholt Nolte auch jetzt noch bis zur Penetranz. Aber seit er im *Spiegel* zur Gründung einer «rechten, radikalen, aber demokratischen, also verfassungstreuen Partei» aufrief, nimmt ihm diesen Gestus wohl keiner mehr ab. In seinem Streitgespräch mit Rudolf Augstein[33] setzt er zwar seine bewährte Taktik fort, provokative Andeutungen zu machen, die er auf Nachfrage zu relativieren versucht. So erklärt er, man müsse den Hitlerschen Angriffskrieg vielleicht auch als einen unvermeidlichen europäischen Entscheidungskrieg betrachten, oder er erwähnt, daß Hitler die Methode des Vergasens auch als einen Beitrag zum humaneren Töten betrachtet habe. Zur Rede gestellt, verschanzt sich Nolte hinter der Feststellung, er referiere natürlich immer nur die Sicht der Nazis, nicht seine eigene Meinung. Aber ernst nehmen müsse man diese Sicht eben doch. Auf diese Weise zaubert Nolte eine These nach der anderen aus dem Hut, die den Relativierern deutscher Schuld als Argumentationshilfen dienen können. Er selbst übernimmt dafür aber keine Verantwortung: Er spricht ja nur als Wissenschaftler, der sich noch in die abseitigsten Motive der historischen Akteure einfühlen müsse, um nur ja keinen wichtigen Faktor der geschichtlichen Entwicklung zu übersehen. Alles dient angeblich nur der Feststellung der historischen Wahrheit. In seinem Gespräch im *Spiegel* gelingt es Nolte jedoch nicht mehr, seine politischen Ziele hinter der Maske des unbeteiligten Diagnostikers zu verbergen. Oder er hat es aus irgendwelchen Gründen für angebracht gehalten, diese Maske jetzt fallen zu lassen.

Nolte erklärt, er «leugne nicht, daß es im Nationalsozialismus positive Elemente und positive Tendenzen gab». Er will damit, um Gottes willen, den Nationalsozialismus nicht gutheißen, und er beteuert, den Massenmord an den Juden und die Versklavung fremder Völker durch die Nazis aus tiefstem Herzen zu verabscheuen. Man solle aber endlich aufhören, den Deutschen die Nazi-Verbrechen vorzurechnen. «Die nationalsoziastische Vergangenheit», so fordert er, «soll hauptsächlich zu einem Eigentum der Wissenschaft werden und nicht zu einem Gegenstand der ständigen Polemik und der ewigen Anklage». Simplere Gemüter als der Professor Nolte drücken diesen Gedanken gemeinhin mit der Formulierung aus, es müsse endlich ein Schlußstrich unter die Vergangenheit gezogen werden.

Natürlich, Nolte ist kein Nazi. Im Nationalsozialismus sieht er, «bis zu einem gewissen Grade, eine Perversion grundsätzlich guter oder mindestens verstehbarer, nachvollziehbarer Intentionen». Auf die Nachfrage Augsteins, ob er einem «unverwirklichten NS-Projekt» nachtrauere, ob er also am Nationalsozialismus nur die Ausführung, nicht aber die Idee kritisiere, versichert Nolte: «Von Nachtrauern kann keine Rede sein.» Um im nächsten Atemzug hinzuzufügen:

Aber das Streben nach einer Lösung oder einer Wirklichkeit, welche die Extreme des amerikanischen Kapitalismus und des rein planwirtschaftlichen Sowjetkommunismus vermeidet, das heißt der Wunsch nach einem dritten Weg, der ist heute so lebendig, wie er es damals war.[34]

Das Dementi übertrifft das Dementierte an Ungeheuerlichkeit noch bei weitem. Nolte trauert nicht um das «unverwirklichte NS-Projekt», weil es gar keinen Trauerfall gibt. Das Projekt ist schließlich lebendig wie eh und je! Vorsorglich fügt Nolte hinzu: «Man wünscht es sich natürlich anders heute als damals.» Einschränkungen dieser Art können uns jedoch schwerlich beruhigen.

Nolte hat seine Antworten so lange spitzfindig hin und her gewendet, bis es unter dem Strich so aussieht, als ob er doch ein Nationalsozialist sei. Das ist er aber eben doch nicht. Er ist nur ein ganz normaler rechtskonservativer Apokalyptiker. In dem Sammelband «Die selbstbewußte Nation» erklärt Nolte, ganz im Sinne des konservativen Revolutionärs Moeller van den Bruck («An Liberalismus gehen die Völker zu Grunde»):

Es ist schlechterdings nicht mehr zu übersehen, daß der Liberalismus, sofern er sich zum Liberismus fortentwickelt oder von diesem abgelöst wird, die Nationen tötet und nach dem Ende einer gigantischen Bevölkerungsverschiebung auch die Menschheit töten könnte.[35]

Es ist auch schlechterdings nicht zu übersehen, daß dies Noltes eigene Meinung ist und nicht nur die Hitlers (oder Moeller van den Brucks). Das also war's, was Nolte meinte und was er uns so lange nicht verraten wollte.

Enttäuschung macht sich breit im Parkett. Nach so viel Theater um das Phantom der deutschen Geschichtswissenschaft kann die banale Auflösung des Rätsels kaum noch Empörung erregen, eher schon tiefe Enttäuschung, fast sogar Mitleid. Armer Nolte. Sein wissenschaftliches Werk wird durch seine ideologischen Auslassungen zwar nicht ungültig, mit Sicherheit aber beschädigt werden. Und als politischer Denker steht er, der mit seiner Gesinnung so lange nicht offen herausrücken wollte, jetzt als Nachbeter der Glaubenssätze seiner eigenen jungkonservativen Schüler da.

Man könnte die Akte Nolte also schließen und ihm viel Glück wünschen mit der neuen rechten Partei, die nach seiner Vorstellung «von Gerhard Löwenthal gegründet und von Manfred Brunner unterstützt» werden sollte.[36] Vielleicht macht er ja auch bei dem neuen Projekt Rainer Zitelmanns mit, der seit kurzem F. D. P.-Mitglied ist und das freidemokratische Wrack auf «nationalliberalen» Kurs trimmen will. Der Versuch der neuen Rechten, jetzt auch den Begriff «Liberalismus» zu okkupieren und im Sinne ihrer Strategie umzudefinieren, wäre doch so recht etwas für den leidenschaftlichen Begriffsverwirrer Nolte.

Es ist aber zu befürchten, daß Nolte seine wirklich schlimme Rolle erst noch zu spielen gedenkt. Denn neuerdings wirft er seine Reputation als Wissenschaftler in die Waagschale, um geschichtsrevisionistische Ideologen wie Fred Leuchter hoffähig zu machen. Dessen pseudowissenschaftlichen «Nachweis», daß es in Auschwitz keine Gaskammern gegeben habe, erklärt er zu einer «unorthodoxen Auffassung», in der «vielleicht ein Körnchen Wahrheit steckt». Auch ganz falsche Auffassungen müßten objektiv untersucht werden, denn sie seien «oft nützlich, um die richtigere Auffassung herauszubringen.»[37] Unter dem Vorwand streng wissenschaftlicher Betrachtung ebnet Nolte die Kriterien zur Unterscheidung von Wahrheit und Lüge ein. Der offenbaren, schamlosen Lüge wird zugestanden, sie könnte Aspekte der Realität wiedergeben, die bisher übersehen wurden. Die Lüge ist nach dieser Logik wertvoll, weil sie die Wahrheit «ergänzt». Die wahre Aussage, daß in Auschwitz systematisch Menschen vergast wurden, wird so qualitativ mit der lügnerischen Behauptung auf eine Stufe gestellt, es habe keine Gaskammern gegeben. Beide Aussagen erscheinen als das Resultat unterschiedlicher Sichtweisen auf die Realität, die gleichermaßen objektive Würdigung beanspruchen dürfen.

Wenn es Nolte gelingen sollte, diesen als wissenschaftliche Methodik getarnten Relativismus in den Geschichtswissenschaften zu etablieren, dann haben wir uns vor diesem seltsamen Professor am Ende doch zu Recht gefürchtet.

Antiwestler in Deutschland II:
Ostzonale Gemeinschaftsträume

«Jetzt wächst zusammen, was zusammengehört»
(Willy Brandt)

Auf den folgenden Seiten sollen zwei fiktive Charaktere vorgestellt werden, die nicht unserer dichterischen Phantasie entsprungen sind. Wir halten die beiden für idealtypische Figuren, die ihre Ähnlichkeit mit lebenden Personen nicht verleugnen können. Den ersten könnte man als den Typus des Parteihippies bezeichnen; wir haben ihm der Einfachheit halber den Namen Roland W. gegeben.

Der Parteihippie

Roland W. ist circa einen Meter achtzig groß, trägt – neuerdings – Levi's Jeans und ein ungebügeltes, rosa-grün-gepunktetes Hemd, das reichlich Brusthaar sehen läßt. Sein schmales Gesicht wird von Sturm-und-Drang-Locken und einem schütteren Vollbart umrahmt, und auf seiner unauffälligen Nase sitzt eine Nickelbrille. Er raucht Cabinet-Zigaretten – «aus Prinzip», wie er sagt, denn er empfindet es als ermutigendes Zeichen, daß seine ostdeutschen Landsleute in letzter Zeit verstärkt auf die bewährten DDR-Produkte zurückgreifen: Rotkäppchen-Sekt, Klub-Cola und Nordhäuser Doppelkorn. Roland W. legt eine betont lässige Haltung an den Tag. Er ist so locker, daß er bereits einen Rundrücken ausgebildet hat; die Assoziation, dieses Phänomen könnte auf fehlendes Rückgrat zurückzuführen sein, sollte sich ein Westdeutscher allerdings verkneifen. Zu sehr entspräche dieser Gedanke den böswilligen Klischees, unter denen unsere neuen Mitbürger aus dem Beitrittsgebiet noch immer leiden müssen.

W. dürfte um die Mitte Vierzig sein; bis 1989 war er Parteisekretär der SED in der Sektion Philosophie an einer traditionsreichen Ostberliner Universität. Unter gewissen Maßnahmen der Partei – etwa der Ausbürgerung Wolf Biermanns – hat er ehrlichen Herzens gelitten. Doch blieb es für ihn außer Frage, daß er im Interesse einer besseren sozialistischen Zukunft auch unter persönlichen Opfern auf seinem Posten auszuharren habe.

Daß er bei einer Parteiversammlung seine Zustimmung zum Ausschluß unliebsamer Autoren aus dem Schriftstellerverband bekunden mußte, obwohl er am liebsten laut «Nein!» gerufen hätte, hinterließ – wie er kürzlich bei einer Podiumsdiskussion über «Deutsch-deutsche Befindlichkeiten» in Iserlohn erklärte – bleibende Wunden in seiner Seele. Ungerecht findet Roland W., daß ehemalige DDR-Oppositionelle für seine inneren Zerrissenheiten kein Verständnis aufbringen. Mit schon etwas schwerer Zunge erklärt Roland W. in der Kellerbar des Iserlohner Volksbildungszentrums einem vertrauten Kreis, daß er «die Dissis schon immer im Verdacht hatte, es sich mit ihrem reinen Gewissen verdammt einfach zu machen». Er hält es da eher mit Heiner Müller, der erklärte, in einer schmutzigen Welt habe keiner das Recht, saubere Hände zu behalten. Daß einige sich dieses Recht trotzdem anmaßen, hält W. für eine moralische Zumutung; er spricht in diesem Zusammenhang von einem «gnadenlosen Gerechtigkeitssinn».

Generell bekennt Roland W. freimütig, daß er sich in seinem Glauben an den Sozialismus geirrt hat. Seit Jahren arbeitet er sich an seiner Mitschuld am «gescheiterten Experiment DDR» ab. Doch weigert er sich, seine Reue öffentlich zu Markte zu tragen wie so mancher Wendehals – gar noch für Geld! Denn was er durchgemacht habe, könne doch niemand beurteilen, der nicht selbst dabeigewesen sei; letztlich also nur er selbst.

Für Roland W. ist das Scheitern des Sozialismus die größte Tragödie unseres Jahrhunderts. *Tragisch* definiert er dabei folgendermaßen: «Es gab so viel guten Willen, doch die Verhältnisse waren nicht so.» Spätestens hier wird klar, daß der Parteihippie von der charakteristischen Melancholie des tragischen Helden geschlagen ist. Neben Rosa Luxemburg hat er sich immer dem Hamlet am nächsten gefühlt. Gerüchte, er habe im FDJ-Sommerlager einen Verweis erhalten, weil er nachts heimlich Wagners «Götterdämmerung» auf einem Kassettenrecorder aus westlicher Produktion hörte, sind allerdings unbewiesen. Auf einen Witz von Woody Allen angesprochen, der einmal sagte, er gehe nie in eine Wagner-Oper, weil er danach immer den unbezwinglichen Drang verspüre, in Polen einzumarschieren, verdüstert sich Roland W.s Miene. So undifferenziert könne man das nicht diskutieren mit der Solidarność und auch mit Prag undsoweiter und überhaupt... Wenn Roland W. so vor sich hinmurmelt, versteht ihn tatsächlich keiner mehr, der nicht selbst dabeigewesen ist.

Promoviert hat W. mit einer Arbeit, in der er Lenins «Kritik des Empiriokritizismus» mit dem Strukturalismus von Roland Barthes in Übereinstimmung zu bringen versuchte. Er versichert, er habe das mit Lenin nur zur Tarnung gemacht; und das mit Roland Barthes habe ihm manche Schwierigkeiten eingetragen. Sogar innerhalb der (von ihm mitbegründeten) interdisziplinären Forschungsgruppe, die sich die «Formulierung einer zeitgemäßen materialistischen Literaturästhetik» zum Ziel gesetzt hatte, sei es darüber zu heftigen Diskussionen gekommen.

W. war schon vor der Wende ein angesehener Gast auf philosophischen Tagungen, die in Frankfurt (Main), Bonn (Rhein) und Berlin (West) abgehalten wurden. (Er gab dort zu erkennen, daß er insgeheim mit Gorbatschow sympathisiere). W. war also ein sogenannter Reisekader, und es kursieren Gerüchte, daß es für seine Karriere nicht förderlich wäre, wenn jemals seine Stasi-Akten auftauchen sollten. Böse Zungen behaupten sogar, er könnte mit jenem IM Spinoza identisch sein, der für Erich Mielke und Markus Wolf als «Kundschafter des Friedens» unterwegs war. Belege dafür gibt es freilich nicht. Im Gegenteil: Roland W. kann auf eine Akte verweisen, die ihn selbst als Opfer ausgiebiger Bespitzelungen ausweist. Mit größter Betroffenheit schildert der Parteihippie Fälle von Verrat in seinem engsten Freundeskreis. Dann kann er seine Tränen häufig kaum zurückhalten.

Gerne erzählt Roland W. auch, wie oft er Studenten, die mit der Parteilinie in Konflikt geraten waren, mit Zuspruch und Verständnis durch schwierige Situationen geholfen habe. Für die Großzügigkeit, mit der er in seinen Kaderberichten abweichende Ansichten einzelner Genossen herunterspielte, war er in der ganzen DDR geachtet. Sicher gab es manch hoffnungslosen Fall, in dem auch er nichts mehr ausrichten konnte. Er habe sich aber nie gescheut, sogar einem aus der Partei ausgeschlossenen Kollegen, der seine Stelle an der Universität verloren hatte, noch öffentlich die Hand zu geben – obwohl dies in der Partei gar nicht gerne gesehen wurde.

Von der PDS, aus der er bereits 1991 ausgetreten ist, distanziert Roland W. sich nachdrücklich. Niemals würde er diese Nachfolgeorganisation der SED wählen; jedenfalls würde er es nicht zugeben. Überhaupt ist er von Parteien bis an sein Lebensende geheilt. Freilich findet er es undemokratisch, eine oppositionelle sozialistische Partei so mir nichts, dir nichts auszugrenzen. Schließlich sei der Sozialismus ein großes Ideal gewesen, und in der PDS gebe es viele ehrliche Menschen, die dieser ehrenwerten Vision treu geblieben seien. Den Vorschlag der PDS, mit Hilfe einer ostdeutschen Kammer neben dem Parlament den Ständestaat wieder einzuführen[1], findet W. immerhin bedenkenswert. Seine Begründung: die PDS wirke dem «marktwirtschaftlichen Terror der Treuhand» entgegen.

Ein wenig Häme verspürt Roland W. im übrigen schon, wenn er die fabelhaften Wahlergebnisse der PDS studiert. Jetzt möchte er mal die arroganten Gesichter seiner Westkollegen sehen, die sich nach dem Ende der DDR als Sieger der Geschichte aufgespielt haben. Roland W. verspürt angesichts der wiedererstarkten Partei so etwas wie Scham und Verbitterung darüber, daß er sich in den letzten Jahren von den Westlern dermaßen hat vorführen lassen und sich unter ihren antikommunistischen Sprüchen wegduckte. Aber schließlich wollte er ja auch im öffentlichen Dienst bleiben. Heute jedoch, vor dem Einschlafen, rinnt ihm manchmal eine winzige Träne aus dem Auge, aus Reue über seinen kleinen, schmählichen Verrat an der Partei.

Die «Dialektik der Aufklärung» von Adorno und Horkheimer hat Roland W. schon Anfang der achtziger Jahre gelesen. Heute hält er sie für einen brandaktuellen Text. Nicht zuletzt der Treibhauseffekt beweise, wozu die instrumentelle Vernunft fähig sei. (Vor ein paar Jahren hätte W. statt «instrumentelle Vernunft» noch «Kapitalismus» gesagt.) An Adorno gefällt ihm besonders der Begriff «negative Dialektik». Er versteht ihn so, daß man keiner Gesellschaft unkritisch gegenüberstehen darf, und erklärt voller Stolz: Er habe seine Haltung des inneren Widerstands aus der DDR in die neue Zeit hinübergerettet. Nun sei bei ihm aber noch ein regelrecht anarchistisches Element hinzugetreten, das ihn gegenüber jeglicher Autorität hellhörig werden lasse.

Dabei geht es Roland W. immer auch um höhere Werte: Er sehnt sich nach der unentfremdeten Gemeinschaft. Er trauere der DDR gewiß nicht hinterher, sagt W., aber man könne doch nicht leugnen, daß das internationale Kapital einen schmutzigen Wirtschaftskrieg gegen die Ostdeutschen führe. Deswegen gelten ihm auch die ausländerfeindlichen Pogrome von Rostock und Hoyerswerda als ziemlich unvermeidlich. Er empfindet zwar keine Sympathie für rechtsradikale Schlägertrupps, aber er hat großes Verständnis für sie. Den DDR-Dichter Volker Braun zitierend, führt er aus:

Man war mit ihnen umgesprungen, wie kein Polier, kein Polizist es einst gewagt hatte. Es war etwas hereingebrochen, eine namenlose, eine Naturgewalt, die das Gelände entseelte und die Betriebe verödete... Zersiebt, zerstreut, entlassen; außer Kraft gesetzt ihr Leben... Sie konnten, sie mußten wünschen, nicht die Letzten zu sein im Staat, nicht die Allerletzten. Nun schlugen sie zu.[2]

Es war also gewissermaßen Notwehr, daß die Pogromisten von Hoyerswerda versuchten, mißliebige Ausländer zu ermorden; die Täter waren die Opfer. Volker Braun schreibt: «Sie waren selber Fremde, im Ausland hier, auf der Flucht.»[3] Um Mißverständnissen vorzubeugen: Volker Braun ist ganz sicher kein Nationalist, ebensowenig wie unser fiktiver Held Roland W. Gleichwohl zeigte der Dichter schon unter der SED-Herrschaft eine starke Neigung, sich mit der sozialistischen Volksgemeinschaft zu identifizieren. Während des Vietnamkrieges veröffentlichte er eine antiamerikanische Kriegsfibel, in der er aktuelle Zeitungsbilder in Brechtscher Manier mit vierzeiligen Gedichten kommentierte. Unter das Foto einer Genossin, die für den nationalrevolutionären Vietcong Blut spendet, setzte Braun folgende Verse:

Dies Blutvergießen macht mich endlich froh.
Kenn ich nicht ihr Gesicht? Ich sah es oft.
Hab ich es hier erwartet? Dich erhofft.
Ich kenne ihr Gesicht. Mein Volk blickt so.[4]

Seit der Westen die DDR überrollt hat, blickt «mein Volk» nicht mehr so. Es erhebt sich also die bange Frage, welcher positive, substantielle Wert an die Stelle der marxistischen Heilsideologie treten soll: Was kann die zerfallende DDR-Gemeinschaft noch zusammenhalten, wer wird dem zersetzenden Einfluß der amerikanisierten Bundesrepublik trotzen? Darauf weiß weder Volker Braun noch Roland W. eine Antwort. Er tröstet sich aber mit dem Gedanken, daß die Tage der westlichen Industriegesellschaften gezählt sind. Ganz leuchtende Augen bekommt er, wenn er vom Ozonloch spricht. Der Kapitalismus werde genauso untergehen wie die DDR, orakelt W., denn er könne die apokalyptischen Umweltgefahren ebensowenig meistern wie der Sozialismus. Das Ozonloch sei das Menetekel in der Stratosphäre, das vom drohenden Untergang des modernen Babylon künde. Dahinter verbirgt sich die Hoffnung – nie ausgesprochen, doch immer präsent –, daß die Natur vollenden möge, was dem Weltkommunismus nicht gelungen ist. Sie soll sich als Rachegöttin verkleiden und dem westlichen Liberalismus endgültig den Garaus machen.

Als ihn kürzlich eine West-Journalistin fragte, ob er denn mit der Mauer einverstanden gewesen sei, habe ihm dies eine Gänsehaut über den Rücken gejagt. Der Parteihippie sagt: In der Geisteshaltung der Journalistin habe er den inquisitorischen Terror der SED-Kulturfunktionäre wiedererkannt. Wenn ihm damals diese Gretchenfrage gestellt wurde, hat Roland W. immer Heiner Müller zitiert, statt die offizielle Version vom antifaschistischen Schutzwall herunterzubeten. Das erschien ihm listig, wenn nicht gar subversiv, denn Müllers Mauerdefinitionen waren so wunderbar lyrisch, und doch waren sie vom ideologischen Standpunkt aus unangreifbar. («Die Mauer ist das Denkmal für Rosa Luxemburg», oder: «Die Grenze ist die praktische Kritik der Bedürfnisse.») Dafür, daß die Mauer ihn und sein Volk vor der entfesselten westlichen Konsumgesellschaft beschützte, verspürt Roland W. noch immer eine klammheimliche Dankbarkeit. Aber wie eine solch subtile Gefühlslage einer inquisitorischen West-Journalistin erklären?

Niemand könne ihn zwingen, sagt W., seine Biographie wegzuwerfen. Genau wie Heiner Müller versteht der Parteihippie plötzlich sehr gut, «warum Heidegger über seinen Abgrund nie gesprochen hat. Denn jedes Gespräch führt zu neuen Mißverständnissen, das ist nicht auszuräumen».[5] W. spielt hier darauf an, daß Martin Heidegger – der zu den aktiven Unterstützern des Nationalsozialismus gehörte – nach 1945 durch seine provokante Reulosigkeit auffiel. Warum, so könnte man seine Äußerung paraphrasieren, sollte W. nicht Heideggers großem Beispiel nacheifern?

Die Oppositionelle

Wenden wir uns nun von der ressentimentgeladenen *flower power* des Herrn W. ab und einem zweiten Typus zu, den wir Regina S. nennen wollen. Sie gehört zwar derselben Generation an wie W., aber damit hören die Ähnlichkeiten schon auf (vordergründig zumindest). Frau S. hat nicht nur ein sehr anderes Leben gelebt als der Ex-Parteisekretär, sie ist im großen und ganzen auch eine solide mittelständische Erscheinung. Hippiehafte Züge sind nicht zu vermelden; auffällig an ihr sind allenfalls die hennaroten Haare und eine Neigung zu legerer Kleidung.

Frau S. ist in einer sächsischen Kleinstadt aufgewachsen, was unüberhörbare Spuren in ihrem Akzent hinterlassen hat, und sie war schon früh in oppositionellen Kirchenkreisen aktiv. Mitte der achtziger Jahre organisierte sie inoffizielle Friedensmärsche und Kerzendemonstrationen. Kein Stasi-Verhör und noch nicht einmal der Verlust ihres Studienplatzes konnte Frau S. von ihrer renitenten Haltung abbringen; dies war um so schmerzhafter, als sie einer Funktionärsfamilie entstammte. Ende 1987 befand ihre Obrigkeit, daß das Maß nun voll sei. Regina S. wurde zweieinhalb Wochen lang im berüchtigten Frauengefängnis in der Ostberliner Magdalenenstraße inhaftiert und anschließend gegen harte Devisen an den Westen verkauft. Seither wohnt sie in Hamburg; als Beruf gibt sie «Kinderbuchautorin» an, obwohl sie noch kein einziges Kinderbuch veröffentlicht hat. Ihr Geld verdient Frau S. als Lehrerin an einem renommierten Gymnasium.

Heute pflegt Regina S. eine neue Passion. Sie hat nach dem Fall der Mauer die deutsche Nation entdeckt. Es dürfe endlich, so ruft sie emphatisch aus, keine Tabus (gesprochen: «Dhabüs») mehr geben. «Vierzig Jahre lang hat man uns in der DDR den Grundwert der Nation vorenthalten.» Warum nicht endlich offen darüber reden, daß manche Ausländer sich wirklich kriminell gebärden? Etwa nur, weil Schönhubers Republikaner es auch tun? Sie zum Beispiel wohne in Altona, einem Hamburger Stadtteil, in dem sehr viele Türken leben, und es sei schon unerhört, was man sich da an sexuellen Belästigungen gefallen lassen müsse. Ihr *Lebensraum* als Frau werde immer mehr eingeengt. Viele Ausländer seien von Schlepperorganisationen illegal über die Grenze geschleust worden, das sei doch eine Tatsache! Und man möge ihr bitte nicht damit kommen, daß auch die Emigranten in der Nazizeit oft auf Schlepperorganisationen angewiesen waren. Das sei doch vollkommen unvergleichbar. Die Emigranten, die aus Hitlerdeutschland «weggingen», seien hauptsächlich Juden gewesen, also Menschen «von einem hohen Intelligenzgrad». Die könne man doch mit den heutigen Asylanten nicht in einen Topf werfen.[6]

Seltsamerweise weist niemand Regina S., wenn sie so redet, auf einen sehr einfachen Sachverhalt hin. Man kann der DDR alles mögliche vorwerfen: daß sie ein totalitärer Polizeistaat war; daß in ihr die altdeutsche Tugend der Autoritätshörigkeit blühte; daß sie die antisemitische Politik des Dritten Reiches fortsetzte, indem sie fanatische Palästinenser unterstützte und hochrangige irakische Militärs mit der Handhabung von Giftgas vertraut machte. Aber man kann nicht behaupten, daß die DDR antinationalistisch war. Im Gegenteil: Die DDR hat ihren Bewohnern vierzig Jahre lang erlaubt, ethnisch reine Deutsche zu sein. Auf ihrem Territorium gab es weder volksfremde Döner-Buden noch schwarze GIs, die ihre Arme lässig aus teuren Porsches hängen ließen. Die deutsche

Frau konnte sich vor der sexuellen Anmache durch glutäugige Fremde vollkommen sicher fühlen, denn die einzigen Ausländer waren die sowjetischen Besatzer in ihren Kasernen und eine Handvoll sozialistischer Leiharbeiter aus Angola und Vietnam. Solange die Mauer stand, war die DDR eine völkische Idylle.

Dies freilich bleibt unerwähnt. Statt dessen gibt Regina S. auch ohne Befragen bereitwillig zu, daß sie «hochgradig antiamerikanisch» sei. Sie begründet ihren Antiamerikanismus in erster Linie ästhetisch (die Amis seien oberflächlich, materialistisch und dekadent), doch mit dem nächsten Atemzug ist sie schon tief in der Politik. «Sehr betroffen» sei sie über den Golfkrieg gewesen, denn die USA hätten versucht, «den Irak ins Mittelalter zurückzubomben». Überhaupt sei ein Krieg mit ihren pazifistischen Idealen unvereinbar. Regina S. verweist auf das leuchtende Beispiel der DDR-Oppositionellen Vera Wollenberger, die kurz vor dem Ausbruch des Golfkrieges in Jordanien war, wo sie feststellte, daß die Stimmung in den Moscheen einfach phantastisch sei. Eine derartige Begeisterung habe sie zuletzt in den protestantischen Kirchen der DDR gespürt, als das stalinistische Regime kurz vor dem technischen K. O. stand.[7] Zur Ehrenrettung der protestantischen Kirchen in der DDR sei angemerkt, daß dort zwar oftmals die Stasi das Sagen hatte, aber niemand den frommen Wunsch äußerte, die israelischen Juden mit chemischen Waffen zu vernichten. Dies zu fordern, blieb den islamischen Fundamentalisten vorbehalten.

Doch nicht sie, sondern die Amerikaner sind für Regina S. wirklich das Letzte. Und auch die anderen Alliierten des zweiten Weltkrieges sind ihr zutiefst suspekt. Haben sie nicht nach dem Krieg zwölf Millionen Deutsche aus den Ostgebieten vertrieben? Zustimmend zitiert Frau S. ein Gedicht der oppositionellen Autorin Gabi Kachold, in dem es heißt:

ich hoffe als deutsche, daß die amerikaner nun aus deutschland rausgehen
ich will aus der jüdischen, aus der russischen, aus der amerikanischen geschichte raus, die immer einen masochistischen oder sadistischen nationalitäteneros schaffen mit anspruch auf weltherrschaft
ich will endlich zu meiner geschichte kommen...[8]

Daß Regina S. keinerlei Tabus scheut, sieht man schon daran, daß sie das Wort von dem «jüdischen Anspruch auf Weltherrschaft» ohne Stottern über die Lippen bringt. Freilich stellt sich die Frage, warum sie gerade dieses Tabu brechen will; und warum sucht sie dabei ausgerechnet den

Anschluß an die westdeutsche Linke der siebziger Jahre? Auch diese wollte ja nichts den Rechten überlassen, und am allerwenigsten den Antisemitismus. Wieso bricht Frau S. also ein Tabu, das längst gebrochen ist?

Ein Vorschlag zur Güte

Fest steht: Regina S. und Roland W. verkörpern zwei Facetten eines Ressentiments, das mit dem Ausdruck «DDR-Nostalgie» nur höchst unzulänglich beschrieben ist. Gewöhnlich verstehen wir unter Nostalgie eine stille Wehmut, ein leises Sehnen, einen ziehenden Schmerz, so süß wie leichtes Zahnweh: Sie ist – wie alle Pubertätsleiden – selten bösartig. Die DDR-Nostalgie aber frißt an den ostdeutschen Seelen wie ein Krebs. Sie kann als Symptom einer Überforderung gedeutet werden: Die Masse der Ostdeutschen kommt mit den Zumutungen der offenen Gesellschaft ebensowenig zurecht wie die Mehrheit der westdeutschen Intellektuellen. Sie will zurück in den Feudalismus, wo die Gutskammern zwar nur spärlich gefüllt waren, dafür aber jeden Abend zuverlässig die lauwarme Suppe auf dem Tisch stand. Daß auch ehemalige Oppositionelle (nicht alle, aber viele) von diesem bösartigen Krebsleiden befallen sind, ist sozialpsychologisch bemerkenswert. Fehlt ihnen der vertraute Feind? Sind sie von ihrem eigenen Sieg überrumpelt worden? Brauchen sie darum eine neue Heilslehre? In dieser Richtung liegt wohl die Antwort, wenn man nach ihr suchen will.

Jedenfalls dürfte nun klargeworden sein, warum wir gerade diese beiden Gestalten für idealtypisch halten: Wir möchten ihnen vorschlagen zu heiraten. Roland W., der SED-Hippie mit der Nickelbrille, und Regina S., die Oppositionelle mit dem nationalchauvinistischen Tick – die beiden haben mehr gemeinsam, als sie wahrhaben möchten. Zugegeben: Ehekräche würden sich auf die Dauer nicht vermeiden lassen. Regina S. ist gegen Stolpe, Roland W. für ihn. Die eine findet es furchtbar, daß die Zuträger der Stasi ungeschoren davonkommen, und der andere möchte die Aktenberge des MfS am liebsten öffentlich verbrennen. Aber solche Reibereien müssen das Eheglück nicht unbedingt trüben.

Mit etwas gutem Willen ließe sich eine Ehe zwischen Roland W. und Regina S. also durchaus bewerkstelligen. Als erotische Geschäftsgrundlage könnte ihnen jener Antiliberalismus dienen, dem Peter-Michael Diestel in einem Interview mit der *Jungen Freiheit* so beredten Ausdruck verlieh. Wenn wir ihn richtig mißverstanden haben, träumt der letzte

Innenminister der DDR (der stets betont, er habe in seiner Amtszeit *nur die notwendigen* Stasi-Akten vernichten lassen) von einer nationalsozialistischen Partei neuen Typus. Er verriet seinen Gesprächspartnern im Plural majestatis: «Wir... wollten eine Partei, die auf eine unverbrauchte Art den nationalen Gedanken mit einer sozialen Wirtschaft verbindet und dabei nicht in irgendwelche gestrigen Denkmuster verfällt.» Die Wiedervereinigung, so ließ Diestel durchblicken, stelle das politische System der alten Bundesrepublik in Frage, denn sie sei mehr als «die Vergrößerung einer Immobilie».[9]

Niemand außer ihm selber würde auf die verwegene Idee kommen, Diestel einen Oppositionellen zu nennen. Gleichwohl unterscheidet er sich in seiner politischen Haltung kaum von Wolfgang Templin, der wirklich von der Stasi verfolgt wurde. Im Februar 1994 gewährte Templin der *Jungen Freiheit* ein Interview, in dem er ausführte: «Verantwortlicher Umgang mit der Geschichte kann die Frage der nationalen Identität... nicht ausblenden.» Die Wiedervereinigung, monierte er, sei «in der BRD vor allem als ökonomisches Rechenexempel aufgefaßt» worden. Deswegen müßten die Deutschen jetzt nachsitzen und sich um die Nation Gedanken machen, und zwar parteiübergreifend. Die Diskussion müsse ganz vorurteilsfrei «zwischen Linksliberalen und Nationalkonservativen, zwischen Grünen und Roten, zwischen verschiedenen Generationen und Erfahrungshintergründen» geführt werden.[10] Die Differenz zwischen Diestel und Templin ist allenfalls rhethorisch; im Kern meinen beide dasselbe.

Es spricht somit nichts gegen die Annahme, daß Regina S. und Roland W. noch viele lauschige Abende am Kaminfeuer verbringen werden. Sie können dann ungestört über die amerikanisierte Bundesrepublik philosophieren, romantisch verträumt über neue nationale Werte nachsinnen und die «Vernichtung der Kultur durch die Zivilisation» (Günter Kunert) beklagen, um schließlich begeistert einzuschlafen.

Totalitarismus in grün

Mit Verblüffung registrierten viele linke Naturfreunde, daß vor ihren Augen eine rechte Öko-Szene aufgeblüht ist. Es gibt heute kaum eine rechtsextreme Splitterpartei ohne dezidiert grünes Programm: Von der NPD bis zur DVU propagieren alle den «Umweltschutz als Heimatschutz». Jörg Haiders FPÖ fordert im Namen der bedrohten Biosphäre einen Einwanderungsstop: Schließlich verursachen mehr Ausländer auch mehr ökologische Schäden. Sogar die intellektuelle *Nouvelle Droite* redet in grünen Sprechblasen: Sie macht für die Öko-Krise den westlichen Materialismus verantwortlich und empfiehlt ein neues, ganzheitliches Bewußtsein.

Die unbedarfteren Grünen reagieren auf diese Zumutung, indem sie eine «scheinbare Assimilation linker Positionen» konstatieren.[1] In klares Deutsch übersetzt heißt das: Haltet den Dieb! Aber so verständlich dieser Verzweiflungsschrei sein mag, er ist vollkommen unberechtigt. Nicht die Rechten haben bei den Linken abgekupfert, sondern genau umgekehrt: Die linken Naturfreunde haben mit rechten Begriffen hantiert. Es ist kein historisches Mißverständnis, daß der Anti-AKW-Protest in den sechziger Jahren ausgerechnet von einer neonazistischen Gruppe ausging.[2] Entgegen einem landläufigen Vorurteil gibt es die Öko-Bewegung nämlich nicht erst seit gestern, sondern seit vorgestern.

Die ersten Ökologen waren die politischen Romantiker des 19. Jahrhunderts, die sich aggressiv gegen den Rationalismus der Aufklärung wandten. Ihre würdigen Nachfahren waren konservative Kulturnationalisten wie Julius Langbehn, deutschnationale Naturschwärmer wie Heinrich Riehl und kulturpessimistische Lebensphilosophen wie Ludwig Klages. Sie alle kämpften verbittert gegen die Zivilisation, die Großstadt und die Industrie: ein feindliches Dreigestirn, das die Natur, ja das «Leben» selbst zerstöre.[3] Sind die falschen Linken also echte Rechte oder sind – im Gegenteil – die falschen Rechten echte Linke? Diese Frage ist schwer zu beantworten. An der grünen Thematik scheiden sich die Geister von den Ungeistern, aber die Scheidelinie verläuft im Zickzack quer durch die tradierten Fronten.

Ein Beispiel dafür ist *Franz Alt*, der sich selbst wohl eher links einordnen würde. Vor einigen Jahren machte er noch mit einem anitsemitischen Bestseller Furore («Jesus, der erste neue Mann»).[4] Jetzt hat der populäre Fernsehjournalist sich eine neue Heilslehre ausgedacht. Seine jüngste Publikation soll beweisen, daß Schilfgras die Energieprobleme der Menschheit besser lösen kann als Atom-, Kohle- und Ölkraftwerke zusammen. Dies skurrile Szenario erweist sich indessen als bloßer Vorwand: Alt plädiert kurzerhand für den Abschied vom «technologischen Totalitarismus».[5] Wer den Vorhang aus Schilfgras beiseite schiebt, erblickt die wohlvertrauten Gefilde einer vitalistischen Zivilisationskritik.

Der badische Fernsehjournalist schreibt: «Psychisch sind die heutigen Industriegesellschaften kränker als frühere Gesellschaften. Zumindest unbewußt wissen wir..., daß wir todkrank sind und das Waldsterben nur ein Symptom ist.»[6] Ist es wirklich Franz Alt, der da spricht? Oder sind Oswald Spengler und Ludwig Klages aus ihren Gräbern auferstanden und haben sich zu einem gespenstischen Autorenteam zusammengeschlossen? Von wem stammt das folgende Zitat? «Eine Verwüstungsorgie ohnegleichen hat die Menschheit ergriffen, die Zivilisation trägt die Züge entfesselter Mordsucht, und die Fülle der Erde verdorrt vor ihrem giftigen Anhauch.»[7] Dies behauptete der Lebensphilosoph Klages AD 1913. Die Welt ging somit schon vor achtzig Jahren unter, endgültig und für immer – nur die apokalyptischen Lustängste haben irgendwie überdauert.

Der Prophet aus dem Schilfgras klagt: «Mit unseren heutigen Mächten zerstören wir die Ordnung der Natur, jener Natur, die mit dem einzigen Kreislauf von ‹Stirb und Werde› das Leben aufrechterhält.»[8] Genau dieselbe Vision finden wir bei dem deutschnationalen Zivilisationskritiker Oswald Spengler. Er sah die Ursünde der Menschheit darin, daß der *homo sapiens* sich aus dem ewigen Organismus der Natur verabschiedet habe. Die Weltgeschichte, schrieb er 1932, sei, «die Geschichte einer unaufhaltsam fortschreitenden, verhängnisvollen Entzweiung..., die Geschichte eines Empörers, der dem Schoße der Mutter entwachsen seine Hand gegen sie erhebt.»[9]

In der Tradition von Klages und Spengler bekennt Franz Alt sich zu einer kompromißlos antiwestlichen Ideologie. Er fordert einen «Gegenentwurf... zum real existierenden westlichen System», das von «Angst und Drogen, von Haß und Gewalt..., von Einsamkeit und Sucht» geprägt sei.[10] Bescheidenheit ist dem badischen Fernsehjournalisten nicht vorzuwerfen, der eine «anthropologische Revolution», ja die «ökologische Weltrevolution» proklamiert.[11] Was soll das Ziel dieser fundamentalen Umwälzung sein?

Franz Alts Antwort läßt an Deutlichkeit nichts zu wünschen übrig. Er ist für den «Umbau unseres herrschenden Industrialismus auf kleinere, menschen- und naturverträgliche Einheiten».[12] Die «künstlichen Nationalstaaten» möchte Franz Alt zerschlagen: «Ich kann mir gut vorstellen», schreibt er, «daß im künftigen Europa die meisten Menschen eher in der Region als in der Nation ihre Identität erkennen.»[13] Dieses kulturnationalistische Programm deckt sich übrigens weitgehend mit dem der *Nouvelle Droite.*[14]

Das Instrument, mit dessen Hilfe die ökologische Revolution verwirklicht werden soll, ist eine neue Weltreligion: «Wir brauchen... einen neuen Gemeinschaftsmythos.»[15] Obwohl er nicht müde wird, seine Friedfertigkeit zu beteuern, erweist Alt sich hier als militanter Neomythologe. Kategorisch stellt er fest: «Eine Religion gegen Natur und Kultur... darf es in Zukunft nicht mehr geben.»[16] Wer ordnet das an? Wer soll den neuen Gemeinschaftsmythos stiften, wer ihn durchsetzen? Vor allem aber: Was geschieht mit jenen wurzellosen Kosmopoliten, die partout keine Lust verspüren, einer Gemeinschaft anzugehören?

Das Orakel aus dem Schilfgras schweigt. Zwar distanziert Franz Alt sich an verschiedenen Stellen von der Öko-Diktatur, aber diese Distanzierung bleibt seltsam zweideutig. Geradezu manisch beschwört er die Gefahr eines «grünen Hitler», um dann festzustellen: Eine Despotie wäre «zwar verständlich, aber keine Lösung des Problems»; sie wäre «eher der tiefste Ausdruck der Krise».[17] Was aber, wenn eine Diktatur die Krise doch überwinden könnte? Müßte man sie dann immer noch ablehnen? Immerhin beginnt Alt sein Buch mit der Hoffnung auf den grünen Welterlöser – sie kleidet sich hier in die bange Frage: «Wo ist ein Gorbatschow der 90er Jahre?»[18]

Anders als im Falle Alt gibt es bei dem Religionsphilosophen *Hans Jonas* nichts zu interpretieren und nichts zu deuten. Er plädiert ganz offen für die grüne Tyrannis. Jonas äußert den grundsätzlichen Verdacht, «daß die

Demokratie, wie sie jetzt funktioniert – mit ihrer kurzfristigen Orientierung –, auf die Dauer nicht die geeignete Regierungsform ist.»[19] Sie sei nämlich völlig unfähig, den «ungeheuerlichen Hedonismus der modernen Genußkultur» zurückzudrängen.[20] Der Philosoph hat darum große Sympathie für den Kommunismus. Dort sei es noch möglich gewesen, einschneidende Maßnahmen zum Schutz der bedrohten Natur zu ergreifen: Das diktatorische Politbüro konnte die materiellen Bedürfnisse der einzelnen radikal beschneiden. «Solche Maßnahmen», schreibt Hans Jonas, «sind... eben das, was die drohende Zukunft verlangt und immer mehr verlangen wird.»[21]

Dies läuft auf eine Vision hinaus, die Wolfgang Harich schon 1975 in seinem vieldiskutierten Buch «Kommunismus ohne Wachstum?» entworfen hat. Er plädiert dort für einen totalen Weltstalinismus, der «alle übriggebliebenen Rohstoffe sorgfältig katalogisiert und rationiert, Fabriken nur an Standorten duldet, die keine allzu großen Transportwege erfordern, und... selbst vor der Umsiedlung großer Menschenmassen nicht zurückschreckt».[22] Solche diktatorischen Heilspläne paaren sich bei Harich wie bei Jonas mit einem heftigen Abscheu vor dem hedonistischen Westen. Wolfgang Harich gibt zu Protokoll, ihm sei «die westliche Verschwendungs- und Kaufwelt seit jeher widerwärtig gewesen, schon wegen ihrer kulturellen Hohlheit».[23]

Freilich weist diese Rechnung einen bedeutenden Fehler auf. 1989 ist der Kommunismus in Osteuropa zusammengebrochen, und seither sind dort Umweltzerstörungen zu besichtigen, die alles bisher Bekannte übertreffen. (So wurden in der Sowjetunion Atombomben benutzt, um künstliche Stauseen anzulegen.) Hans Jonas zeigt sich darüber bitter enttäuscht – aber er erwähnt die Millionen und Abermillionen, die in den GULags hingemordet wurden, mit keinem Wort.[24] Daraus kann man folgenden Umkehrschluß ziehen: Hätte die Sowjetunion eine ökologische Politik betrieben, dann wäre alles in bester Ordnung gewesen.

Auf den ersten Blick mag es überraschen, daß Jonas sich überhaupt zu derartigen Utopien hinreißen läßt – schließlich lehnt er visionäre Zukunfträume ab. Bei näherem Hinsehen zeigt sich aber, daß diese Ablehnung nicht prinzipiell ist. Jonas findet es nicht weiter schlimm, daß Utopien immer einen Zug ins Totalitäre haben. Er kann Hoffnungträume aus einem ganz anderen Grund nicht ausstehen: Sie sind enge Verwandte der Technik, die immer weiter fortschreitet und dabei ständig neue Bedürfnisse weckt. Jonas dagegen möchte «dem galoppierenden Vorwärts die Zügel anlegen».[25] Er vertritt also sehr wohl eine Zukunftsvision; man könnte sie als *Utopie des Reduktionismus* bezeichnen.

Reduziert werden soll zweierlei. Erstens materielle Genüsse: Hans Jonas erinnert an das alte Rom, wo es Zensoren gegeben habe, die streng überprüften, «ob übermäßiger Luxus getrieben wird».[26] Jonas' merkwürdige – genauer, gnostische – Utopie kennt nur Askese, Leibfeindlichkeit und Verzicht, aber keine Erlösung im Diesseits. Reduziert werden soll darum (zweitens) auch die Weltbevölkerung; der Philosoph fordert ohne Umschweife:

Es muß wieder ein einigermaßen stabiles Gleichgewicht zustande kommen. Es könnte bei der jetzigen Menschenzahl, die noch im Steigen ist, dafür schon zu spät sein. In dem Fall müßte die bisherige Vermehrung sogar in eine Wiederverminderung der Weltbevölkerung umgekehrt werden.[27]

Auf welchem Weg soll dies reduktionistische Programm verwirklicht werden? Eher sibyllinisch und verworren spricht Jonas von einer künftigen «Weltregierung», die die Vermehrung drosseln soll; dabei setzt er unverfroren auf die «Erziehung durch Katastrophen».[28] Jonas prophezeit «Massenelend, Massensterben und Massenmorden» in der Dritten Welt.[29] Hier bricht der Religionsphilosoph durch: Ein Menschenopfer von globalen Ausmaßen ist gefordert, damit der moderne Sündenfall gesühnt werden kann.

Nach der Zeitrechnung des Germanisten *Jost Hermand* datiert dieser Sündenfall aus dem Jahre 1794. Damals siegte die großbürgerliche Gironde über die radikalen Jakobiner, und von den berühmten Früchten der französischen Revolution blieb nur noch eine übrig: die liberté. Diese wurde zudem als Freiheit zum ungehemmten Geschäftemachen mißverstanden. In der Folge überzog der liberale Kapitalismus die Welt mit einer «Produktions-, Erwerbs- und Konsumgesellschaft, der eine rücksichtslose Ausplünderungsmentalität zugrunde lag».[30]

Jost Hermand plädiert dafür, den Siegeszug des westlichen Liberalismus zu stoppen, bevor er unseren Planeten endgültig ruiniert hat. Er will die Moderne mit den technischen Mitteln der Moderne überwinden und träumt von einem «Dritten Weg..., der sich um eine Integration von Natur und Technik auf lokaler Ebene bemüht».[31] Dieser dritte Weg – oder genauer: diese grüne Gegenmoderne – mündet schließlich in eine neue Totalität. Es dürfe, ruft Jost Hermand emphatisch aus,

...in Zukunft keine Naturparks, keinen Naturtourismus, keine Naturwanderung mehr geben. Es ist unsinnig, gewisse Bereiche der Natur als etwas vom Menschen Abgespaltenes, als Arche Noah zu betrachten! Alles müßte wieder Natur werden, selbst der Bereich, in dem wir wohnen und arbeiten.[32]

Wie aber dieses atemberaubende Konzept verwirklichen? Hermand empfiehlt unumwunden die Gründung einer avantgardistischen Partei, die sofort nach ihrer Machtübernahme ein «aufklärerisches Erziehungsprogramm» verwirklicht. Er führt aus:

... eine solche Erziehung [sollte] stets mit dem Gedanken der regionalen Verantwortlichkeit beginnen. Sie müßte sich dafür einsetzen, daß sich die Bewohner eines Dorfs, eines Kreises, einer Stadt oder eines Landes... als sorgsam-schonende «Hüter» der sie umgebenden Natur... fühlen... Statt die Produkte anderer Länder zu bevorzugen, müßten sie lernen, die mittleren und kleineren Hersteller ihrer näheren Umgebung zu fördern...[33]

Grüne Herzen können sich vielleicht für diese *small-is-beautiful*-Idylle erwärmen. Aber was geschieht mit denen, die sich solchen Umerziehungsversuchen widersetzen? Welcher Ort ist jenen unverbesserlichen Liberalen zugedacht, die weiterhin den US-amerikanischen Big Mac der heimischen Öko-Currywurst vorziehen? Scheinbar läßt Jost Hermand diese Frage offen – zugleich aber erklärt er dem «herrschenden Freiheitskult» den Krieg.[34] Hermand stellt unmißverständlich klar, daß seine grüne Avantgarde-Partei sich durch keinerlei «Antitotalitarismus-Ideologie» bremsen lassen sollte.[35] Seine gutgemeinte Utopie entpuppt sich als Vision einer grünen Erziehungsdiktatur. Diese ist freilich nicht antifeudal, sondern antiwestlich und antikapitalistisch. Es ist darum nur konsequent, daß Hermand sich nicht bloß auf Rousseau beruft, sondern auch auf die politischen Romantiker des 19. Jahrhunderts, die Lebensreformbewegung und den «grünen Flügel der NSDAP».[36]

Wen meint Jost Hermand mit dem grünen Flügel der Nazi-Partei? Und was meint Rudolf Bahro, wenn er schreibt: «Ich halte die Frage nach dem Positiven, das vielleicht in der Nazibewegung verlarvt war und dann immer gründlicher pervertiert wurde, für eine aufklärerische Notwendigkeit, weil wir sonst von Wurzeln abgeschnitten bleiben, aus denen jetzt Rettendes erwachsen könnte.»[37] Das Deutsch ist etwas verquast – trotzdem stellt Bahro die richtige, die ketzerische Frage: In welchem Sinn war der Nationalsozialismus eine Öko-Diktatur?

An dieser Stelle wird ein historischer Exkurs fällig. 1923 wurde in

Deutschland die völkische Artamanen-Bewegung («Artam e. V.») gegründet, die eine stramm agrarromantische Zielsetzung verfolgte: Sie predigte die Abkehr von der «internationalen Asphaltkultur der Großstädte» und verherrlichte den Bauern als den einzigen «organischen Menschen». Das Vokabular der Artamanen stammte eindeutig von Klages und Spengler. «Lebensraum» sollte im Osten erobert werden, damit das deutsche Volk wieder zur Scholle zurückkehren könne.[38] Diese grüne Zukunftsvision beeindruckte vor allem den bayerischen Gauleiter der Artamanen, einen gewissen Heinrich Himmler.

Es ist heute fast vergessen, daß der «Reichsführer SS» ein ausgesprochener Öko-Romantiker war.[39] Himmler verabscheute die westliche «Zuvielisation» und plädierte für ein naturverbundenes Leben ohne Industrie. Das Mittel zu diesem edlen Zweck war der Völkermord. Marie-Luise Heuser merkt an, das Ziel der nationalsozialistischen Ausrottungspolitik sei keineswegs ein Kolonialregime «im Sinne imperialistischer Doktrinen des 19. Jahrhunderts» gewesen. Der Vernichtungskrieg gegen Polen diente einzig und allein dazu, fruchtbares Ackerland zu gewinnen.[40]

Mit Recht betrachtete die SS sich darum als legitime Erbin der Artamanen. Sie übernahm von ihnen nicht bloß die Uniform, das sogenannte Artamanenschwarz, sondern auch die ganzheitliche Weltanschauung und das Bewußtsein, die Elite der Bewegung zu sein.[41] Heinrich Himmler, der sich zum Buddhismus bekannte und ein strikter Gegner von Tierversuchen war, setzte mit Hilfe von Adolf Hitler sogar durch, daß die Führungsstäbe der SS vegetarisch speisten.[42] Es ist somit eher unverständlich, warum Jost Hermand schreibt:

Als am 30. Januar 1933 die staatliche Macht an die NSDAP übergeben wurde, hofften diese Gruppen [Hermand meint vor allem die Artamanen], daß es jetzt zu einem Umschwung ins Bäuerliche und Naturbetonte kommen würde. Doch nichts oder wenig dergleichen geschah ... Und so mußte das «Dritte Reich» seine idealistischen Befürworter enttäuschen.[43]

Wir möchten das Bild, das Jost Hermand von den Nationalsozialisten hat, ein wenig zurechtrücken. Sie waren keineswegs so unidealistisch, wie er unterstellt: Der Umschwung ins Bäuerliche und Naturbetonte war fest eingeplant. Freilich mußte erst einmal die Geißel der Technik eingesetzt werden, um den notwendigen «Lebensraum» zu beschaffen. Wenn sich herausstellen sollte, daß Himmlers «Generalplan Ost» den Endsieg der ökologischen Utopie bezweckte – wäre Hermand dann dafür? Welcher Preis wäre ihm zu hoch, um den drohenden Weltuntergang in letzter Minute abzuwenden?

Wer ist schlimmer: Franz Alt, Hans Jonas oder Wolfgang Harich? Wer verspricht das größere Heil: Rudolf Bahro, die *Nouvelle Droite*, Jörg Haider oder Jost Hermand? Die Summe aus dieser Bilanz kann auch ohne Taschenrechner gezogen werden. Die Konzepte einer neuen ökologischen Weltordnung unterscheiden sich nur oberflächlich voneinander – in Wahrheit läuft alles immer wieder auf dieselben zwei Stichworte hinaus:

1. *Retribalisierung.* Was die fundamentalistischen Grünen verabscheuen, ist die entfremdete westliche Zivilisation. Was sie an ihre Stelle setzen wollen, ist ein Netzwerk von kleinen, überschaubaren Gemeinschaften. «Retribalisierung» ist darum der Begriff, auf den fast alle ihre Gesellschaftsentwürfe gebracht werden können: Sie basieren auf romantischen Stammesmythen. Die drohende Apokalypse avanciert dabei zum sinnstiftenden Noch-Nicht-Ereignis. Sie ist der dunkle Gewitterhorizont, vor dem sich die grüne Utopie um so leuchtender abzeichnet.

Allerdings haben Stammesgemeinschaften den entscheidenden Nachteil, daß sie durch Blutsverwandtschaft zusammengehalten werden. Fremde bleiben darum grundsätzlich ausgeschlossen.

2. *Abkoppelung.* Öko-Romantiker zeichnen sich meist durch besondere Erbarmungslosigkeit gegenüber der sogenannten Dritten Welt aus. Diese Gefühlskälte kann sich auch als händeringende Besorgtheit verkleiden: so bei Jost Hermand, der allen Ernstes einen Warenboykott fordert. Der grüne Germanist schreibt, wir sollten in Zukunft nur noch unsere eigenen Produkte konsumieren, «um so das System der Ausbeutung der Dritten Welt... abzuschaffen».[44] Dies wäre dann der ökonomische Super-GAU für die nichtindustriellen Länder. Von ebenso unschuldigem Zynismus ist Franz Alts Vorschlag, die Entwicklungsländer Schilfgras anpflanzen zu lassen, statt ihnen moderne Technologien zu schicken.[45] Hans Jonas ist da weniger verlogen, er fordert gleich die «Bevölkerungsdrosselung» unter einer diktatorischen Weltregierung.

Kurz: Die Logik der neuen ökologischen Weltordnung verlangt, daß die Industriestaaten sich von den nichtindustrialisierten Ländern lossagen. Ein solcher Schritt aber würde Millionen in den sicheren Hungertod treiben und verheerende Bürgerkriege nach sich ziehen.[46] Man kann hier ohne jede Hysterie von einer Retribalisierung im planetarischen Maßstab sprechen.

Der neue Antiuniversalismus I:
Regionalismus und
Kulturnationalismus

Kulturnation Europa?

In der Debatte über den Weg zu einem vereinigten Europa stehen sich zwei Fraktionen gegenüber: Die «Zentralisten» wollen den Einigungsprozeß primär durch die Schaffung von Institutionen der Europäischen Union vorantreiben, während die «Regionalisten» dieses Vorgehen als technokratisch und überstürzt verurteilen. Europa, so argumentieren sie, müsse «von unten wachsen», aus der gesicherten «Identität» der Regionen und Nationen heraus.

Um keinen Zweifel aufkommen zu lassen: Wir stehen in diesem Streit im Grundsatz auf der Seite der Zentralisten. Aber die Unterschiede zwischen beiden Fraktionen sind gar nicht so groß, wie es den Anschein hat. Denn beide Richtungen argumentieren von der illusionären und verhängnisvollen Prämisse aus, daß ein vereinigtes Europa nicht ein «Europa der Wirtschaft» und der «Geldmärkte» sein dürfe, sondern sich auf eine gemeinsame «kulturelle Identität» stützen müsse. Die Zentralisten werden nicht müde zu erklären, daß sie «gewachsene kulturelle Einheiten» achten und fördern wollen. So heißt es in einem Werbetext der Bundesregierung:

Die Maastrichter Vereinbarungen bekennen sich zur Bewahrung der nationalen Identität der Völker und Staaten und zum Erhalt der regionalen und kulturellen Vielfalt...

Die Europäische Union bekennt sich also zu lebendigen, überschaubaren Regionen mit Selbstverantwortung und eigenen Zielen. Damit wird ihrer Brückenfunktion in Europa Rechnung getragen.[1]

Die Regionalisten sind das passende Gegenstück zu den halbherzigen Zentralisten. Sie betonen, daß auch ihr Ziel eine gesamteuropäische Kulturgemeinschaft sei; nur wollen sie die Vielfalt kultureller Einzelidentitäten innerhalb dieser großen europäischen Kulturnation noch stärker betont sehen.

Beide Positionen beruhen auf der falschen Voraussetzung, Europa könne gleichsam aus einer Addition in sich homogener ethnischer oder kultureller «Identitäten» hervorgehen. Diese angeblichen Einheiten sind aber Schimären, und die erträumte gemeinsame «kulturelle Identität» Europas ist eine gefährliche und irreführende Illusion. In dem Sinne, wie es die Europamythologen meinen, hat Europa nie eine gemeinsame Kultur besessen. Wenn es eine europäische Idee gibt, dann besteht sie gerade in der Erkenntnis, daß es zur Errichtung einer humanen gesellschaftlichen Ordnung notwendig ist, sich aus den diktatorischen Fesseln der «Kultur» und der «Tradition» zu lösen. Diese Idee heißt Universalismus: Sie öffnet die Tore für Menschen unterschiedlichster Abstammung und kultureller Prägung und bietet ihnen das Experiment des Zusammenlebens auf der Basis für alle gültigen Menschen- und Bürgerrechte an. Wer immer diese Prinzipien und die damit verbundenen Verpflichtungen achtet – und auch nur, wer sie achtet –, kann ein Europäer sein.

Das vereinte Europa steht nicht in einer «gewachsenen Kontinuität» europäischer Geschichte. Es ist vielmehr ein Bruch mit dieser Geschichte, namentlich mit der Epoche der Nationalstaaten des neunzehnten und zwanzigsten Jahrhunderts. Das vereinigte Europa ist ein Neuanfang, eine Neugründung; es ist ein künstliches Gebilde, das allenfalls Vorläufer, aber keine Vorbilder in der europäischen Geschichte kennt. Es muß daher das Produkt einer freien Diskussion und Entscheidung seiner Bürger sein. Das heißt nicht, daß es im luftleeren historischen und kulturellen Raum entstehen könnte. Aber die historischen und kulturellen Traditionen, auf die es sich berufen will, sind Gegenstand einer bewußt vorgenommenen Überprüfung und Auswahl.

Traditionen sind nichts Festliegendes, selbstverständlich Vorgegebenes. Traditionen sind Bestände, die der Interpretation und ständigen Neudefinition bedürfen, um lebendig zu bleiben. Bestimmte Traditionen können verworfen, andere dem Vergessen entrissen und reaktiviert werden. Traditionen werden konstruiert oder rekonstruiert, um neuen Herausforderungen der Gegenwart begegnen zu können.

In der gegenwärtigen Umbruchsphase in Europa werden jedoch die Stimmen lauter, die sich auf das Brauchtum als eine angeblich unveränderbare, natürliche Größe berufen. Die Angst vor der Auflösung der nationalstaatlichen Ordnung Europas ruft den Traditionalismus auf den Plan: Mal tritt er als Kulturnationalismus, mal als Regionalismus auf, wobei sich beide Formen häufig vermischen. Die «Nation» und die «Region» werden als Räume angepriesen, die eine gleichsam «naturwüchsige» Geborgenheit, eine aller rationalen Reflexion vorgängige Identität bereitstellten.

Aber es hat niemals eine «Nation» oder eine «Region» gegeben, die nicht das Ergebnis einer Konstruktion gewesen wäre. Und diese Erkenntnis wird in Europa, historisch gesehen, erst seit kurzer Zeit bestritten, nämlich seit ungefähr zweihundert Jahren. Die heutige Rede von «gewachsenen» politischen oder kulturellen Gebilden wiederholt die von der Romantik um den Beginn des 19. Jahrhunderts herum formulierten Leitideen des Kulturnationalismus. Exemplarisch ist dessen Glaubensbekenntnis bereits im Jahre 1785 von Johann Gottfried Herder niedergelegt worden. Der natürlichste Staat, behauptete Herder, sei ein Staat, dem nur ein Volk mit nur einem Nationalcharakter angehöre. Ein Volk sei ein natürliches Gewächs, und es gleiche darin einer Familie. Wie in allen menschlichen Gemeinschaften, so sei auch im Falle des Staates die natürliche Ordnung die beste – das heißt jene Ordnung, in der jeder die ihm von Natur zugedachte Funktion ausübt.[2]

In der politischen Romantik wird diese These zu einer organologischen Staatslehre ausgebaut, die sich explizit gegen das «mechanistische» Staatsverständnis der westeuropäischen Aufklärung wendet: also gegen die Idee, daß der Staat nicht mehr sei als ein Instrument zur Konfliktregelung zwischen widerstreitenden Interessen in der Gesellschaft. Novalis bezeichnete den modernen Rechtsstaat als «eine Mühle an sich, ohne Baumeister und Müller, und eigentlich ein echtes Perpetuum mobile, eine sich selbst mahlende Mühle».[3] Politische Romantiker wie Adam Müller entwarfen dagegen eine antiaufklärerische Utopie: Sie träumten vom idealen Staat als einem ganzheitlichen, der Natur nachgebildeten «Organismus». Dieser Organismus umfasse ein homogenes, durch Sprache und Kultur vereintes Volk. Das Volk sei ein durch den Volksgeist beseeltes historisches Gewächs, das Individuum ein fest verwurzeltes Glied des ganzheitlichen Volkskörpers.

Karl Popper sieht in dieser nationalistischen Ideologie des 19. Jahrhunderts den Versuch, die entstehende offene Gesellschaft zur Rückkehr in die archaische Stammesgemeinschaft zu zwingen. «Der Nationalismus wendet sich», meint Popper, «an unsere Stammesinstinkte, er wendet sich an Leidenschaft und Vorurteil, an unseren nostalgischen Wunsch, von der Last individueller Verantwortlichkeit befreit zu werden, die er durch kollektive oder Gruppenverantwortlichkeit zu ersetzen versucht».[4] Seit alters her, so erklärt Popper, hatte es in Europa keine Nationalstaaten gegeben:

Mit dem Reiche Alexanders verschwindet der echte Stammesnationalismus für immer aus der politischen Praxis und für eine lange Zeit auch aus der politischen Theorie. Von Alexander an waren alle zivilisierten Staaten Europas und Asiens übernationale Staaten, die Völker sehr verschiedenen Ursprungs umfaßten. Die europäische Zivilisation und alle politischen Einheiten, die ihr angehören, sind seitdem international oder, genauer, intertribal geblieben.[5]

Es ist kein Zufall, daß der deutsche romantische Kulturnationalismus seine organologische Stammesideologie in erklärter Feindschaft gegen das bisher erfolgreichste supranationale Staatsgebilde in Europa formuliert hat: das Römische Reich. Den Römern gelang es, die unterschiedlichsten von ihnen unterworfenen Stammeskulturen zur bereitwilligen Adaption an ein universalistisches zivilisatorisches Prinzip zu bewegen. Für die Mythologen einer «naturwüchsigen» Kultur stellte dies eine nachhaltige Provokation dar (siehe dazu das Kapitel «Krieg gegen Rom»). Die römische «Zivilisation» habe ihre Herrschaft auf die Zerstörung der «Kultur» durch einen seelenlosen, nur an Nutzen orientierten Intellekt gegründet. «Griechische Seele und römischer Intellekt – das ist es», fabulierte Oswald Spengler. «So unterscheiden sich Kultur und Zivilisation».[6]

In der gegenwärtigen Europadebatte lebt diese alte Dichotomie wieder auf. Die Kritiker eines «technokratischen» Europamodells argumentieren, den Bevölkerungen der europäischen Mitgliedsstaaten könne eine «kalte», nur auf dem «Intellekt» basierende supranationale Großkonstruktion nicht zugemutet werden. Den Europäern sei die Europaidee nur vermittelbar, wenn zunächst die Einbettung in die seelenvolle Wärme der vertrauten Gemeinschaft gewährleistet sei. Das Timbre herzerwärmender Ursprünglichkeit erklingt, wenn das Loblied auf die angestammte «Kultur» gesungen wird. Sogar Theoretikern, die den kulturmystischen Schwindel durchschauen, scheint die romantische Definition der «Nation» so sehr in Fleisch und Blut übergegangen zu sein, daß sie nicht von ihr lassen können.

Es sei falsch, meint etwa der italienische Politikwissenschaftler Gian Enrico Rusconi, «für Europa das Konzept eines Kulturstaates zu exhumieren, in dem Sinn, in dem die Deutschen ihre Vergangenheit im 17. und 18. Jahrhundert als ein kulturell und sprachlich homogenes, aber politisch geteiltes Gebiet beschreiben.» Ein «zukünftiger föderaler europäischer Staat, vielsprachig und multikulturell», werde «einer Schweiz von kontinentalen Ausmaßen gleichen». Im gleichen Atemzug betont Rusconi aber, Europa werde «keine vergrößerte Nation» sein, denn sie könne «einige konstitutive Züge der historischen Nation (gemeinsame Kultur, Erinnerung und Sprache) nicht aufweisen».[7]

Ironischerweise ist aber gerade die Schweiz beispielhaft dafür, daß keines der von Rusconi genannten Kriterien für eine Nation «konstitutiv» sein muß. Die Schweizerische Nation beruht auf einer Willensentscheidung ihrer vier Sprachgemeinschaften: Sie stellen den Wert der Freiheit in einer egalitären bürgerlichen Republik über den Wert der Sprache und der Kultur. Und gerade der Vorrang dieses «abstrakten» ideellen Wertes hat es möglich gemacht, daß die kulturellen Besonderheiten der verschiedenen schweizerischen Volksgruppen in vorbildlicher Weise geschützt wurden. Trotz unvermeidlicher innerer Spannungen und regionaler Reibereien hat die Willensnation Schweiz einen außergewöhnlichen Zusammenhalt bewiesen. Sie hat immerhin die Epoche des Nationalismus unbeschadet überstanden; auch zur Zeit des faschistischen «nationalen Erwachens» in Italien gab es in der italienischen Schweiz keine nennenswerten Neigungen, sich mit dem «natürlichen Staat», der eigenen «völkischen Familie» zu vereinigen.

Europa ist Rothschild

Das Beispiel der Schweiz lehrt, daß es zur Stärkung europäischer Gemeinsamkeit nicht der Stärkung von «Kultur», sondern einer politischen Idee bedarf. Aber die Schweiz gibt noch für einen anderen Zusammenhang ein Beispiel – einen Zusammenhang, der für die Hüter des romantischen Kulturbegriffes besonders peinlich ist. Denn eine ganz zentrale Bindekraft für das schweizerische Nationalgefühl ist die Geldwirtschaft.

Zweifellos ist den Eidgenossen ihre Treue zu den freiheitlichen Prinzipien der Republik um so leichter gefallen, als das schweizerische Bankensystem ihnen ein außergewöhliches Maß an Wohlstand und Stabilität garantierte. Von linken wie von konservativen Kulturmenschen werden die Schweizer dafür gerne verachtet. Aber dazu besteht kein Anlaß: Statt ihre «kulturelle Identität» in den mythischen Ursprüngen vermeintlich artreiner Stämme zu suchen, haben die Schweizer sich offen zu der identitätsstiftenden Wirkung des Geldes bekannt. Wahrscheinlich haben sie sich deswegen Ausbrüche von Rassenwahn und Welterlösungsphantasien erspart. Sie haben damit jedenfalls Modellhaftes für eine zukünftige europäische Ordnung geleistet. Denn das Europa der Zukunft wird ganz wesentlich ein Europa der Kapitalmärkte und des ungehinderten Geldtransfers sein. Gewiß ist die Europaidee auch eine politische Reaktion auf die verhängnisvolle Geschichte des Nationalismus, die zu zwei vernichtenden europäischen Kriegen geführt hat. Doch ihre eigentliche Triebkraft ist die Internationalisierung der Wirtschaft. Das ist nicht nur keine Schande für die Europäer; es ist ein guter Grund, stolz zu sein. Der Kapitalismus ist eine europäische Erfindung. Und seine völkerverbindende und antitribalistische Wirkung ist viel stärker als die von Kathedralen, Theaterstücken oder philosophischen Abhandlungen, auf die die Propagandisten eines «europäischen Kulturerbes» bauen.

Im Namen der Reinigung «europäischer Kultur» von einer angeblich «zersetzenden» Geldherrschaft hat vor wenigen Jahrzehnten in der Mitte Europas eine beispiellose Vernichtungsaktion stattgefunden. Die von Deutschland verübte Ausrottung der europäischen Juden hat überall in Europa so viele willige und eifrige Helfer gefunden, weil «der Jude» für die «entwurzelnde» und «entfremdende» Wirkung des «Geldes» stand. Mit der Ermordung der Juden sollte ein konstitutives Element der europäischen Geschichte negiert und aus dem kollektiven Selbstverständnis der Europäer ausgelöscht werden.

Es ist darum eine der wichtigsten Voraussetzungen für den Aufbau eines neuen Europas, sich offen zur jüdischen Komponente der europäischen Geschichte zu bekennen. Europa muß zu dem stehen, was die Antisemiten nicht zuletzt treffen wollen, wenn sie das Judentum attackieren: zu der befreienden, öffnenden und kultivierenden Wirkung des Kapitalismus. Daß der Antisemitismus in Europa gerade jetzt wieder aufflammt, da erschreckte Kollektive fürchten, von unsichtbaren, grenzüberschreitenden Kapitalströmen entseelt und verschlungen zu werden, ist kein Zufall. Das Staunen darüber, daß es in Europa einen «Antisemitismus ohne Juden» gibt, ist naiv. Der Antisemitismus ist nicht einfach eine Abart des Rassismus. Er ist der rituelle Angriff auf einen unsichtbaren Feind; er ist der Versuch, aus der angstmachenden Offenheit der Abstraktion in die Unmittelbarkeit der geschlossenen Stammesökonomie zurückzukehren.

Wer dem Klischeebild vom Geldjuden das Gegenbild des gottesfürchtig-gütigen Rabbiners oder des anthroposophischen jüdischen Aufklärers entgegenstellt; wer krampfhaft versucht zu beweisen, daß auch die Juden

«Kultur» haben, kapituliert vor der Logik der Antisemiten. Dem Judenhaß kann man nur die Stirn bieten, wenn man sich entschieden zum «Geldjuden» und zu seinen für Europa wegweisenden Leistungen bekennt.

Anfang 1994 trafen sich in Königstein am Taunus Mitglieder der Familie Rothschild aus ganz Europa und aus Übersee zu einem Essen. Sie speisten im Hotel «Sonnenhof», das in der ehemaligen Sommerresidenz der Frankfurter Familie Rothschild untergebracht ist. Anläßlich des Familientreffens gab der Frankfurter Oberbürgermeister Andreas von Schoeler für die Teilnehmer einen Empfang im Frankfurter Römer und regte bei dieser Gelegenheit an, das Konterfei des Frankfurter Stammvaters der Rothschild-Familie, Meyer Amschel Rothschild, auf die geplante ECU-Banknote zu drucken. Der Oberbürgermeister hat mit diesem Vorschlag die lapidarste und zugleich genaueste Definition Europas gegeben: Europa ist Rothschild. Denn Rothschild hat seine Söhne damals bewußt über Europa verteilt: so entstand ein Frankfurter, ein Pariser, ein Londoner, ein Wiener und ein neapolitanischer Zweig der Familie und ihres Bankhauses, und damit eine paneuropäische Vernetzung des Geldkreislaufes.

Die jüdische Bankiersfamilie Rothschild repräsentiert den Erfindungsgeist, die Initiative und Weltläufigkeit, auf die sich ein vereinigtes Europa besinnen muß, wenn es mehr sein will als eine protektionistische Festung gegen fremde wirtschaftliche und kulturelle Einflüsse. Die Rothschilds waren, als Vertreter des angeblich entwurzelten Judentums, fest in dem wirtschaftlichen, gesellschaftlichen und kulturellen Leben ihrer Heimatländer verankert, und zugleich waren sie in eine kosmopolitische Struktur integriert. Durch Familienbande wie durch die abstrakten Gesetze des Geldmarktes verbunden, schufen sie ihre eigene universalistische Tradition.

Statt deutlich zu machen, daß Europa ein lohnendes Wagnis ist, ein Aufbruch in historisches Neuland, geben sich auch liberaldemokratische Europabefürworter als Vollstrecker des Willens einer identitätsstiftenden «Kultur» aus. Daß Helmut Kohl und die Bundesregierung den Begriff «Vereinigte Staaten von Europa» fallengelassen haben wie eine heiße Kartoffel, zeigt, wie stark der Druck einer kulturchauvinistischen Mystik geworden ist. Unablässig fabuliert sie von «gewachsenen Einheiten» und behauptet, das politische Europa müsse im harmonischen Einklang mit diesen «selbstverständlich gegebenen» Phantasieprodukten entstehen.

Der Begriff «Vereinigte Staaten von Europa» erinnert die Kulturmystiker zu sehr an die Vereinigten Staaten von Amerika. Dabei führen die USA doch vor, wie eine moderne Gesellschaft kulturelle Gegensätze sowohl dulden als auch integrieren kann, wenn sie die Ebenen von Politik und Kultur streng trennt. Die wie mit dem Lineal gezeichneten Umrisse der Grenzen der amerikanischen Bundesstaaten verlaufen scheinbar willkürlich mitten durch «Regionen». Das erregt bei den Anhängern des Organischen Abscheu und Empörung. Aber diese «anorganische» Grenzziehung ist ein guter Ausdruck für das Prinzip, auf dem die USA aufgebaut sind. Politische Einheiten sind Produkte von gesellschaftlichen Übereinkünften, sie sind rationale Gebilde. Dagegen bezeichnet der Begriff «Kultur» etwas grundsätzlich Undefinierbares, im Kern Irrationales.

Wer etwa von «deutscher Kultur» spricht, wird dabei vielleicht an Goethe und Schiller, Dürer und Beethoven, fränkisches Fachwerk und den Kölner Dom denken, aber auch an den Geschmack von Sauerbraten oder den Geruch von Fichtenwäldern. Ein anderer wird eher Nietzsche und Brecht, Kohlrouladen und Almhütten assoziieren. Die wenigsten Anhänger der «deutschen Kultur» werden freilich ebenso instinktiv an die Tatsache denken, daß Preußen noch im frühen 19. Jahrhundert als Teil der slawischen Welt galt oder daß der typische Ruhrgebietsdeutsche eher polnische Namen wie Kowalski oder Krawczyk trägt. Wie kaum eine andere ist die deutsche Kultur ein Konglomerat aus den unterschiedlichsten kulturellen Prägungen, deren Ursprung irgendwann einmal vergessen wurde. Kultur – dieses Wort meint ein amorphes Gemisch aus kanonisiertem Erbe, lebensweltlichen Prägungen und persönlichen Vorlieben. Niemals wird man sich darauf einigen können, was «Kultur» eigentlich ist, was ihr alles zuzuzählen ist, was ihre Substanz und ihr Wesen ausmacht – und das ist gut so. Jeder Versuch, der Kultur ihren schwebenden, vagen und offenen Charakter zu nehmen und sie in eine monolithische Einheit zu fassen, kommt ihrer Vergewaltigung gleich. Mit der «Kultur» läßt sich kein Staat machen, und wo das versucht wird, da ist die politische Gleichschaltung nicht weit.[8]

Ein modernes demokratisches Gemeinwesen kann sich daher nie und nimmer auf etwas so Schwammiges wie die «Kultur» gründen, sondern nur auf definitive politische Kriterien. Im übertragenen Sinne mag es so etwas wie eine politische Kultur der Demokratie geben, aber es gibt keine «demokratische Kultur». Kulturelle Regeln sind vielmehr ihrem Wesen nach autokratisch und – wie schon gesagt – rational nicht begründet. Kein Mitteleuropäer kann sagen, warum es besser sein sollte, mit Messer und Gabel zu essen statt mit Stäbchen oder mit der Hand; oder warum ein Mann eher lange Hosen und eine Frau eher Röcke anziehen sollte. Dennoch wird sich jeder Mitteleuropäer solchen Regeln unterwerfen, ohne weiter darüber nachzudenken. Für den politischen Bereich dürfen solche kulturellen Bindungen keine Rolle spielen, und umgekehrt kann es keine demokratische Abstimmung über kulturelle Gepflogenheiten geben. Kein Franzose zum Beispiel kann per Dekret dazu gezwungen werden, Camembert und Chansons von Edith Piaf zu mögen und von der Vorliebe für amerikanische Hamburger und englische Popmusik abzulassen. Dies hindert die französische Regierung freilich nicht daran, kulturnationalistischen Sentiments mit lächerlichen Gesetzesvorlagen gegen «Anglizismen» in der französischen Sprache Rechnung zu tragen. Eine Verbotsliste der Regierung Baladur ersetzt beispielsweise das Wort «marketing» durch ein absurdes französisches Phantasiewort. Angesichts solcher orwellscher Versuche der Sprachmanipulation kann man nur seinerseits auf eine besonders hartnäckige kulturelle Tradition der Franzosen vertrauen: die Tradition, bestimmte Gesetze ebenso ernst zu nehmen wie eine Witzblattmeldung.

«Regionalismus» als Variante des Kulturnationalismus

Nationen sind, wie Ernest Renan 1882 in seinem noch immer aktuellen Vortrag «Was ist eine Nation?» gezeigt hat, weder Produkte von Abstammung noch von Sprachgemeinschaft oder Geographie. Sie sind historische Gebilde, die nur so lange bestehen, wie eine bestimmte Gruppe von Menschen eine Nation sein will: Die Nation ist ein «täglicher Plebiszit».[9]

Weil den Mystikern der gewachsenen Einheiten mittlerweile zu dämmern beginnt, daß ethnisch reine Nationen nicht herstellbar sind, gehen sie zunehmend dazu über, die *Region* als den Hort unentfremdeter Gemeinschaftsbindung zu propagieren. Aber die Region ist ebensowenig ein naturwüchsiges und einheitliches Ganzes wie die Nation. In einer Untersuchung zum Regionalismus schreibt Hermann Bausinger:

Regionen sind in aller Regel auch politische Gebilde, zumindest aber verwaltungstechnische Planungs- und Ordnungsgrößen. In Österreich und Deutschland wird man – in einem europäischen Zusammenhang – die Bundesländer als Regionen verstehen, selbst wenn es unterhalb dieser Ebene kleinere Einheiten gibt, die offiziell als Region bezeichnet werden. Die Bundesländer sind, wie viele andere Regionen auch, zum Teil Konstrukte, Setzungen, die im Zuge des Neuordnungsprozesses der Nachkriegszeit vorgenommen wurden. Der Konstruktcharakter wird oft verurteilt, und statt dessen wird auf ‹gewachsene Räume› gepocht. Aber gewachsene Räume sind meistens nichts anderes, als was sich auf der Grundlage früherer, älterer politischer Konstrukte entwickelt hat, an die man sich gewöhnt hat und die zur kulturräumlichen Strukturierung beigetragen haben. Die «normative Kraft des Faktischen» . . . transformiert Konstrukte in ‹organische› Größen.[10]

Die Idee von der Region als einem «organischen» Gebilde hat ihren Ursprung in den traditionalistischen Vorstellungen von «Stamm» und «Heimat». Der Begriff «Regionalismus» taucht jedoch erst in der zweiten Hälfte des 19. Jahrhunderts auf, und zwar in Frankreich, wo er als Kampfbegriff des Widerstands gegen ein strikt zentralistisches Regierungssystem verwendet wird.

Regionalistische Tendenzen gibt es fortan in den verschiedensten Teilen Europas; oft sind sie von den nationalen Bewegungen in Vielvölkerstaaten nicht zu trennen. Seine eigentliche Konjunktur erlebt der Regionalismus in den siebziger Jahren unseres Jahrhunderts. Regionalistische Bewegungen in Gebieten mit sehr unterschiedlichen, aber pointierten Problemlagen (Basken und Schotten, Jurassier und Lappen, Elsässer und Katalanen) werden als Aushängeschild genommen für eine in weiten Teilen Europas sich ausbreitende Tendenz, vor allem periphere Gebiete vor den rücksichtslosen Eingriffen der Zentralen zu schützen. Der ökonomische Zugriff auf die Provinz ist der Auslöser des neuen Regionalismus.[11]

Im Laufe der achtziger Jahre erwies sich der Regionalismus als politischer Erfolgsschlager. Denn ganz unterschiedliche Motivationen und Absichten fanden in ihm Platz. Unterschieden werden können «Separatisten, welche die staatliche Verselbständigung ihrer Gebiete anstreben (Basken, Korsen, Schotten), Föderalisten, die für eine Verlagerung von mehr Kompetenzen auf die Region eintreten (Katalonien, Andalusien), und Autonomisten, welche Sonderinteressen in ihrer Region durchsetzen wollen (Elsässer, Bretonen, Waliser, Flamen, Wallonen).»[12] Die Übergänge zwischen diesen Varianten sind allerdings oft fließend.

Der Regionalismus eignet sich offenbar besonders gut als Projektionsfläche für politisch-ideologische Ansätze der verschiedensten Couleur. Wie in kaum einer anderen europäischen Bewegung vermischen sich hier ethnonationalistische und sozialistische, romantisch-antikapitalistische und wirtschaftsliberalistische, xenophobische und mystisch-esoterische Strömungen zu einem seltsamen Gemisch. Jede noch so abwegige Idee hat auf der Flamme des «Regionalismus» ihr trübes Süppchen kochen können.

In den siebziger Jahren nahm sich die vom Ausbleiben der Weltrevolution enttäuschte Linke der regionalistischen Bestrebungen an. In der Bundesrepublik äußerte sich das später noch darin, daß Kämpfe gegen Atomkraftwerke (Whyl, Brokdorf), Start- oder Autobahnen mit einer dezidiert volkstümlichen Tendenz geführt wurden. Im regionalen Dialekt zu sprechen oder die heimische Folklore zu pflegen galt als «progressiv». Die Linke gab sich der Illusion hin, eine «dezentrale» Zermürbung des «herrschenden Systems» habe mehr Erfolgschancen und sei zudem humaner als der Frontalangriff auf die Zentren des Weltimperialismus. Die Aufwertung des Partikularen und Peripheren gegenüber dem «Zentrierten», die man bei den französischen poststrukturalistischen Philosophen wie Foucault fand, gab der Sehnsucht nach der kleinen Einheit intellektuelles Unterfutter. Die Umstellung auf eine dezentralistische Strategie zur Unterminierung der «Macht» war nicht nur mit einem industrie- und modernefeindlichen, sondern auch mit einem starken antirationalistischen Affekt verbunden: Man erklärte dem sogenannten «Logozentrismus» den Krieg.[13]

Die pro-regionalistische Stimmung war in den vergangenen beiden Jahrzehnten in ganz Europa verbreitet. Ob sich nun Iren oder Basken, Korsen oder Waliser im Aufstand gegen die Zentralen übten – es war ihnen von vorneherein ein Sympathiebonus sicher. Erst als sich ihre Bestrebungen in immer militanteren Formen bis hin zum Terrorismus steigerten, änderte sich die Stimmung langsam. Im Baskenland etwa wehren sich große Teile der Bevölkerung seit einigen Jahren massiv gegen die Umtriebe der ETA, die zu einer fanatischen, zu jedem Selbst- und Fremdopfer bereiten Kadertruppe degeneriert ist. Dem Terror der ETA sind seit ihrer Gründung vor gut 25 Jahren 800 Menschen zum Opfer gefallen.

Dennoch nahm die Entwicklung neuer Autonomie- und Separatismusbewegungen im Verlaufe der achtziger Jahre geradezu sprunghaft zu. Früher garnierten diese «regionalistischen» Bewegungen ihre Ziele meist mit sozialistischen Theorien. Bewegungen wie die IRA oder die ETA sahen sich als Teil einer «internationalen solidarischen Bewegung» (vor allem der «Völker der Dritten Welt») gegen den westlichen «Imperialismus». Seit den späten achtziger Jahren hat sich das geändert. Der Regionalismus ist von der Rechten entdeckt worden und gibt sich zunehmend ethnozentristisch und offen rassistisch. Ein Berichterstatter der *Zeit* etwa ließ sich von neueren walisischen Nationalisten die Grundlage ihres Ideengebäudes erklären, die sich auf die Erkenntnis reduziert, daß ein Engländer immer ein Feind sei, der schon deshalb niemals recht haben könne, weil er ein Engländer ist. In die Praxis umgesetzt wird die Philosophie solcher walisischer Nationalisten mit Aufrufen zur ethnischen Säuberung: «Wenn diese Leute das Land zum festgesetzten Termin nicht verlassen», so hieß es in einem Flugblatt über die Bewohner englischer Abstammung, «werden wir sie aus ihren Häusern brennen. Das englische Krebsgeschwür gehört ausgemerzt.»[14]

Die Volkstümelei und die Suche nach ethnischen Abstammungsmythen zeitigt inzwischen eher groteske Blüten. So berichtete die rechtskonservative *Junge Freiheit* über eine Nationalbewegung, die das ursprüngliche «Baiern» wiederherstellen will, das mit dem real existierenden Bundesland «Bayern» wenig zu tun habe. Die altbaiuwarischen Separatisten wünschen sich die Franken, Schwaben und Oberpfälzer zum Teufel und möchten sich statt dessen mit den Südtirolern und weiten Teilen Österreichs vereinigen, wo nach ihrer Überzeugung die ethnisch reinen, mit «i» geschriebenen «Baiern» leben.

Rechtslastige Autonomiebewegungen wie die der Südtiroler und der Vormarsch kulturnationalistischer Bewegungen in Osteuropa – um von Jugoslawien nicht zu reden – haben dem Regionalismus vor allem in den Augen der Linken den Heiligenschein genommen. Er erstrahlt heute nicht mehr im Glanze des legitimen Protestes gegen einen bösen und zerstörerischen Zentralismus. Dennoch werden Politiker und Intellektuelle nicht müde, von einem «Europa der Regionen» zu schwärmen, als sei die Region ein Hort und Garant unentfremdeter Menschlichkeit. Dabei hat sich, parallel zu den links-romantischen und ethnozentristischen Ambitionen, längst eine weitere und viel handfestere Motivation für die unausgesetzte Lobpreisung der Region offenbart. Der Regionalismus dient nämlich einheimischen Machteliten als Legitimationsideologie, mit der sie ihre wirtschaftlichen und politischen Privilegien gegen drohende auswärtige Konkurrenz verteidigen. Die vielgepriesene regionale Strukturpolitik

kommt denjenigen entgegen und wird deshalb auch von denjenigen propagiert, die innerhalb einer Region einflußreiche Stellungen einnehmen oder doch zur Führungsschicht gehören.... Über die «traditionellen Eliten», die Honoratioren, fließt konservatives Gedankengut in die regionale Formierung; Elemente der alten Heimatideologie verbünden sich erneut mit den Strategien wirtschaftlichen Fortschritts.[15]

Eine neue politische Qualität hat diese Variante des Regionalismus durch das Auftauchen der «Lega Nord» in Italien gewonnen. Der Widerstand der Norditaliener gegen die römische Zentralregierung kann sich weder auf eine kulturelle Unterdrückung durch «kolonialistische» Mächte noch auf eine eigene Sprache oder nationale Identität berufen. Bei der «Lega Nord» handelt es sich eingestandenermaßen um die Vertretung der Sonderinteressen der wirtschaftlich stärksten und wohlhabendsten Gebiete Italiens. Norditalien weigert sich offen, seinen Reichtum mit den «unterentwickelten» Regionen des Landes zu teilen. Das hindert die «Lega» freilich nicht, sich derselben kulturnationalistischen Phraseologie zu bedienen wie andere regionalistische Bewegungen und mit folkloristischen Wiederbelebungsversuchen aparter landsmannschaftlicher Sitten und Gebräuche politische Geschäfte zu betreiben. Hinzu kommt ein demagogischer Populismus, der sich gegen eine von «Volk» und «Heimat» entfremdete, durch Geld korrumpierte «Politikerkaste» im Land, aber auch auf Europaebene wendet.

Die «Lega Nord» ist die Vorbotin eines Wohlstandschauvinismus, der in ganz Europa Schule machen könnte. Er suggeriert, daß wirtschaftliche Prosperität auf Dauer nur durch die Abkoppelung der reichen Gebiete Europas von den ärmeren zu sichern sei. Der Autonomieanspruch der Regionen wird von der «Lega Nord» zur vollen Kenntlichkeit entstellt.

Ein «Europa der Regionen» wäre ein Alptraum: ein Sammelsurium selbsternannter politischer Sub-Einheiten, die ihre kurzsichtigen Sonderinteressen gegen andere durchzusetzen versuchten. Europa würde zu einem politisch-ökonomischen Schlachtfeld regionaler Machtcliquen und Eliten, zu einer Beute konkurrierender politökonomischer Warlords verkommen. Durchsetzen würde sich im Zweifelsfalle der Starke gegen den Schwachen; die Illusion, daß sich kleine Inseln der Prosperität inmitten der wachsenden Verarmung reich und gesund erhalten könnten, würde am Ende teuer bezahlt werden. Der Wohlstands-Regionalismus wird, wenn er sich ausbreitet, konsequenterweise dazu übergehen müssen, ganz Europa zu einer «Region» zu erklären, die sich vom Rest des Planeten abzusondern habe. Eine große «Lega Europa» der reichen Regionen würde sich dann weigern, Abgaben an die UNO zu zahlen, und sie würde sich im Namen des Protestes gegen «Überzentralisierung» und «bürokratische Mißwirtschaft» die Forderung verbitten, für die hoffnungslosen Hungerleider in der Welt Verantwortung zu übernehmen.

Wenn die Fiktion von der «Region» aufrechterhalten werden soll, dann muß das zum Eigenen erklärte Gebiet konsequent vom Zustrom «Fremder» reingehalten werden. Wie jeder antiuniversalistische Separatismus findet auch der sogenannte Regionalismus seinen logischen Ausdruck in der ethnischen Säuberung. Und es besteht kein Zweifel daran, daß ein «Europa der Regionen» seine chauvinistische Absonderungspolitik mit der Erhaltung seiner «kulturellen Identität» begründen würde.

Der Regionalismus ist alles andere als ein «humanes» und «bürgernahes» Korrektiv zur Übermacht der Nationalstaaten oder der supranationalen Strukturen. Dem Irrationalismus der Regionalideologie ist die moderne demokratische Staatsnation jederzeit vorzuziehen. Denn die westlichen Staatsnationen sind «intertribalistische» oder internationale Gebilde, die ihren Bestand auf einer Willensentscheidung ihrer Bürger gründen. Sie üben so das Miteinander von Menschen unterschiedlicher ethnischer Abstammung und religiöser oder weltanschaulicher Überzeugung ein. Der Regionalismus will dieses Miteinander in einen Flickenteppich aparter, kleiner Gemeinschaften auflösen. Er greift das Prinzip der modernen westeuropäischen Staatsnation in seinem Kern an. Statt die Absicherung von Bürgerinteressen im trügerischen Rückzug auf die überschaubare heimische Umgebung zu suchen, müssen die Universalisten in die Offensive gehen. Sie sollten für den zügigen Ausbau der demokratischen europäischen Zentralinstanzen kämpfen. Das heißt vor allem, daß ein funktionsfähiges und entscheidungskompetentes Europäisches Parlament als das höchste legislative Gremium der Europäischen Union geschaffen werden muß.

Paradoxerweise erhält der Kulturnationalismus in dem Moment wieder seine Chance, da Europa sich anschickt, jene Relikte ethnozentrischen Denkens zu überwinden, die sich in den Nationalstaaten noch erhalten haben. Die Regierungen der Europäischen Union haben Angst vor dem Scheitern ihres Zeitplans für die europäische Vereinigung und versuchen deshalb, die Konstruktion Europa durch die Anbiederung an kulturnationalistische Argumentationsmuster schmackhaft zu machen. Sie wollen Europa als «organisches Gewächs» an den Kunden bringen. Dies kann sich als schwerer Fehler erweisen. Die Behauptung, man müsse die verunsicherten Bürger zuerst mit heimeligen Phrasen von «Identität» und «natürlicher Gemeinschaft» einnebeln, ehe man ihnen die kalte universalistische Wahrheit ins Gesicht sagt, ist ebenso falsch wie unsinnig. Ein durch die Hordenideologie der Stammesgemeinschaft verwässerter Universalismus ist keiner mehr. Man wird den verschämten Internationalisten am Ende weder ihre völkischen Beteuerungen abnehmen, noch wird man in eine von verdrucksten Euro-Technokraten verkörperte Universalität Vertrauen fassen können.

Wie gering die Widerstandskraft Westeuropas gegen die Renaissance des Kulturnationalismus ist, hat sich im bosnischen Krieg gezeigt. Jahrelang sah die Europäische Gemeinschaft fast tatenlos zu, wie Banden zu allem entschlossener völkischer Fanatiker durch systematischen Terror einen multiethnischen Staat zerstörten. Statt dagegen militärisch einzuschreiten, gewöhnte sich die europäische Öffentlichkeit daran, die zu über sechzig Prozent ethnisch und religiös gemischte Bevölkerung Bosniens fein säuberlich in Serben, Kroaten und Muslime einzuteilen – so wie es die ethnischen Säuberer vorschrieben. Auch das halbherzige Eingreifen von UNO und NATO hat den serbischen Vernichtungskrieg zwar vorübergehend eindämmen, die Lage aber nicht grundsätzlich verändern können. Westeuropa hat sein Engagement in Bosnien als Alibi für die Sanktionierung kulturnationalistischer Teilungspläne benutzt. Das ethnische Gemetzel geht dennoch weiter. Der Verrat an seinen eigenen fundamentalen zivilisatorischen Prinzipien wird sich für den Westen nicht auszahlen.

Ethnopluralismus versus Multikulturalismus: Die Geschichte einer Begriffsverwirrung

Ethnopluralismus

Seit 1968 arbeitet das von Alain de Benoist gegründete «Groupement de récherches et d'etudes pour la civilisation européenne» (GRECE), besser bekannt unter der Bezeichnung *Nouvelle Droite*, an einer Erneuerung der rechtskonservativen Ideologie. Das Forschungsziel von GRECE ist die «wissenschaftliche» Widerlegung der universalistischen Prämisse, nach der alle Menschen frei und gleich geboren und mit unveräußerlichen Menschenrechten ausgestattet sind. Die *Nouvelle Droite* behauptet, daß «jedes Volk, jede Kultur ihre eigenen Normen haben», daß «jede Kultur eine sich selbst genügende Struktur bildet», und daß jedes Individuum primär durch seine «kulturelle» und «völkische» Zugehörigkeit definiert sei.[1]

Mit dieser These greift die *Nouvelle Droite* auf den Rassenursprungsmythos vom «Indoeuropäertum», «Indogermanentum» oder «Ariertum» zurück – drei Begriffe, die im 19. und im frühen 20. Jahrhundert in ganz Europa weit verbreitet waren. Sie wurden in der Kulturphilosophie, Anthropologie und Linguistik dieser Zeit weitgehend synonym verwendet.[2] GRECE propagiert die Selbstbesinnung Europas auf seine vermeintlichen ethnischen und kulturellen Wurzeln. Im Kampf gegen eine «nivellierende», supranationale «Weltzivilisation» soll ein «europäisches Imperium» auf der Basis autochthoner Kulturen und eine «heterogene Welt homogener Völker» entstehen.[3] Für die Präsentation ihrer völkischen Ideen hat die *Nouvelle Droite* den zeitgemäßen Begriff «Ethnopluralismus» geprägt. Der Begriff macht sich die seit den siebziger Jahren grassierende Vorliebe für die angebliche Ursprünglichkeit ethnischer Kulturen ebenso zunutze wie den guten Klang des Wortes «pluralistisch». Statt die Überlegenheit der «indoeuropäischen Rasse» zu postulieren, behaupten die Neuen Rechten, sie wollten alle Völker und Kulturen achten und gegen ihre Zerstörung durch eine «One-World-Ideologie» verteidigen. Alle Völker der Welt müßten sich gegen das Zentrum der Völkernivellierer wenden: die USA, den Prototypen eines «entwurzelten», multiethnischen Einheitsstaates.

In dem französischen Publizisten Alain de Benoist hat die «Neue Rechte» ihren geschicktesten und medienwirksamsten Verfechter gefunden. Die Rechten seien nicht gegen die Fremden, beteuerte Benoist unlängst in einem Interview mit der *Jungen Freiheit*. Im Gegenteil: Sie wollten die Sachwalter ethnischer Vielfalt sein; sie seien für die Anerkennung und Respektierung der Verschiedenheit des jeweils anderen. «Die Anerkennung der Differenz», erklärt Benoist,

sowohl bei einem einzelnen wie bei einem Volk, ist die Anerkennung dessen, was seine Persönlichkeit, seine Individualität unersetzlich werden läßt. Die Differenz leugnen heißt, die Menschen für beliebig auswechselbar zu halten. Der Rassismus ist nichts anderes als die Verweigerung der Differenz.[4]

Im französischen Original verwendet Benoist den Begriff «Differenz» in der von Jacques Derrida eingeführten Schreibweise «différance», mit «a». Diese terminologische Anleihe soll dazu dienen, rechte Theorien an den Diskurs postmoderner Rationalismus- und Universalismuskritiker anzukoppeln. So hofft Benoist, seine Ideologie der Rassentrennung vom Faschismusverdacht befreien zu können. Dank dieser Strategie ist Benoist mit französischen Restkommunisten, ideologisch vereinsamten Ex-Linksradikalen und obskuren Kreuzgängern im immer breiter werdenden Niemandsland zwischen links und rechts in eine intensive Debatte über einen zukünftigen «dritten Weg» für Europa eingetreten.[5] Es ist ihm aber auch gelungen, angesehene französische Intellektuelle zur Mitarbeit an seinem Periodikum «Krisis» zu bewegen und sich so den Anschein eines undogmatischen, für alle neuen Ideen offenen Denkers zu geben.

Hat der Rechte aber wirklich die Seiten gewechselt, ist er zum Laissez-faire-Kosmopoliten mutiert, dessen Herz für das fröhliche multirassische Miteinander im Stile der United-Colors-of-Benetton-Internationale schlägt? Weit gefehlt. Benoist formuliert in modifizierter Sprache nichts anderes als die wohlvertraute Volkstumsideologie, die seit der politischen Romantik das Kernstück auch des konservativen deutschen Antiliberalismus gewesen ist. Voraussetzung für die Achtung der «Differenz», meint Benoist, sei die Selbstbesinnung der Völker auf ihre unverwechselbare und unaustauschbare «Identität». Ein Volk wird dabei wie ein Individuum betrachtet: als eine einzigartige, in sich selbst ruhende organische

Einheit. Ein jedes Volk gründe auf einer kollektiven Identität, die sich aus rational nicht zu befragenden kulturellen Wurzeln speise. In der Sprache der deutschen Volkstumsideologie heißt diese metaphysische Substanz der «Volksgeist».

Alain de Benoist versteht es jedoch, sein Programm der ethnischen Aufteilung als «konsequenten Antirassismus» auszugeben. Nach seiner Logik garantiert nur die Reinerhaltung des kulturellen Erbes einer ethnischen Gemeinschaft ihre Fähigkeit, auch den Wert der jeweils anderen Kultur zu respektieren. Jede Kultur behält ihre Eigenart und Würde nur so lange, wie sie sich nicht mit fremden Kulturen vermischt. Wenn Benoist den Einwanderern aus fremden Kulturkreisen die Integration in Europa verweigert, so tut er das demzufolge auch in ihrem eigenen Interesse. Der Fremde bleibt nur «anders» und somit er selbst, wenn er zu Hause bleibt. Das ist «konsequenter Antirassismus».

Benoist dreht den Spieß einfach um: Er bezichtigt den westlichen Universalismus des Rassismus und bezeichnet ihn als «die zum Prinzip gemachte Assimilation». Der Universalismus anerkenne den anderen nur, «soweit er seine Andersartigkeit ablegt», behauptet Benoist – als habe nicht gerade der Universalismus ein Modell für die Koexistenz verschiedener kultureller Lebensformen auf engstem Raum entwickelt. Weit davon entfernt, kulturelle Vielfalt zu unterdrücken, fördert dieses Modell die wechselseitige Durchdringung der Kulturen und schützt zugleich das Recht auf Andersartigkeit.

Bei seiner Agitation gegen den Universalismus bedient sich Alain de Benoist der Argumentation des antikolonialistischen Kulturnationalismus, wie sie jede «nationale Befreiungsbewegung» in der Dritten Welt, aber auch die Verfechter der Dritte-Welt-Solidarität in Europa und Amerika ins Feld geführt haben. «Dieser Universalismus», so Benoist,

ist ein verkappter Ethnozentrismus: der Westen exportiert seine Werte, indem er sie für ‹universell› erklärt ... Besonders grotesk wäre [es], eine Superiorität der westlichen Zivilisation zu behaupten – ihr geschichtlicher Weg war lamentabel, ihr heutiger geistiger Zustand ist ärmlich.[6]

So hatte schon Frantz Fanon in seinem Buch «Die Verdammten dieser Erde»[7] argumentiert: Die universalen Menschenrechte seien spezifisch europäisch-nordamerikanische Kulturwerte. Der Westen wolle diese Werte den kolonisierten Völkern nur aufzwingen, um sie von den Wurzeln ihrer eigenen kulturellen Traditionen abzuschneiden.

Paradoxerweise rekurrierten Fanon und die anderen Dritte-Welt-Theoretiker, als sie ihre Unabhängigkeit von den geistigen Grundlagen Europas erklärten, auf eine ureuropäische Ideologie. Denn der Gedanke, daß die universalen Menschenrechte mit den spezifischen Eigenheiten der Völker inkompatibel seien, wurde bereits Ende des 18. Jahrhunderts von dem französischen Gegenaufklärer Joseph de Maistre formuliert. De Maistre spottete, er habe in seinem Leben immer nur Franzosen, Italiener oder Engländer getroffen, aber niemals einen «Menschen».

Benoist und die Neue Rechte greifen die antikolonialistische Rhetorik der Dritte-Welt-Theoretiker auf, um sie wieder in ihrem europäischen Ursprungsort einzugemeinden. Europa sei von Amerika kolonisiert; die Amerikaner wollten den Europäern das Modell eines supranationalen, multiethnischen Großstaates aufzwingen und damit die Identität der europäischen Völker und Kulturen auslöschen. Instrument dieser «Kolonisierung» sei das Projekt der europäischen Integration. Dagegen helfe nur die Selbstbesinnung aller europäischen Ethnien auf ihre «indoeuropäischen Wurzeln».

Politisch bedeutet dieses Programm: Abschaffung der liberalen parlamentarischen Demokratie und Einführung der «organischen Demokratie», die auf der «Mitwirkung» in einer ethnisch-kulturell homogenen Gemeinschaft beruhen soll.[8] Nur eine solche «direkte Demokratie» könne die klassischen demokratischen Ideale der Antike verwirklichen, der pluralistische Liberalismus aber sei mit diesen Idealen unvereinbar. Benoist folgt hier der Theorie Carl Schmitts, der erklärte, das Ziel einer für alle offenen «Menschheitsdemokratie» sei «ein liberaler, kein demokratischer Gedanke».[9] Eine wirkliche Demokratie müsse auf ethnischer Homogenität beruhen, und eine Diktatur könne unter Umständen den Mehrheitswillen des Volkes weit besser ausdrücken als ein parlamentarisches System, das laut Schmitt nicht mehr zu bieten hat als eine leere Mechanik formaler Abstimmung (siehe den Appendix «Die Sehnsucht nach dem Führer»).

Nachdem die deutschen Rechtsradikalen ihre anfängliche Skepsis überwunden hatten, setzte sich die «Ethnopluralismus»-Konzeption im Verlauf der achtziger Jahre in weiten Teilen des Rechtskonservatismus der Bundesrepublik durch. Der *Nouvelle Droite* ist es mittlerweile gelungen, eine regelrechte Internationale des revolutionären Konservatismus aufzubauen. So argumentieren auch die russischen «Eurasier» auf der Linie von Alain de Benoist. Ihr theoretisches Organ trägt den gleichen

Namen wie die Zeitschrift des französischen GRECE: *Elemente* (siehe dazu das Kapitel «Ex Oriente Teneber»). Nicht zuletzt daran zeigt sich, daß die Behauptung der rechten Fundamentalisten, sie seien die Fürsprecher kultureller Eigenheit und Vielfalt, reine Demagogie ist. In Wahrheit folgen die Agitatoren der Neuen Rechten von der Seine bis zur Wolga einer gleichgeschalteten Strategie und Ideologie, deren Manichäismus keinerlei Differenzierungen zuläßt. Sie sehen sich als Vorhut in einem Kulturkrieg der «indoeuropäisch-solaren Tradition» gegen «die lichtlose Seele und den Fettbauch des Westens». So formuliert es das «Thule-Seminar», der deutsche Ableger von GRECE, in seinem Periodikum. Es trägt – wie sollte es anders sein? – den Titel *Elemente*.[10]

Multikulturalismus

Die Neue Rechte preist ihr Ethnopluralismus-Modell als Alternative zum «Multikulturalismus» an, den sie als eine Verschwörung von Linken und Liberalen denunziert: Durch die gezielte «Überfremdung» der autochthonen Bevölkerung solle die Substanz des «Volkstums» der europäischen Nationen zerstört werden. «Multikulturalismus», so heißt es, sei «Völkermord».[11] Wenn es um «Multikulturalismus» geht, überschlagen sich die neurechten Rassehygieniker in der Erfindung immer neuer Invektiven: Eine von ihnen bezeichnet den Plan, die deutsche Staatsbürgerschaft in Zukunft durch ein Einwanderungsgesetz zu regeln, das auf Kriterien der Blutsabstammung verzichten soll, als «zweite Endlösung» – diesmal begangen am «deutschen Volk».[12]

Die Neuen Rechten profitieren von der Sprachverwirrung, die sich im Zusammenhang mit dem Begriff «Multikulturalismus» ausgebreitet hat. Denn in der deutschen Diskussion um die Regelung der Einwanderung wird er paradoxerweise mit den Forderungen liberaler und linker Universalisten identifiziert, das deutsche Staatsbürgerschaftsgesetz an den Standard der westlichen Staatsnationen anzupassen. Nach dieser Forderung hätte jede Person, die in Deutschland geboren wird und hier aufwächst, als Deutscher zu gelten, und jeder längere Zeit in Deutschland lebende Ausländer, der Deutscher werden will und sich zu den im Grundgesetz niedergelegten Prinzipien bekennt, hätte einen grundsätzlichen Anspruch, als deutscher Staatsbürger anerkannt zu werden. Umfang und Modalitäten der Einbürgerung würde ein Einwanderungsgesetz regeln, das die unkontrollierte Zuwanderung verhindern soll.

Zu den wichtigsten Befürwortern eines solchen modernen Staatsbürgerschaftskonzepts gehören der Christdemokrat Heiner Geißler und der linke Pragmatiker Daniel Cohn-Bendit.[13] Sie bezeichnen das universalistische Gemeinwesen, das ihnen vorschwebt, als «multikulturelle Gesellschaft» – obwohl es einflußreiche Spielarten des Multikulturalismus gibt, deren Intention antiuniversalistisch ist. Geißler und Cohn-Bendit aber grenzen ihr Konzept ausdrücklich gegen kulturrelativistische Ideologien ab und betonen, die Anerkennung universaler Werte wie der individuellen Menschenrechte oder des politischen Pluralismus müßten in jedem Fall Vorrang vor den ethischen oder religiösen Überzeugungen einer bestimmten kulturellen Gemeinschaft haben.

An einem konkreten Beispiel verdeutlicht heißt dies: Wenn eine islamische Frau einen nicht-islamischen Mann heiraten will und ihre Familie ihr das verbietet, dann muß die Frau den vollen Schutz des Gesetzes genießen. Der liberale Rechtsstaat stellt das individuelle Grundrecht der Frau auf freie Partnerwahl über die religiösen oder kulturellen Regeln einer bestimmten Bevölkerungsgruppe. Ihre Gesetze können nur insofern Geltung beanspruchen, als sie mit den unantastbaren, von der Verfassung garantierten Grundrechten des Individuums nicht kollidieren. Das gilt für jede religiöse oder kulturelle Gemeinschaft im gleichen Maße. Keine katholische Gemeinde etwa hat das Recht, ihre weiblichen Mitglieder an der Abtreibung zu hindern, auch wenn dies nach christlichem Empfinden einem Verbrechen gleichkommt.

Die Toleranz des demokratischen Staates gegenüber kulturellen Besonderheiten hört dort auf, wo ein aus dieser Besonderheit abgeleitetes Verhalten die für alle gültigen Normen verletzt. Nach der liberalen Gesellschafts- und Rechtsauffassung wird jeder Staatsbürger primär als ein Individuum mit unveräußerlichen Rechten betrachtet und nicht als Mitglied einer bestimmten kulturellen oder religiösen Gemeinschaft. Dagegen verhält sich der liberale Staat neutral, wenn es zum Konflikt zwischen verschiedenen Gemeinschaften kommt. Er fordert von jeder partikularen Wertegemeinschaft Respekt vor dem übergreifenden Wert der Gerechtigkeit: Alle partikularen Wertvorstellungen haben Anspruch auf Anerkennung und rechtlichen Schutz, aber nur insofern sie den Anspruch anderer Wertvorstellungen, die den eigenen entgegengesetzt sind, nicht in Frage stellen. Ein katholischer Gottesdienst darf nicht gestört werden, auch wenn der Ritus der Aufnahme des Leibes Jesu von protestantischen Christen als blasphemisch empfunden wird.

Diese Prinzipien sind für eine liberale Gesellschaft fundamental. Eine wichtige Strömung des «Multikulturalismus» stellt jedoch genau diese Prinzipien grundsätzlich in Frage. Gemeint ist seine radikale kulturrelativistische Variante, die sich in den USA seit den siebziger Jahren herausgebildet hat.

In seiner gemäßigten Form ist der «Multikulturalismus» mit dem Liberalismus durchaus vereinbar: Dann nämlich, wenn er nichts anderes fordert als die Anerkennung unterschiedlicher kultureller Prägungen. Die amerikanische Gesellschaft ist in diesem Sinne frühzeitig als eine «multikulturelle Gesellschaft» angelegt worden. Sie gründet sich auf die Einwanderung von Menschen der unterschiedlichsten Nationen sowie auf die Idee der Toleranz gegenüber verschiedenen religiösen Überzeugungen. Freilich unter der Maßgabe, daß aus dem Nebeneinander der unterschiedlichen Kulturen ein Miteinander in einer von allen geteilten Einheitskultur werden soll: Einwanderer aus aller Herren Länder werden zu Amerikanern, die durch die gemeinsame Überzeugung von der Gleichheit aller Menschen in ihrem Streben nach Freiheit und individuellem Glück verbunden sind. Der Leitspruch der amerikanischen Gesellschaft, der das Staatswappen der Vereinigten Staaten ziert, lautet dementsprechend: *E pluribus unum*.

Es wäre unsinnig zu leugnen, daß die Realität der amerikanischen Gesellschaft immer hinter diesem Ideal zurückgeblieben ist. Weit davon entfernt, allen Menschen Chancengleichheit zu gewähren, wurde das öffentliche Leben in den USA lange Zeit von den sogenannten WASPS, den «White Anglo-Saxon Protestants», dominiert. Noch bis in die Mitte unseres Jahrhunderts hinein wäre ein katholischer amerikanischer Präsident kaum denkbar gewesen, und daß Italiener oder auch Juden eines Tages führende politische Posten bekleiden würden, hätte man damals für eine groteske Utopie gehalten. Entgegen dem Schlagwort vom *Melting Pot* blieben die ethnischen Gemeinschaften weitgehend unter sich. Und noch in den sechziger Jahren galten in den Südstaaten der USA rassistische Gesetze gegen Schwarze, die durchaus mit der Apartheid verglichen werden können. Dazu gehörten Vorschriften zur Rassentrennung im öffenlichen Leben ebenso wie erhebliche Einschränkung des Wahlrechts für schwarze Amerikaner.

Die Bürgerrechtsbewegung der sechziger Jahre, deren Erfolge mindestens ebenso bedeutsam waren wie die Sklavenbefreiung im amerikanischen Bürgerkrieg, hat solche diskriminierenden Gesetze nicht nur restlos beseitigt; sie hat auch das Bewußtsein der amerikanischen Öffentlichkeit für die Benachteiligung ethnischer Minderheiten erheblich geschärft. Dieses neue Bewußtsein schlug sich in den siebziger Jahren in Anti-Diskriminierungsgesetzen nieder, so etwa in der Einführung von Quotenregelungen am Arbeitsplatz, die Angehörige unterprivilegierter ethnischer Minderheiten bevorzugt.

Der Multikulturalismus verwies auf die Vielfalt der amerikanischen Kultur und rief dazu auf, sie als eine Bereicherung schätzen zu lernen. Der Beitrag aller ethnischen und kulturellen Gruppen zu dieser reichen gemeinsamen Kultur müsse gewürdigt und dürfe nicht an den Standards einer weißen, angelsächsischen Leitkultur gemessen werden. Diese Forderung ist vom liberalen Standpunkt aus nicht nur akzeptabel, sondern ausdrücklich begrüßenswert. Sie klagt die Grundidee der amerikanischen Gesellschaft – Vielfalt und Toleranz – ein und öffnet kulturelle Schranken, die Menschen voneinander trennen. Daß ein typischer Amerikaner nicht blond und protestantisch sein und T-Bone-Steak essen muß, sondern daß er dunkelhäutig sein, besser Spanisch als Englisch sprechen, seine Eßgewohnheiten aber an der italienischen oder chinesischen Küche orientieren und Musik ostjüdischen Ursprungs lieben kann – diese Einsicht hat der amerikanischen Gesellschaft einen enormen Innovationsschub und einen großen Zuwachs an Freiheit verschafft. Solche Vielfalt gewinnt ihre Qualität freilich erst durch eine einzigartige Fähigkeit der amerikanischen Zivilisation – nämlich die Fähigkeit der vielgeschmähten Massenkultur, aus den unterschiedlichen kulturellen Einflüssen etwas Neues, Eigenes, unverwechselbar Amerikanisches zu produzieren. «Obwohl es paradox erscheint», schreibt die amerikanische Historikerin Diane Ravitch, «haben die Vereinigten Staaten eine gemeinsame Kultur, die multikulturell ist.»[14]

Die Achtung kultureller Vielfalt steht nicht im Widerspruch zum Universalismus – sie hat ihn vielmehr zur Voraussetzung, und sie ist andererseits die Voraussetzung für seine Entwicklung. Ein richtig verstandener «liberaler» oder «pluralistischer Multikulturalismus» (Diane Ravitch) fördert nicht die Zersplitterung, er stärkt im Gegenteil den Zusammenhalt einer offenen Gesellschaft. Doch im Laufe der siebziger Jahre hat sich eine ganz andere Spielart des Multikulturalismus durchgesetzt.

Ein radikaler, in seiner Konsequenz separatistischer Multikulturalismus negiert die Idee einer gemeinsamen amerikanischen Kultur und greift den Universalismus als eine «eurozentristische», kulturkolonialistische Ideologie an. Der Universalismus, so argumentieren diese Multikulturalisten, wolle die Mitglieder ethnischer Gemeinschaften von ihrer kulturellen Zugehörigkeit entfremden und ihnen einreden, ihre Bestimmung liege in der losgelösten Autonomie des Individuums. Der Individualismus sei jedoch alles andere als ein für alle Menschen erstrebenswertes emanzipatorisches Prinzip. Er sei das spezifische Ideal einer repressiven westlichen Kultur.

Der antiuniversalistische Multikulturalismus behauptet, er stehe auf der Seite der Opfer von Kolonialismus, Kapitalismus und männlicher Dominanz. Er klagt die «europäische Kultur» der Unterwerfung und Ausbeutung aller anderen, nicht-europäischen Völker und Rassen an. Deshalb solidarisiert er sich auch mit dem, was er die spezifische Kultur der Frauen und der Arbeiterklasse nennt: Seine Schlagworte sind «*gender, class and race*».[15] Wenn diese Kulturen sich gegen die eurozentristische Dominanz zu behaupten versuchten, seien sie in jedem Fall im Recht. Es gelte daher, alle ethnischen und anderen Minderheiten zu unterstützen, die sich von dem schädlichen Einfluß der universalistischen Ideologie befreien und zu einer eigenen «kulturellen Identität» finden wollen.

Aus dieser Zielsetzung der radikalen Multikulturalisten ist die Bewegung für *political correctness* entstanden, auch kurz *PC* genannt. Das Schlagwort von der *political correctness* geistert neuerdings als Anklage gegen das «liberale Meinungskartell» durch die Debatten deutscher Intellektueller. Vor allem Rechtskonservative werfen ihren liberalen Gegnern gerne vor, sie wollten unliebsame Argumente unterdrücken, indem sie bestimmte Themen im Sinne der *political correctness* tabuisierten. Der Gebrauch des Begriffes ist in diesem Zusammenhang jedoch ganz und gar widersinnig: Die *PC*-Bewegung in den USA vertritt gerade den Vorrang von Partikularinteressen vor dem liberalen Gerechtigkeitsprinzip. Verkürzt gesagt lautet der Standpunkt der *political correctness*: Nur Angehörige einer bestimmten «Gemeinschaft» können über ihre eigenen Angelegenheiten wahre Aussagen treffen. Eine politische oder wissenschaftliche Aussage ist nach den Maßstäben von *PC* nur dann statthaft, wenn sich die Mitglieder unterdrückter Gruppen von ihr nicht herabgesetzt fühlen. Unter dieser Maßgabe kann alles geistige Leben nach dem Belieben politischer oder intellektueller Wortführer manipuliert werden, wenn sie nur vorgeben, im Namen ihrer «Gemeinschaft» zu sprechen. *PC* ist eine dezidiert antiliberale Bewegung: Sie bestreitet die Gültigkeit universaler Kriterien für die Verständigung und für den Meinungs- und

Interessenstreit zwischen Individuen oder gesellschaftlichen Gruppen und mißtraut der Redefreiheit, die sie durch sprachliche und soziale Verhaltensvorschriften regulieren will.

Es ist darum demagogisch, wenn die hiesigen Antiwestler ihren Argumenten dadurch Nachdruck verleihen, daß sie die Kritiker dieser Argumente der *political correctness* zeihen. Einen inhaltlichen Meinungsstreit zu führen hat nichts mit *PC* zu tun. Die Verfechter der *political correctness* wollen den offenen Meinungsstreit ja gerade unterbinden, indem sie bestimmte Ideen – sofern sie von «unterdrückten», besonders schutzwürdigen Minderheiten geäußert werden – der Kritik zu entziehen versuchen. In Wahrheit verfahren jene Rechten und Linken, die sich über liberale Kritik an ihren Ansichten beklagen, nach der Methode der *political correctness*. Denn sie suggerieren, ihre Meinung sei die einer unterdrückten Minderheit und besitze deshalb ein Anrecht darauf, von Kritik verschont zu werden.

Für die partikularistischen Multikulturalisten in Amerika sind die USA das Resultat einer völkermörderischen Kolonialgeschichte. Seien es die ihrer Lebensgrundlagen beraubten indianischen Ureinwohner, die in die Sklaverei verschleppten Schwarzen oder die vom «amerikanischen Imperialismus» unterjochten Puertoricaner und Mexikaner – sie alle seien Amerikaner wider Willen, von einem repressiven, im Kern rassistischen System okkupiert und zwangsweise dem Moloch eines euro-amerikanischen *Melting Pot* zugeführt. Befreiung sei nur möglich, wenn die Fiktion von einer möglichen Verschmelzung der Ethnien entlarvt und die kulturelle «Differenz» ausgelebt werde. Dieses Programm läuft auf das Motto E *pluribus plures* hinaus.

Diese Ideologie der Multikulturalisten hat zu einer extremen Zerreißprobe für die amerikanische Gesellschaft geführt. Ihre Wortführer denunzieren den Universalismus als ideologische Lüge eines «weißen, europäischen Ethnozentrismus». Aber sie gehen sogar noch weiter: Sie behaupten, es gebe zu diesem «Ethnozentrismus» keine Alternative. Darum müßten die unterdrückten ethnischen Gemeinschaften der herrschenden Ideologie ihren eigenen Ethnozentrismus entgegensetzen. Ein extremes Beispiel für diese Argumentation gibt der schwarze Professor Molefi Kete Asante, der eigene Lehrpläne für schwarze Studenten an Schulen und Universitäten fordert. Dieses Unterrichtsprogramm müsse «afrozentrische» Inhalte haben, die der Sichtweise der schwarzen Amerikaner entsprächen.

Eurozentristische Inhalte wie der Unterricht in europäischer Philosophiegeschichte seien den Afro-Amerikanern in ihrem kulturellen Wesenskern fremd und benachteiligten sie. Denn er zwinge sie zur Anerkennung von Denkweisen, die weder mit ihren kulturellen Wurzeln noch mit ihrer Lebensrealität zu vereinbaren seien. Asante fordert, daß sich die Afro-Amerikaner von allen eurozentristischen Einflüssen befreien, afrikanische Namen annehmen, europäische Kleidung ablehnen, sich zu einer afrikanischen Religion bekennen und nur «ihre eigene Kultur lieben» sollen. Statt der Vermittlung des Kulturerbes einer nicht existenten ganzen Menschheit zu dienen, solle der Unterricht den Afro-Amerikanern zu einem Gefühl des Stolzes und der Stärke verhelfen.[16]

Asantes Ideen sind keineswegs nur die Hirngespinste eines Außenseiters. Afrozentristisch orientierte Studiengänge sind tatsächlich in vielen amerikanischen Universitäten eingerichtet worden. Und die antiuniversalistische Ideologie begeistert nicht nur die Wortführer des schwarzen Ethno-Separatismus. Hier zeitigt sie nur ihre absurdesten Folgen: Nachdem die Bürgerrechtsbewegung in opferreichen Kämpfen die Aufhebung von rassisch getrennten Schulen durchgesetzt hat, werden diese heute von angeblichen Führern des schwarzen Befreiungskampfes wieder eingeführt.

Der partikularistische Multikulturalismus negiert die Idee der Autonomie des Individuums ebenso wie die einer universalen, allen Menschen zugänglichen Vernunft. Nach seinen Vorstellungen wird die Identität des einzelnen durch «kulturelle Gene» determiniert. Ein «Afro-Amerikaner», der Shakespeare einem nationalistischen schwarzen Schriftsteller und Beethoven der Musik von Duke Ellington vorzieht, beweist damit seinen «Selbsthaß». Radikale Theoretiker des Multikulturalismus leugnen nicht nur die Gültigkeit von Erkenntnissen der Philosophie, sondern auch der Sozial- und Naturwissenschaften. Wissenschaft und Vernunft seien anderen Erkenntnisformen – etwa der Magie und Hexerei – in keiner Weise überlegen. Soziologen wie John Stanfield von der Yale University meinen, wissenschaftliche Objektivität sei ein vom «euroamerikanischen» Überlegenheitsgefühl produzierter Mythos. Auch die Mathematik könne nicht von sich behaupten, eine objektive Disziplin zu sein – die Ethnorelativisten stellen der «griechischen Mathematik» spezifische Formen von «Ethnomathematik» entgegen.[17]

Am folgenreichsten wirkt sich dieser radikale Relativismus wohl auf dem Gebiet der Geschichtswissenschaft aus. Jegliche Geschichtsschreibung, so wird behauptet, sei das Resultat der subjektiven Interpretation des jeweiligen Historiographen. Entscheidend sei, ob die Geschichte aus der Sicht der «Täter», von Historikern «europäischer» Abkunft, also aus der Sicht des «Kolonialismus», oder aus der Perspektive der «Opfer» erzählt werde: von den Nachkommen der «kolonisierten» Nicht-Europäer. Nach dieser Logik ist jedes historische Faktum «wahr», wenn es dazu angetan ist, das ethnozentrische Selbstbewußtsein der vom europäischen Kolonialismus Unterdrückten zu fördern und die eurozentristische Interpretation von Geschichte zu erschüttern.

Dieser Manichäismus hat zu so abwegigen Theorien geführt wie der, die alten Ägypter seien in Wahrheit schwarze Afrikaner gewesen. Ihre Darstellung als «Weiße» sei das Ergebnis einer gigantischen Manipulation, mit deren Hilfe sich die Europäer zu den Erfindern von Philosophie und Wissenschaft stilisiert hätten. In Wahrheit seien alle bahnbrechenden Erfindungen der Menschheit in Afrika gemacht worden; sogar Flugmaschinen hätten die Afrikaner bereits in mythischer Vorzeit konzipiert. Aber die Europäer hätten dieses afrikanische Wissen gestohlen und die Erinnerung an seine Urheber systematisch ausgelöscht.[18]

Ob solche Theorien empirisch überprüfbar sind oder nicht, spielt nach der Logik des Ethnopartikularismus keine Rolle. Denn das Prinzip der rationalen Überprüfbarkeit einer wissenschaftlichen Behauptung sei ja gerade die Grundidee des «Eurozentrismus», mit deren Hilfe er die Wahrheit anderer Kulturen diskreditieren und auslöschen wolle. Keine von einem Afrozentristen aufgestellte Theorie darf von einem anderen als dem afrozentristischen Standpunkt aus kritisiert werden – sonst beweist der Kritiker nur seine «eurozentrische» Arroganz.

Der Antiokzidentalismus der multikulturellen Ethnozentristen geht so weit, daß sie alle Fakten aus ihrer Ideologie ausschließen, die die These von der Alleinschuld Europas am Unglück der anderen Kontinente falsifizieren könnten. So wird ignoriert, daß der Handel mit schwarzen Sklaven in Afrika schon Jahrhunderte vor dem Beginn des europäischen Kolonialismus praktiziert wurde, und zwar von den Afrikanern selber. Lange vor dem Eintreffen der Europäer betrieben zudem die Araber einen schwunghaften Sklavenhandel mit den Häuptlingen afrikanischer Stämme.[19]

Es ist die Absicht der Ethnozentristen, jeden kommunikativen Austausch zwischen Angehörigen verschiedener ethnischer Gruppen unmöglich zu machen. Die Partikularisten, schreibt Diane Ravitch, lehnen jede Annäherung zwischen (ethnischen) Gruppen ab, jeden Austausch, der die Grenzlinien zwischen ihnen verwischen könnte. In ihrer Version von Geschichte ist jeder entweder der Nachkomme von Opfern oder von Unterdrückern. Auf diese Weise wird in jeder neuen Generation Haß geschürt und wiedererweckt. Der Partikularismus hat seine intellektuellen Wurzeln in der Ideologie des ethnischen Separatismus und in der schwarzen nationalistischen Bewegung. Der Analyse der Partikularisten zufolge hat die (amerikanische) Nation fünf Kulturen: die afro-amerikanische, die asiatisch-amerikanische, die europäisch-amerikanische, die Latino-hispanische und die der amerikanischen Ureinwohner. Die riesigen kulturellen, historischen, religiösen und sprachlichen Unterschiede innerhalb dieser Kategorien werden ebenso ignoriert wie das beachtliche Ausmaß von Mischehen zwischen diesen Gruppen und die Prägungen (etwa durch Geschlecht, Klasse, sexuelle Orientierung und Religion), die sich durch diese fünf Gruppen hindurchziehen.[20]

Die partikularistische Variante des Multikulturalismus unterscheidet sich im Kern also nicht von dem sogenannten «Ethnopluralismus» der europäischen Neuen Rechten. Verschieden sind allenfalls die Motivationen, aus denen heraus beide Ideologien formuliert werden: Während die Multikulturalisten das «kolonialistische» Europa zum Todfeind erklären, wollen die Ethnopluralisten Europa von den Angehörigen nicht-europäischer Stämme säubern. Doch im Resultat ist dieser Motivationsunterschied ohne Bedeutung. Beide Fanatismen der Rassentrennung arbeiten einander in die Hände. Beide reduzieren das Individuum auf den Repräsentanten einer «kulturellen» Spezies und brandmarken jeden Versuch, den vermeintlich naturgegebenen Denkvorschriften der Stammesgemeinschaft zu entkommen, als Verrat an Kultur und Rasse. Die europäischen Ethnopluralisten nehmen im Grunde nur jenes Recht für sich in Anspruch, das von den Multikulturalisten für die nicht-europäischen Kulturen formuliert wird: «Ethnozentrisch» zu sein und für die «Reinerhaltung» der eigenen Kultur zu sorgen.

Die politischen Parolen, mit denen radikale Multikulturalisten und Ethnopluralisten ihre rassistische Haßideologie ausschmücken, sind immer weniger unterscheidbar. Der schwarze Nationalistenführer Louis Farrakhan verbreitet unverhohlen die antisemitischen Wahnvorstellungen der Nazis und feiert Adolf Hitler als einen «großen Mann». Zwar habe Hitler sein «Genie» für «bösartige» Ziele eingesetzt, doch die Juden hätten ihn dazu getrieben, indem sie die «Fundamente der deutschen Gesellschaft unterminierten».[21] Laut Farrakhan beherrschen die Juden die Politik, die Finanzmärkte und die Massenmedien der ganzen Welt und «saugen das Blut der schwarzen Gemeinschaft» aus. Auf Farrakhans

Veranstaltungen werden die berüchtigten «Protokolle der Weisen von Zion» ebenso verkauft wie Literatur, in der die Existenz nationalsozialistischer Vernichtungslager geleugnet wird. Der schwarze Antisemit gesteht in der Öffentlichkeit zwar ein, daß sechs Millionen Juden ermordet wurden, doch behauptet er, die Weißen hätten an den Schwarzen einen unvergleichlich schlimmeren «Holocaust» verübt, dem 600 Millionen zum Opfer gefallen seien. An führender Stelle seien dafür die Juden verantwortlich, denn sie hätten den Sklavenhandel organisiert.[22]

Farrakhans Beispiel zeigt, daß die geschichtsrelativistische Ideologie, nach der es keine objektiv feststellbaren, sondern nur «ethnozentrisch interpretierte» historische Fakten gebe, dem vollständigen Irrationalismus Tür und Tor öffnet. Sie verleiht Fanatikern wie Louis Farrakhan die Legitimation, ihre mörderischen Wahnvorstellungen als die spezifische Wahrheit von «Kolonisierten» darzustellen.

Zwar wird Louis Farrakhan, vor allem wegen seiner antisemitischen Ausfälle, in der amerikanischen Öffentlichkeit heftig kritisiert. Doch nach wie vor genießt er eine Reputation als maßgeblicher Führer der schwarzen Bürgerrechtsbewegung. Die Ideologie des radikalen, separatistischen Multikulturalismus hat es möglich gemacht, daß totalitäre Kulturnationalisten weite Teile der Emanzipationsbewegung ethnischer Minderheiten in den USA usurpieren und sich als authentische Sprecher ihrer «Ethnokultur» ausgeben können.

Auf der anderen Seite des großen Teichs machen sich die rechten Ethnopluralisten zum Anwalt kulturnationalistischer Bewegungen in der Dritten Welt, wenn diese nur die liberale Zivilisation des Westens zu ihrem Todfeind erklären. Und auch der absolute Geschichtsrelativismus der radikalen Multikulturalisten ist für die ideologischen Zwecke der Ethnopluralisten äußerst nützlich. Denn er gibt ihnen eine argumentative Basis für ihr Bestreben, die Geschichte des Nationalsozialismus zu relativieren und zu verharmlosen: Bei der Historiographie des Nationalsozialismus handele es sich um die Geschichtserzählung von «Siegern», die ihren Opfern ihre Version der Vergangenheit aufgezwungen hätten. Die Geschichte der Judenverfolgung sei von den Westmächten erfunden worden, um ihren «Opfern», den besiegten Deutschen, die Identität zu rauben.

Multikulturalisten und Ethnopluralisten sind sich einig in ihrem Horror vor einer universalistischen Gesellschaft, in der sich Rassen und Kulturen mischen. Sie teilen die Abscheu vor einer universalen Rationalität, die es Menschen unterschiedlichster Herkunft erlaubt, miteinander zu kommunizieren und sich auf gemeinsame Werte und Ziele zu verständigen. Sie übertreffen sich daher in der Denunziation des Rationalismus, dem sie pauschal Rassismus vorwerfen. Und sie übertreffen einander in ihrer Denunziation der Vereinigten Staaten von Amerika, deren Existenz für sie der unerträgliche Beweis dafür ist, daß das Zusammenleben aller Menschen in einer offenen Gesellschaft trotz aller Mißstände die humanste und produktivste zivilisatorische Form ist. Die USA möchten sie deshalb lieber heute als morgen auflösen. Ganz im Sinne der amerikanischen Ethnoseparatisten proklamierte der neurechte Publizist Manfred Rouhs anläßlich der Unruhen in Los Angeles im Sommer 1992 das «Ende der offenen Gesellschaft»; er forderte «die Aufteilung der USA in einen europäischen, einen jüdischen, einen schwarzen, einen asiatischen und einen Staat für die indianische Urbevölkerung». Der rechte Ethnopluralist schlußfolgerte: «Die ethnische Neuordnung Europas ist die große weltpolitische Herausforderung des 21. Jahrhunderts.»[23] Der einzige Unterschied zu den Multikulturalisten besteht darin, daß Rouhs die «Latinos» übergeht und die Juden *en passant* aus der europäischen Kultur ausschließt.

Der neue Antiuniversalismus II: Nationalpazifisten gegen UNO und Neue Weltordnung

Als der amerikanische Präsident Bush im Jahre 1991 die Parole von der «Neuen Weltordnung» ausgab, erhob sich dagegen ein fast einheliger Sturm der Entrüstung. Zwei Gruppen waren es, die sich dabei vor allen anderen hervortaten: die radikalen Nationalisten und die radikalen Pazifisten. Wie kam es zu dieser seltsamen Konkordanz? Handelte es sich um eine spontane Wahlverwandtschaft oder um eine geistesgeschichtliche Notwendigkeit? Oder hatte das Notwendige sich wieder einmal mit dem bunten Clownskostüm des Zufälligen verkleidet? Diese Frage ist unmöglich zu klären, solange nicht ein populäres Mißverständnis ausgeräumt wird, das auch die helleren Köpfe bisweilen verdunkelt. Wir meinen den Irrtum, daß der Pazifismus eine edle moralische Haltung sei.

Nach Ansicht des Philosophen Immanuel Kant zeichnen moralische Urteile sich dadurch aus, daß sie «universalisierbar» sein müssen.[1] Das heißt: Werturteile gelten nicht nur für eine ganz bestimmte Gruppe in einer besonderen Situation, sondern für jeden Menschen und jederzeit. Wer ein moralisches Urteil fällt, meint damit nicht bloß die Gemeinschaft aller kaninchenzüchtenden Schornsteinfeger auf Helgoland oder die Bewohner friedliebender Südseeinseln; er macht eine Generalaussage, die sämtliche «rationalen endlichen Wesen» (Kant) betrifft.

Nun ist das pazifistische Credo ganz gewiß nicht universalisierbar. Konsequente Pazifisten vertreten die Ansicht, daß alles der Gewalt vorzuziehen sei. Diese Position kann aber nicht für Menschen gelten, die sich gegen militärische Aggressionen wehren müssen.[2] Die Israelis hatten im Juni 1967 keine andere Chance, als sich mit Bomben zu verteidigen: Freundschaftliche Umarmungen hätten die arabischen Armeen schwerlich beeindruckt.[3] Noch deutlicher wird das moralische Dilemma des Pazifismus, wenn es nicht um Selbstverteidigung, sondern um Hilfe geht (wie im ehemaligen Jugoslawien oder in Somalia). Im Neuen Testament heißt es: «Ich aber sage euch, daß ihr nicht widerstehen sollt dem Übel; sondern, so dir jemand einen Streich gibt auf deinen rechten Backen, dem biete den anderen auch dar» (Matthäus 5,39). Selbstverständ-

lich steht es jedermann frei, dieser noblen jesuanischen Haltung nachzu-
eifern. Aber kein Sittengesetz – auch nicht das christliche – gestattet es,
eine andere Wange hinzuhalten, die einem nicht gehört.[4]

Weil sie Gewalt prinzipiell verabscheuen, neigen Pazifisten dazu, im
Ernstfall auf seiten des Stärkeren zu stehen. Nicht selten schlägt ihre
Friedensseligkeit dabei in schamlose Machtvergötzung um. Ein hervor-
ragendes Beispiel dafür ist der britische Schriftsteller D. S. Savage; er
gehörte zu einer kleinen Gruppe von linken Intellektuellen, die Premier-
minister Churchill in den vierziger Jahren scharf kritisierte, weil er sich
weigerte, den Bombenkrieg gegen Deutschland sofort und bedingungslos
einzustellen. Savage schrieb damals:

Daß die Pazifisten Hitler «unterstützen»..., bedeutet nicht mehr, als daß wir anerkennen: Hitler und Deutschland repräsentieren eine echte geschichtliche Macht, und wir
[das heißt: Großbritannien] nicht... Mir persönlich ist Hitler egal. Aber er ist «wirk-
licher» als Chamberlain, Churchill, Cripps usw., weil er das Vehikel roher historischer
Kräfte ist, während sie ausgestopfte Puppen sind, Wachsfiguren, die in der Unwirklich-
keit leben... ich denke, in einem deutschen Sieg, so schrecklich er auch sein würde,
läge eine tiefe historische Gerechtigkeit.[5]

«Die rohen Kräfte der Geschichte» – man wird sich diese Formulierung
merken müssen. Denn sie ist die Brücke, über die man bequem vom
pazifistischen ans nationalistische Ufer wechseln kann. Natürlich sind
Nationalisten in aller Regel nicht gewaltfrei; aber auch sie plädieren
rückhaltlos für das Recht des Stärkeren. Aus diesem Grund lehnen sie –
genau wie die Pazifisten – die *Lehre vom gerechten Krieg* grundsätzlich
ab.

Historisch war diese Lehre der Versuch, militärische Auseinandersetzungen auf ein Mindestmaß zu beschränken. Dies sollte auf zwei Wegen
geschehen: durch das *jus ad bellum* und das *jus in bello*. Dabei handelt es
sich um mehr als eine lateinische Grammatikübung; die beiden Konzepte
meinen zwei grundverschiedene Dinge.

Das *jus ad bellum* definiert den Krieg als Fortsetzung der Notwehr mit
anderen Mitteln.[6] Es differenziert also scharf zwischen Aggressoren und
Opfern, Angreifern und Verteidigern, Tätern und Überfallenen. Dahinter verbirgt sich die moralische Überzeugung, daß nicht der Krieg das
größte Übel ist, sondern die militärische Aggression.[7] Das *jus in bello*
hingegen betrifft die Mittel, die im Rahmen einer bewaffneten Auseinandersetzung angewandt werden dürfen.[8] So sind Schläge gegen die Zivilbevölkerung nicht immer zu vermeiden – sie sind aber nur dann zuläs-

sig, wenn die Zivilisten nicht das gemeinte Angriffsziel waren.[9] Nach sämtlichen internationalen Rechtsnormen gilt es darum als schweres Kriegsverbrechen, militärische Anlagen in Wohngebiete, Schulen oder Krankenhäuser zu verlegen. Freilich hat dieses hehre Prinzip despotische Regimes und totalitäre Guerillabewegungen noch nie daran gehindert, ihre Gewehre und Giftgasfabriken mit Menschen zu panzern.

Es liegt in der Logik der Lehre vom gerechten Krieg, universalistische Institutionen zu schaffen, die internationale Rechtsnormen einklagen und sie notfalls auch militärisch verteidigen. Aggressoren müssen bestraft und Genozide gestoppt werden, damit eine aufgeklärte Weltinnenpolitik wenigstens eine Chance hat.[10]

Ein erster zaghafter Anlauf in diese Richtung war der Völkerbund, der zweite Versuch ist die UNO. Nach dem Zusammenbruch des Kommunismus sah es so aus, als hätte sich das spezifische Gewicht der Vereinten Nationen vergrößert: Das ewige, sowjetische «Njet!» war verstummt. Dies gab Anlaß zu der Hoffnung, die Staaten würden sich in Zukunft mehr als bisher an vertragliche Regelungen halten. Nichts anderes meinte George Bush, als er von der «Neuen Weltordnung» sprach[11]; ursprünglich geht dies politische Schlagwort auf den liberalen Präsidenten Woodrow Wilson (1856–1924) zurück.

Die Nationalisten jeglicher Couleur bekämpfen universalistische Institutionen aus Prinzip. Am klarsten wurde diese Haltung von Carl Schmitt formuliert: Er proklamierte «die Heiligkeit einer nichtuniversalistischen, volkhaften, völkerachtenden Lebensordnung».[12] In ihrem Zentrum sollten nicht mehr die altmodischen Nationalstaaten des 19. Jahrhunderts stehen, sondern Reiche. Schmitt erläutert seinen neuen Begriff folgendermaßen: «Reiche... sind die führenden und tragenden Mächte, deren politische Idee in einen bestimmten Großraum ausstrahlt und die für diesen Großraum die Interventionen fremdräumiger Mächte grundsätzlich ausschließen.»[13] Nach dieser Doktrin war es vollkommen in Ordnung, daß die argentinischen Junta-Generäle 1982 die Falkland-Inseln heimholen wollten. Sie bewiesen damit nur, daß sie die stärkste Macht im lateinamerikanischen «Großraum» verkörperten. Imperialistisch handelten dagegen die Briten: Verteidigungskrieg hin oder her, sie hatten in jener Weltgegend ganz einfach nichts verloren.

Carl Schmitt und seinen Apologeten geht es um die «Hegung» des Krieges. Ihr Standardvorwurf gegen die westliche Interpretation des *jus ad bellum* lautet, daß sie den Unterschied zwischen dem «absoluten» und dem «wirklichen Feind» verwische. Die Lehre vom gerechten Krieg «entgrenze» militärische Auseinandersetzungen, um sie weltweit führbar zu machen; sie diene einem «ideologischen Welteinmischungsanspruch».[14] Der gerechte Krieg wäre demnach so etwas wie ein trojanisches Pferd, in dessen hohlem Bauch die westlichen Werte global exportiert werden sollen. Als Gegner des Universalismus plädierte Carl Schmitt dafür, die europäischen Stadttore eisern verschlossen zu halten und das amerikanische Danaergeschenk auf keinen Fall hereinzulassen. 1939 sagte er in einem Vortrag:

Heute... ist ein machtvolles Deutsches Reich entstanden. Aus einer schwachen und ohnmächtigen ist eine starke und unangreifbare Mitte Europas geworden, die imstande ist, ihrer großen politischen Idee, der Achtung jedes Volkes als einer durch Art und Ursprung, Blut und Boden bestimmten Lebenswirklichkeit eine Ausstrahlung in den mittel- und osteuropäischen Raum hinein zu verschaffen und Einmischungen raumfremder und unvölkischer Mächte zurückzuweisen.[15]

Carl Schmitt ist neuerdings wieder groß in Mode. Zu seinen Ideen bekennt sich etwa Günter Maschke, der durch einen revolutionären Kuba-Urlaub – inklusive Gefängnis – vom roten Saulus zum rechten Paulus geläutert wurde. Daß er ein gelehriger Schüler seines Meisters ist, bewies er anläßlich des Golfkrieges. Maschke verfaßte eine beeindruckende Fleißarbeit, die er «Frank B. Kellogg siegt am Golf» überschrieb.

Dieser seltsame Titel bezieht sich auf den Kellogg-Pakt von 1928, der von den Amerikanern initiiert worden war und den Krieg als Mittel der zwischenstaatlichen Konfliktregelung ächten sollte. Carl Schmitt denunzierte dies als rechtlichen Vorwand für den Westen, der es ihm erlaube, überall und jederzeit militärisch gegen potentielle oder wirkliche Friedensstörer vorzugehen. In dieser Denktradition möchte Günter Maschke den Krieg als Mittel der Politik rehabilitieren; unerschrocken kämpft er darum an zwei Fronten gleichzeitig. Seine unmittelbaren Widersacher sind jene pazifistischen Waschlappen, die am liebsten unter den Tisch kriechen würden, wenn sie irgendwo am anderen Ende der Welt eine Granate pfeifen hören. Maschkes eigentlicher Gegner aber ist die Doktrin vom gerechten Krieg. Und bei näherem Hinsehen zeigt sich, daß diese beiden Parteien sogar Verbündete sind: Ganz Carl Schmittianisch hält Maschke die Tradition eines «klassischen» Völkerrechts hoch, das noch klar zwischen Krieg und Frieden unterschieden habe und so die Legitimität des Stärkeren anerkannte. Der UNO-Einsatz gegen den Irak, schreibt er, sei «der erste Krieg des Pazifismus» gewesen.[16]

An der irakischen Politik stört Günter Maschke vor allem dies: Sie war nicht konsequent genug. Saddam Hussein habe die «Idee der Reichsbildung» zwar propagandistisch mißbraucht, aber nicht aggressiv in die Tat umgesetzt; er sei leider noch allzusehr auf nationalstaatliche Ideen fixiert gewesen.[17] Die arabische Kritik an dem irakischen Führer sei also verständlich – nicht aber die Intervention der Vereinten Nationen. Bei diesen handle es sich ohnehin um eine Verbrecherbande von amerikanischen Kollaborateuren. Maschke behauptet, die UNO sei «die Quintessenz von Genfer Liga, Versailles, Kellogg-Pakt und Nürnberg».[18] Sie wolle jetzt an Arabien exekutieren, was sie bereits gegen Deutschland praktiziert hatte:

Der Krieg gegen den Irak diente nicht der Heraufkunft einer «Neuen Weltordnung» (Bush), sondern der Verhinderung einer wirklich neuen, er galt der noch fernen Perspektive der arabischen Einheit, dem möglichen Kommen einer «völkerrechtlichen Großraumordnung mit Interventionsverbot für raumfremde Mächte». Arabien war und ist so «Versailles-geschädigt» wie Deutschland, und schon das hätte unserer Politik zu denken geben müssen.[19]

Maschke spricht mit der wünschenswerten Deutlichkeit aus, was andere Stammtisch-Strategen nur heiser stammeln. Er verbindet das altvertraute Carl-Schmitt-Szenario elegant mit dem neurechten Geschichtsrevisionismus. Sein Aufsatz endet mit einem donnernden antiwestlichen Tremolo:

Alles käme jetzt auf die Regionalisierung der Weltpolitik an, für die, nach dem Wegfall der Ost-West-Konkurrenz, bessere Aussichten bestehen als jemals... Deutschland, das zweimal in diesem Jahrhundert Opfer des Universalismus wurde und Opfer moralischer Suggestionen..., hätte allen Grund, ... [daraus] die Schlüsse zu ziehen.[20]

Muß man solche Ansichten ernst nehmen? Immerhin ist Maschke stolz darauf, daß er eine geistige Randexistenz führt; was gehen uns also die antiwestlichen Rodeo-Kunststücke dieses einsamen Cowboys an? Sehr viel. Es ist nämlich kaum zu leugnen, daß die Parolen der Friedensbewegung («Amis raus aus Arabien!») auffällig mit den Thesen des Antipazifisten Maschke übereinstimmten. Er selbst weiß diese Kongruenz durchaus zu würdigen. Günter Maschke konstatiert: «Im letzten noch intakten Schlupfwinkel der verwüsteten radikal-pazifistischen Hirne schlummert die Ahnung, daß die Sieger von 1945 eben nicht unsere Freunde geworden sind.»[21]

Daß Maschke damit nicht ganz unrecht hat, bewies zur Zeit des Golfkrieges Alice Schwarzer. Diese prominente Feministin hielt vor laufenden Fernsehkameras eine Rede gegen die «großmäuligen und arroganten Amerikaner», in deren Verlauf sie Kuwait kurzerhand das Existenzrecht absprach. Frau Schwarzer wies darauf hin, daß das Emirat nicht mehr sei als ein künstlicher Nationalstaat, der historisch immer zum Irak gehört habe. Geschichtsrevisionismus à la Maschke äußerte sich bei ihr in folgendem Fazit: «... ich bin sehr froh, daß die Amerikaner keinen Grund haben, uns hier zu helfen.»[22]

Es würde an ein Wunder grenzen, wenn nicht längst eine rauschende Hochzeit zwischen Nationalismus und Pazifismus stattgefunden hätte. Das Produkt aus dieser *liaison dangereuse* ist ein merkwürdiges Mischmonster. In den USA selbst trieb es vor allem im Vorfeld des Golfkrieges sein völkisches Unwesen. Der Rechtspopulist Patrick Buchanan befand damals kurz und knapp: Kuwait sei nicht die Knochen auch nur eines amerikanischen Grenadiers wert. Im übrigen sei es nicht die Aufgabe der USA, den Zionisten die Kastanien aus dem irakischen Feuer zu holen.[23] (Zur Erinnerung: Saddam Hussein hatte gerade eben ausdrücklich versprochen, er werde Israel «in ein Krematorium» verwandeln.)

Buchanan befand sich mit dieser Meinung zwar in der Minderheit – aber er war durchaus nicht allein. Sein besonderer Schützling, der Ku-Klux-Klan-Freund David Duke, stand ihm ebenso treu zur Seite wie der rechtsradikale Lyndon LaRouche und ultrakonservative Journalisten vom Schlage eines Thomas Fleming oder Joseph Sobran. Fleming graute schon vor einer neuen Weltordnung, «in der man sich vor der Schnüffelei von UNO-Delegationen zur Sicherung der Menschenrechte in schwarzen Slums und Indianerghettos kaum mehr retten kann».[24] Er bekannte, ihm wäre «eine von Ghaddafis und Saddams in Stücke gerissene Welt, ein Kampf aufs Messer zwischen der PLO und der Likud-Partei, den Afrikaanern und den Zulus» bedeutend lieber als ein langweiliger, vom Liberalismus diktierter, globaler Waffenstillstand.[25]

Die rechtspopulistischen Golfkriegsgegner beriefen sich dabei – genau wie seinerzeit Carl Schmitt – auf eine angeblich «ursprüngliche» Fassung der Monroe-Doktrin (siehe dazu das Kapitel «Wer hat Angst vor Amerika?»).[26] Sie kramten den Isolationismus der dreißiger Jahre wieder hervor, der – nachdem in Deutschland die NSDAP an die Macht gekommen war – zum weltanschaulichen Cocktail-Shaker mutierte, in dem ein hochexplosiver Ideologien-Longdrink gemixt wurde. Isolationisten waren die Anhänger des rechtsextremen «German Bund» ebenso wie John

Lewis, der mächtige Chef der amerikanischen Minenarbeiter-Gewerkschaft, oder der Automobilkönig Henry Ford. In der Zeit des Hitler-Stalin-Pakts (1939–1941) gesellte sich noch die moskauhörige Kommunistische Partei zu ihnen. Sie denunzierte Präsident F. D. Roosevelt als kriegstreiberischen Scharfmacher, der leichtfertig das Leben amerikanischer Proletarier aufs Spiel setze. Zum Isolationismus bekannte sich aber auch Charles Lindbergh – und dieser berühmte Pilot hatte aus seiner nazifreundlichen Einstellung nie einen Hehl gemacht.

Die amerikanischen Nationalpazifisten der neunziger Jahre rehabilitierten den abgestürzten Atlantiküberflieger. Sie ergriffen die günstige Gelegenheit und schrieben gleich ein bißchen die Geschichte um: Es sei, so meinten sie, schon damals ein Fehler gewesen, in Europa einzumarschieren. Was ging uns Adolf Hitler an? Er war ein deutscher Patriot, der legitime Interessen vertrat (mit Carl Schmitt gesprochen: Er wollte ja nur seinen Großraum in Ordnung bringen). Dasselbe gilt für Saddam Hussein. Wir täten gut daran, unseren Fehler nicht zu wiederholen; bleiben wir also wenigstens dieses Mal isolationistisch.[27]

Die Wortführer des amerikanischen Pazifismus waren durchweg Rechte – aber sie ließen sich ideologisch genausowenig festlegen wie ihre Vorgänger. Der Publizistin Ulrike Heider, die das Thema eingehend recherchiert hat, fiel «ein Bericht in die Hand, aus dem hervorgeht, daß sich Anhänger des erwähnten Lyndon LaRouche Zugang zur (linken) Friedensbewegung zu verschaffen wußten».[28] Der ultrarechte Joseph Sobran führte aus: «Wenn es zum Krieg kommt, erweist sich mancher Konservative als Sozialist.»[29] Und Thomas Fleming lud Sozialisten und Radikale ein, sich der neuen Bewegung anzuschließen. Ganz abwegig war dieser Vorschlag nicht: Wenn es um Ökologie geht, funktioniert die Zusammenarbeit zwischen ausländerfeindlichen *red necks* und Linken bereits ausgezeichnet.[30]

Das deutsche Pendant zum amerikanischen Neo-Isolationismus heißt bekanntlich Alfred Mechtersheimer (siehe das Kapitel «Antiwestler in Deutschland I»). Dieser nationalkonservative Grüne, der schon in den achtziger Jahren zu den führenden Köpfen der Friedensbewegung gehörte, kann als unbestreitbares Verdienst für sich verbuchen, daß er den Ausdruck «Nationalpazifismus» in die Welt gesetzt hat. Mechtersheimer erklärt seinen Neologismus so:

Im Nationalen ruhen gewaltige gesellschaftliche Energien. Nur im Religiösen liegen ähnlich elementare historische Triebkräfte. Diese Energien sind wertfrei und lassen sich für positive und negative Ziele einsetzen. Weshalb sollte diese gewaltige Kraft nicht dem großen Ziel des Friedens dienstbar gemacht werden?[31]

Hier sind sie also wieder: die *raw historical forces* des D. S. Savage, unberechenbar und wild wie die Nordsee. Allerdings standen den geschichtlichen Elementargewalten bislang noch die USA im Wege. Mechtersheimer konstatiert: «Die deutsche Nation ist NS- und teilungsgeschädigt, amerikanisiert und komplexbeladen.»[32] Dieser Deich muß natürlich sofort niedergerissen werden. Der Friedensforscher plädiert darum für einen antiwestlichen deutschen Sonderweg und für eine Führungsrolle der deutschen Kulturnation in Europa.[33] Und weil diese Kulturnation die künstlichen Staatsgrenzen transzendiert, gehören ihr selbstverständlich alle Menschen deutscher Zunge an, ob sie dies nun wollen oder nicht — *nota bene*: auch die «Jeckes» in Israel.[34]

Mit Freude beobachtet Mechtersheimer, daß derzeit «überall in Osteuropa ein deutsch geprägtes... Verwaltungssystem» entsteht, das «den politischen und kulturellen Einfluß auf Mittel- und Osteuropa... nachhaltig stärken wird».[35] Bei dieser Gelegenheit stellt er auch gleich die Oder-Neiße-Grenze in Frage, die eine «Siegerlinie» sei.[36] Ferner denkt Mechtersheimer über eine Wiederbelebung der deutsch-japanischen Achse nach[37] und fordert die Entfernung aller amerikanischen, britischen, französischen und niederländischen Truppen von deutschem Boden.[38]

Mechtersheimers Programm gipfelt in dem Plädoyer für die «Abkoppelung vom internationalen System der Zerstörung und Ausbeutung».[39] Der Westen sei nicht friedensfähig, stellt der grüne Stratege fest. Seine Führungsmacht sei arrogant und imperialistisch: «Die Vereinigten Staaten haben sich 1945 mit der UNO eine Legitimation für die nach dem Sieg über Deutschland und Japan geschaffene Vormachtstellung verschafft.»[40] Das Fazit aus alldem lautet: «Mit der Verbreitung universalethischer Grundrechte hat der Westen dem schwächeren Rest der Welt einen Stillhalte-Humanismus verordnet.»[41] Und spätestens an dieser Stelle erhebt sich die Frage, was Alfred Mechtersheimer eigentlich von Günter Maschke unterscheidet. Die Antwort: Fast gar nichts. Beide verfechten dieselbe antiuniversalistische Großraum-Ideologie – bloß gebärdet sich der eine dabei als Friedensengel, während der andere den Krieg legitimieren will. Mechtersheimer, das ist Maschke light.

Diese sanftere, «nationalpazifistische» Version des Carl-Schmittianismus eignet sich nicht nur für gestandene Rechtsradikale. Mechtersheimer spricht bewußt eine buntgemischte Klientel an. Ehemals Friedensbewegte dürfen sich ebenso bei ihm zu Hause fühlen wie CDU-Mitglieder, die 1983 noch für die *Pershing II* waren, sich inzwischen aber darauf besonnen haben, daß sie eigentlich doch Deutsche sind. Es ist derselbe *hodgepodge* wie bei den amerikanischen Isolationisten der dreißiger Jahre und ihren heutigen Plagiatoren. Der Nationalpazifismus à la Mechtersheimer setzt sich aus sehr verschiedenen Bauteilen zusammen: «Die humanitäre Komponente gilt wohl als eher links, die Rückbesinnung auf gewachsene Strukturen als eher rechts und das basisbezogene Demokratieverständnis als eher grün.»[42]

In diesem Gemischtwarenladen der Weltanschauungen findet jeder, was zu ihm paßt. Nur eine Gruppe bleibt *per definitionem* ausgeschlossen: «Die internationalen Militaristen, die... als Juniorpartner der USA mit der Bundeswehr die Rohstoffversorgung des Westens sichern oder als Weltpolizei für Ordnung sorgen wollen.»[43] In weniger hektisches Deutsch übersetzt heißt das: Es gibt eine neue Schlachtordnung. Ob Linke oder Rechte, ob autoritäre Ordnungsfanatiker mit Schlips oder Vegetarier in Dritte-Welt-Sandalen, ob Teilnehmer von protestantischen Kirchentagen oder gläubige Atheisten – das ist längst nicht mehr wichtig. Für Alfred Mechtersheimer zählt nur noch eine Frage: Pro oder kontra UNO und Neue Weltordnung? Für oder gegen eine universalistische Weltzivilisation?

In einem Interview, das er einem Blatt der Neuen Rechten gewährte, gab er zu Protokoll, es sei «keine Beleidigung und auch gar keine Vereinfachung, wenn man sagt, ich sei ein Anti-Amerikanist».[44] Wir sind Mechtersheimer für diese Klarstellung sehr dankbar, denn wir glauben, daß seine Schlachtordnung die Wirklichkeit präzise beschreibt.

Exkurs:
Ein rechts-links-gestrickter
Modell-Antiwestler: Ernst Niekisch

Wenn heute linke und rechte Anitwestler eine unheilige Allianz einge-
hen und sich ihre Argumente bis zur Ununterscheidbarkeit vermischen,
dann muß das beunruhigen; ernsthaft überraschen kann es niemanden.
Denn die Verbindung von linkem und rechtem Utopismus hat in
Deutschland eine lange Tradition. Die geistigen Grundlagen des Antiliberalismus beider Extreme schöpfen vielfach aus den gleichen Quellen.

Der Publizist und Politiker Ernst Niekisch verkörpert wie kein anderer
die Verschränkung der «fortschrittlichen» mit der «reaktionären» Sehnsucht nach der ganzheitlichen, geschlossenen Gemeinschaft. Niekisch
hat es mal links-, mal rechtsherum probiert. Immer ist er gescheitert.
Und das ist auch das Beste, was man über ihn sagen kann: Weder seine
kommunistischen noch seine rechtsradikalen Gesinnungsgenossen
konnten am Ende die Ideen des Querkopfs Niekisch brauchen, der die
totalitäre Diktatur immer ein bißchen anders haben wollte, als sie dann
tatsächlich aussah.[1]

1917 trat Ernst Niekisch in die SPD ein. Er gehörte zu ihrem linken
Flügel und wechselte nach dem Scheitern der deutschen Revolution, im
Jahre 1919, zur USPD über, der linkssozialistischen Abspaltung von der
Sozialdemokratie. 1923, bei der Wiedervereinigung beider Parteien,
kehrte er in die SPD zurück. Dazwischen lag der Höhepunkt seiner Kar-
riere als Politiker: Im Frühjahr 1919 war Niekisch einen Monat lang
Vorsitzender des Zentralkomitees der Arbeiter- und Soldatenräte in
Bayern.

Schon damals gründete sich seine Ideologie auf ein Gemisch aus sozia-
listischem und politisch-romantischem Gedankengut. Niekisch war ein
Anhänger der «Volksstaats»-Idee Ferdinand Lassalles. In dessen Forderung, die Arbeiterschaft müsse sich zur führenden Kraft im Kampf um
eine starke deutsche Nation aufschwingen, sah Niekisch sein eigenes Anliegen formuliert: die Schaffung eines «proletarischen Nationalismus».
Den Philosophen Johann Gottlieb Fichte, der die Deutschen zum europäischen «Urvolk» erklärt und die Errichtung eines «geschlossenen Han-

delsstaats» gefordert hatte, verehrte Niekisch als den Propheten eines deutschen Sozialismus und eines besonderen kulturellen Sendungsauftrags Deutschlands. Niekisch meinte, das deutsche Bürgertum sei von der «römischen», kapitalistischen Zivilisation des Westens so nachhaltig korrumpiert worden, daß alleine das revolutionäre Proletariat für die Realisierung eines starken deutschen Volksstaates sorgen könne.

In den nachrevolutionären Jahren der frühen Weimarer Republik war Niekisch vom Reformismus der SPD so sehr verbittert, daß er sich immer stärker den nationalrevolutionären Strömungen auf der Rechten zuwandte. Der Sozialdemokratie warf er vor allem Kollaboration mit den westlichen Siegermächten vor. Dagegen forderte er eine entschiedene politische und kulturelle Ostorientierung. Er wurde ein enger persönlicher Freund Ernst Jüngers und stand dem um Jünger gruppierten Intellektuellenzirkel der «Neuen Nationalisten» nahe. Wie einst auf der Linken versuchte er nun auch auf der Rechten, den kommunistischen Klassenkampfgedanken mit der Idee einer organischen deutschen Volksgemeinschaft in Einklang zu bringen.

Im Gegensatz zu manchem anderen Rechtsintellektuellen der Weimarer Zeit hat sich Niekisch nie mit der NSDAP eingelassen. Er nannte Hitler schon 1930 ein «deutsches Verhängnis». Niekisch leistete nach der national-sozialistischen Machtergreifung aktive Widerstandsarbeit, und er wurde dafür zu lebenslangem Zuchthaus verurteilt. Er stellt mit dieser Biographie eine der wenigen ruhmvollen Ausnahmen unter den rechtskonservativen Intellektuellen der Weimarer Zeit dar. Seine persönliche Integrität und sein Mut stehen außer jedem Zweifel. Das Bild vom fleckenlosen Antifaschisten Ernst Niekisch wird aber erheblich eingetrübt, wenn man die Gründe für seine Ablehnung des Nationalsozialismus bedenkt.

Verkürzt läßt sich sagen, daß Niekisch den Nationalsozialismus für ein Verhängnis hielt, weil er ihm zu westlich war. Niekisch suchte nämlich das Heil für Deutschland im Modell einer anderen totalitären Diktatur: der bolschewistischen in Rußland. Dabei war er keineswegs ein dogmatischer Marxist oder Kommunist, noch weniger ein Internationalist. Vielmehr war er ein radikaler Nationalist, der Deutschland vom Einfluß des Westens befreien wollte und zur Erreichung dieses Zieles sogar, wie er es nannte, «des Kommunismus fähig» war. In den Nazis sah Niekisch dagegen geistlose Rationalisten, die dem «Dämon» der westlichen Technik verfallen seien. Der Nationalsozialismus sei eine Abart des italienischen Faschismus und somit eine Schöpfung der «römischen Welt». Mit Hilfe des

Nationalsozialismus versuche der Westen, die Deutschen zu täuschen und sie einmal mehr von ihrer wahren Identität abzubringen. Darüber hinaus warf Niekisch dem Nationalsozialismus scheinrevolutionären Legalismus vor – er verstieg sich sogar zu der Behauptung, der Faschismus und sein deutsches Pendant seien in Wahrheit verkappte Bewegungen zur Rettung des Liberalismus (eine Position, die Anfang der dreißiger Jahre auch Ernst Jünger vertrat).[2]

Ernst Niekisch verkörperte mit dieser Einstellung die seltsamste Spielart des revolutionären Nationalismus der Rechten in der Weimarer Republik: den sogenannten «Nationalbolschewismus».[3] Die Auseinandersetzung mit der bolschewistischen Revolution in Rußland beschäftigte die deutsche extreme Rechte in außergewöhnlichem Maße. Die von Lenin errichtete Diktatur löste bei ihr sowohl äußerste Furcht als auch äußerste Bewunderung aus. Die konservativen Revolutionäre waren zwar Antimarxisten und betrachteten den Kommunismus als eine besonders gefährliche Spielart des westlichen Liberalismus, der wie ein Gift die gewachsenen Strukturen völkischer Gemeinschaft zersetze und zerstöre. Die Novemberrevolution in Deutschland und der darauf folgende kommunistische Spartakusaufstand lösten auf der Rechten die panische Befürchtung aus, nach Rußland stünde nun auch in Deutschland die Machtergreifung des Bolschewismus bevor.

Doch die kommunistischen Versuche zur Machtergreifung scheiterten, und die Bolschewistenfurcht wurde auf der extremen Rechten bald von der Empörung über den Versailler Friedensvertrag abgelöst, in dem die westlichen Siegermächte des Ersten Weltkrieges für Deutschland äußerst harte Friedensbedingungen festlegten, von denen die kaum erfüllbaren Reparationsforderungen am schwersten wogen. Die deutsche Rechte empfand den Versailler Vertrag als eine gezielte nationale Demütigung Deutschlands.

Der Haß gegen den Westen überwog nun tendenziell die Furcht vor der bolschewistischen Gefahr. Zudem nötigte die diktatorische Entschlossenheit und Rücksichtslosigkeit Lenins den rechten Propagandisten eines organisch formierten Staates höchste Bewunderung ab. Konservative Revolutionäre wie Moeller van den Bruck erinnerten sich in dieser Situation an einen gängigen Topos des deutschen Konservatismus: den von Deutschland und Rußland als zwei miteinander seelenverwandten «jungen Völkern». Der französische Historiker Louis Dupeux skizziert diese konservative deutsche Tradition wie folgt:

Seit Herder und seiner Konzeption «jugendlicher Nationen» erschien der europäische Osten und insbesondere Rußland gewissen Ideologen als die Antithese zur westlichen «Zivilisation», als ein Gegengift gegen den Rationalismus, den Materialismus und die «Oberflächlichkeit». Einem für «alt» gehaltenen Westen gegenüber war der «Osten» das Land des Natürlichen und Ursprünglichen, ein Jungbrunnen. Der Romantiker Franz von Baader, Herold der Heiligen Allianz und Verächter der unheilbaren Dekadenz des Abendlandes, sah kein anderes Mittel, um die europäische Gesellschaft auf einer christlichen Grundlage zu erneuern, «als ihr Geschick eng an Rußland zu binden».[4]

An diese Tradition anknüpfend, deutete Moeller van den Bruck Anfang der zwanziger Jahre die bolschewistische Revolution in Rußland in eine völkische Erhebung um: Hier habe sich das ursprüngliche Russentum gegen einen westlichen «Individualismus», «Industrialismus» und «Materialismus» aufgelehnt. Zwar sei die marxistische Ideologie der russischen Führer westlich-rationalistisch und daher verabscheuungswürdig; sie sei jedoch nur ein Oberflächenphänomen, das die wahren Triebkräfte des Bolschewismus kaum verdecken könne. Diese Triebkräfte entsprängen, wie Oswald Spengler ausführte, der «nomadischen», «asiatischen» Seele Rußlands, die mit der westlichen Zivilisation unvereinbar sei.[5]

Bereits 1921 schlug Moeller van den Bruck vor, Deutschland solle mit dem bolschewistischen Rußland gemeinsame Sache gegen die Westmächte machen. Freilich schreckte er davor zurück, direkte Bündnisse mit den kommunistischen Führern einzugehen. Der Kominterngesandte Karl Radek, der Moeller van den Bruck 1921 ein solches Bündnis antrug, erhielt von ihm einen Korb. Solange die russischen Kommunisten über die von ihnen beherrschte Komintern die deutschen Kommunisten von außen steuerten, meinte Moeller, müßten sie als eine fremde, dem deutschen «Volkstum» feindliche Macht betrachtet und bekämpft werden.[6]

Doch andere Kräfte auf der extremen Rechten, allen voran Ernst Niekisch, hatten solche Bedenken nicht. Sie prognostizierten, die russischen Kommunisten würden sich bald von der Perspektive einer internationalistischen Weltrevolution lossagen, und bei den deutschen Kommunisten werde sich über kurz oder lang die nationale Gesinnung durchsetzen. Der Westen und sein liberalistisches System könnten nicht besiegt werden, solange die Nationalisten das revolutionäre Proletariat aus dem Kampf für die nationale Befreiung ausschlössen.

Niekisch ging sogar noch einen Schritt weiter. Der bolschewistische Totalstaat galt ihm in jeder Hinsicht als ein Vorbild für einen kommenden «deutschen Sozialismus». Durch die Kollektivierung des Eigentums sei es dem Bolschewismus gelungen, die vom westlichen Rationalismus weltweit entfesselte Technologie organisch zu integrieren und ihren zerstörerischen Kräften zu trotzen. In einem Aufsatz mit dem Titel «Menschenfresser Technik» schreibt Niekisch 1931:

Indem sich ein organischer Gestaltungswille der mechanischen Tendenz der Technik überordnete, vollzog sich die Technisierung Rußlands in *kollektivistischen* Formen. Die individualistische Stoßrichtung des technischen Geistes wurde abgefangen und gebrochen. ... *Die Kollektivierung ist die Form gesellschaftlichen Daseins, in die sich organischer Wille verkleiden muß, wenn er sich gegenüber den lebenszerstörenden Einwirkungen der Technik behaupten, wenn er diese auf ein Mindestmaß beschränken will.* Rußland wird seinen kollektivistischen Gesamtstil bewahren, solange seine organische Kraft noch hinreicht, die lebenszerfetzenden Tendenzen der Technik zu bändigen. Der amerikanisch-europäische Rußlandhaß ist der Protest des individualistisch-technischen Geistes, der an Schranken organischer Selbstverteidigung stößt und es als Vergewaltigung empfindet, sein biologisches Vernichtungswerk nicht bis zum letzten Rest vollenden zu dürfen. *Die individualistische Verantwortungslosigkeit der westlichen Welt fühlt sich gereizt und herausgefordert durch das bloße Dasein eines Volkes, das sich unter strenge und zuchtvolle Verantwortung gestellt hat.* Der Dämon der Technik fühlt sich um seinen Lohn geprellt: die ganze Menschheit wollte er auf seinem Altar verbrannt sehen. Nun tobt und geifert er, weil die östlichen Völker ihn in Ketten legten und ihn zwangen, ihr gezähmter dienender Hausgeist zu sein....[7]

Deutschland müsse, so forderte Niekisch, Rußland auf seinem bolschewistischen Weg folgen. Dabei müsse es freilich auf seine eigenen «völkischen» Eigenheiten zurückgreifen, die es zur Bildung einer antiindividualistischen, sozialistischen Gemeinschaft und eines «organischen», gegliederten, starken Totalstaates befähige. Als das dem deutschen Wesen entsprechende Modell für einen nationalen Sozialismus sah Niekisch, ähnlich wie Oswald Spengler, den preußischen Staat in seiner Blütezeit an.[8] Voraussetzung für die Wiedererrichtung eines solchen deutschen Sozialismus sei aber die Ausrottung des «Bürgers», den der Nationalbolschewist als den Agenten der fremden, das deutsche Volkstum wie ein Gift zersetzenden westlichen Zivilisation im Inneren des deutschen Volkskörpers betrachtete. Auch hier habe Rußland mit seiner bolschewistischen Revolution bereits Vorbildliches geleistet, wie Niekisch 1930 in einem Artikel feststellte:

Das russische Volk ahnte, wie nahe ihm das Los der Knechtung durch Europa gerückt war. Elementar und verzweifelt bäumte es sich auf; alles, was europäisch war, warf es von sich; seine ganze westliche Zivilisation empfand es in diesem Augenblick nur als Köder innerhalb der Falle, in der es sich verfangen sollte – auch diese Zivilisation schied es mit wutvoller Verachtung aus. In jene gefahrvolle Lage aber war das russische Volk durch sein *Bürgertum* gebracht worden; der Bürger war der Westler; von Petersburg aus führten die Fäden nach Paris. *Der Bolschewismus war das Strafgericht an dem russischen Bürgertum;* seine politisch-völkische Instinktverlassenheit büßte es jetzt mit seinem Untergang; wurde der Geist des Westens nunmehr als *Gift* für den russischen Körper verabscheut, dann führte das zur Vernichtung des Trägers dieses Geistes in Rußland, zur Ausrottung des russischen Bürgers.[9]

In seiner Zeitschrift «Widerstand» trieb Niekisch seine Tiraden gegen den Westen in ein Extrem, das oftmals groteske, manchmal geradezu pathologisch anmutende Ausmaße annahm. Dabei rekurrierte er auf einen weiteren Topos der Tradition deutscher konservativer Zivilisationskritik: auf das Ressentiment gegen «Rom», gegen die «römische Welt» Westeuropas. Deutschland sei das traditionelle Opfer römischer Kolonisierungspolitik, die auf die Auslöschung deutscher Volksidentität ziele. Die römisch-katholische Kirche, der Humanismus der italienischen Renaissance, die Aufklärung, der Liberalismus und der Kapitalismus seien nichts als Instrumente dieser römischen Kolonialisierungspolitik. Gegenüber der romanischen Zivilisation dürfe es von seiten der Deutschen daher keinerlei Kompromiß, sondern nur radikale Feindschaft und Abschottung geben.

Der Kompromiß mit der westlich-romanischen Welt ist für den deutschen Menschen immer gefährlich, auch wenn er sich zu wehren vermag; ist er wehrlos, dann ist es tödlich für ihn. Politisch endet es in Reichszerfall und Abhängigkeit; wirtschaftlich in Frondienst; geistig in Überfremdung; moralisch in ehrloser Selbstwegwerfung, insgesamt aber in schmachvollem Verrat an sich und seiner Sache. Infolge der Zugänglichkeit des deutschen Landes und der deutschen Seele muß sich der deutsche Mensch in schwere Rüstung werfen; er muß hohe Wälle aufrichten, unüberbrückbare Gräben ziehen, sich in dicken Mauern einschließen: so sonderte sich einst das Preußentum von der Umwelt ab; seine Reserviertheit und Distanzierung war die Quelle seiner Kraft gewesen.[10]

Nach dem Krieg trat Ernst Niekisch in die SED ein und lehrte für einige Jahre als Dozent in der DDR. Als Delegierter des DDR-«Kulturbundes» war er sogar Mitglied der Volkskammer. Unter anderen Vorzeichen als es sein nationalbolschewistisches Konzept vorgesehen hatte, verwirklichte sich sein Traum von einem starken deutschen Staat, der den bürgerlichen Liberalismus ausrottete und der in symbiotischer Beziehung mit Rußland den Westen bekämpfte. Und sogar seine Version von einer Mauer, die die deutsche Seele vor den zersetzenden Einflüssen der römischen Zivilisation bewahren würde, sollte am 13. August 1961 Wirklichkeit werden. Da hatte sich Ernst Niekisch jedoch längst enttäuscht und verbittert vom Kommunismus und von der DDR abgewandt.

Sein nationalbolschewistisches Credo aber gewinnt heute wieder eine unheimliche, alarmierende Aktualität. «Der Anfang neuen deutschen Aufstiegs», schrieb Niekisch in seinem Organ «Widerstand» im Jahre 1929,

könnte nur die *Umkehr* sein: die Gesichtswendung nach Osten, die Absage an den Westen, die Loslösung vom Liberalismus, von Bürgerlichkeit und europäischer Zivilisation. Um etwas Umwälzendes, Elementares handelte es sich dabei allerdings: das russische Beispiel bringt heute noch alle bürgerlichen Herzen zum Erzittern. Ostorientierung und Entbürgerlichung Deutschlands sind ein und dasselbe; Ostorientierung wäre Rückkehr zum Land, Auflehnung gegen die Stadt, Mut zu bäuerlicher «Barbarei» und Primitivität. Der Osten erschlösse sich als dann gewiß dem deutschen Volke aufs neue; die Kraft zu wiederkehrender großer politischer Schöpfung flösse Deutschland abermals zu....[11]

Nicht nur die Neue Rechte, die erneut die Abkoppelung vom Westen, den USA und der Europäischen Union fordert, sondern auch jene völkischen Nationalisten, die in den ehemals kommunistischen Staaten aufmarschieren, möchten dieses Programm Ernst Niekischs nur zu gerne Wirklichkeit werden lassen.

Ex Oriente Teneber*: National-bolschewisten und Eurasier in Rußland

Im Westen flieht das Licht. Nun steigt die Finsternis
Von Osten kommt was Wüstes in der Wolkenwand
– Wolf Biermann, Spätsommer

Rußland war schon immer ein Sonderfall. Nach siebzig Jahren des institutionalisierten Irrsinns, in denen es von der europäisch-amerikanischen Geschichte abgeschnitten blieb, diskutieren Westler und Antiwestler ihre Meinungsverschiedenheiten heute mit Panzern aus: Am vierten Oktober 1993 ließ Boris Jelzin das Weiße Haus in Moskau stürmen. Sein militärischer Sieg verschaffte dem Liberalismus immerhin eine Atempause, die Revolte gegen die junge russische Demokratie war vorerst niedergeschlagen. Aber die Anführer des Aufstandes, Ruslan Chasbulatow und Aleksandr Ruzkoj, sind längst wieder auf freiem Fuß. Und bei den ersten freien Parlamentswahlen erzielte die nationalsozialistische Partei von Wladimir Wolfowitsch Schirinowski einen beeindruckenden Beinahe-Erfolg.

Wo all dies hinführen wird, ist noch vollkommen unklar. Sicher ist nur dies: In Rußland kann unter Laborbedingungen studiert werden, wie sich die Grenzen zwischen Rechts und Links auflösen. Es gibt in dieser Versuchsanordnung kaum etwas, das es nicht gibt. Stramme Faschisten und Ultrakonservative, die Lenin verehren, marschieren Hand in Hand mit verbohrten Kommunisten, die sich zum Nationalismus bekennen. Militante heidnische Neomythologen finden nichts dabei, mit orthodoxen Kirchenfürsten in einer Schlachtreihe zu stehen. Neulich entdeckte der Leningrader Metropolit Ioann, wer die Schuld an der russischen Misere trägt: Die CIA will Rußland im Auftrag der Juden mit dem Gift der westlichen Dekadenz zerstören. Chaos solle verbreitet werden, um die Russen

---

* *Ex oriente lux* – das war die marxistische Erlösungshoffnung im schönsten Kirchenlatein: «Aus dem Osten kommt das Licht.» Mittlerweile hat diese Hoffnung sich in ihr Gegenteil verkehrt; *teneber* ist das lateinische Wort für Finsternis.

daran zu hindern, ihre Mission als auserwähltes Volk der Moralität zu erfüllen.[1]

Gewöhnlich wird auch dieses verblüffende Phänomen unter dem Stichwort «Nationalbolschewismus» zusammengefaßt (siehe den Exkurs über Ernst Niekisch); und tatsächlich haben Rote und Braune in Rußland einen starken gemeinsamen Nenner gefunden. Ganz neu ist das freilich nicht. Wenn behauptet wird, daß die sowjetischen Kommunisten gegen Nationalgefühle waren, weil sie einer hemmungslosen universalistischen Ideologie frönten, dann ist das falsch. Walter Laqueur schreibt knapp und kühl: «Die Geschichte der Sowjetunion zwischen 1935 und 1985 hat gezeigt, daß das System durchaus in der Lage war, russische Nationalisten zu integrieren, ohne Schaden zu nehmen.» Als unverdaulich erwiesen sich hingegen die prowestlichen Liberalen, denn ihre Ideen «erschütterten die Grundfesten des Systems».[2] Schon der religiöse Denker G. P. Fedotow erkannte dies sehr klar. Er schrieb den nationalistischen Emigranten ins Stammbuch, daß sie keinen vernünftigen Grund hätten, die Bolschewiki zu hassen. Ihre Opposition «beruhe auf einem Mißverständnis», und sobald es ausgeräumt sei, könnten sie «in die Sowjetunion zurückkehren».[3] Fedotows Worte erwiesen sich als prophetisch. Es gab später einen führenden russischen Faschisten, der aus dem Exil einen reumütigen Brief an Stalin schrieb, in dem er bekannte: «Der Stalinismus ist genau das, was wir irrtümlicherweise russischen Faschismus genannt haben. Er ist ein von allen Extremen, Irrtümern und Illusionen gereinigter Faschismus.»[4]

Diese verborgene Traditionslinie setzte sich bis in die siebziger Jahre fort. Damals trat in der Sowjetunion eine neue Schule von Schriftstellern auf, die sogenannten «Dorfautoren»; ihre bekanntesten Vertreter waren Fjodor Abramow, Wassilij Schukin und vor allem Walentin Rasputin. (Sein Buch «Abschied von Matjora» wurde wunderschön verfilmt.) Die Dorfautoren schrieben ästhetisch hochrangige Romane in der Nachfolge Knut Hamsuns, die das unverdorbene Landleben schilderten. Zunehmend gingen sie dazu über, ihm die verdorbene, materialistische Großstadtkultur gegenüberzustellen; außerdem beklagten sie die katastrophalen Umweltschäden in der Sowjetunion. Die Literaturkritiker im Westen deuteten diese poetische Zivilisationskritik als Akt des politischen Widerstandes. Das war nicht ganz richtig beobachtet: Die Dorfschriftsteller «genossen größte Wertschätzung, und ihre Werke erschienen in Millionenauflagen. Sie waren Lenin- und Stalinpreisträger,

...Abgeordnete im Obersten Sowjet und anderes mehr.» Kurz: Die Dorfautoren spielten im wesentlichen dieselbe Rolle wie Christa Wolf in der DDR. Ihre Bündnispartner waren dann auch nicht die Oppositionellen, sondern «kommunistische Veteranen und Militärschriftsteller, die für alte Kirchen (oder das Dorf im allgemeinen) wenig übrig hatten».[5] Heute gehören die Dorfautoren zum harten Kern der nationalbolschewistischen Bewegung, und ein Mann wie Walentin Rasputin fordert die Historiker unumwunden auf, endlich ein differenzierteres Bild von Stalin zu zeichnen. Einzelaspekte seiner Politik seien gewiß problematisch gewesen, aber GULag hin, Massendeportationen her – Stalin war wenigstens noch ein echter Patriot: Geschichtsrevisionismus *à la russe*.

Die am meisten durchdachte Form des Nationalbolschewismus ist die Eurasien-Ideologie. Sie kann als russisches Pendant der *Nouvelle Droite* betrachtet werden; die personellen Verflechtungen zwischen westeuropäischen Neuen Rechten und Eurasiern sind ganz offenkundig. Zum Redaktionskollegium der Zeitschrift *Elemente*, die mit dem Untertitel «Eurasische Rundschau» erscheint, gehören unter anderem der Franzose Alain de Benoist, der Italiener Claudio Mutti und der Belgier Robert Steuckers.[6]

Die Eurasien-Ideologie ist ein trüber Aufguß des *Ezraijstvo* der zwanziger und dreißiger Jahre, dessen bedeutendster Vertreter der Linguist Nikolai S. Trubetzkoj war. In seinem Buch «Der Ausweg Richtung Osten» entwickelte er ein ausgereiftes kulturrelativistisches Abkoppelungs-Szenario. Trubetzkoj interpretierte den Oktoberputsch des Jahres 1917 als Folge der Westorientierung Rußlands und schloß daraus, Rußland müsse sich wieder auf seine eigenen Werte besinnen. Diese aber seien mit den Werten der westeuropäischen Zivilisation unvereinbar. Die Anhänger des *Ezraijstvo* untermauerten ihren Kulturrelativismus mit einem geographischen Argument: Rußland habe «eine Mittlerstellung zwischen Europa und Asien».[7] Konsequenterweise schrieb man die russische Geschichte radikal um. Die Tatarenherrschaft, die traditionell als bedrückende Dominanz einer fremden Macht gegolten hatte, avancierte plötzlich zu einem positiven Ereignis – sie wurde zum russischen Gründungsakt. Die Eurasier der zwanziger Jahre verlautbarten:

Ohne die «Tatarenherrschaft» gäbe es den russischen Staat nicht... Rußland ist Nachfolger der großen Khane, Fortsetzer des Werks von Tschinghis Khan und Timur, Vereiniger Asiens..., Träger einer tiefreichenden kulturellen Tradition, in der sich die historische «Seßhaftigkeit» und das «Steppenelement» miteinander verbinden.[8]

Nachdem in der Sowjetunion Stalin an die Macht gekommen war, zerstritten sich die Eurasier. Sie zerfielen in einen «linken» und einen «rechten» Flügel: Die einen hielten stur am Antibolschewismus fest, die anderen sahen in der Sowjetunion ihre Utopie im Keim schon verwirklicht. Freilich müßte das Sowjetimperium sich noch vom Marxismus befreien, aber das sei nur ein kleiner Schritt.[9] Vielleicht hatten die linken Eurasier mit dieser Einschätzung gar nicht so unrecht – Lenin und sein Nachfolger hatten ja gerade das durchgesetzt, was von ihnen unablässig gefordert worden war: die Abkoppelung Rußlands vom dekadenten Westeuropa. Auch das politische Konzept der Eurasier war mit der kommunistischen Praxis durchaus kompatibel. Sie verabscheuten die bürgerliche Demokratie zutiefst und propagierten statt dessen die «organische Einheit von Person und Staat», träumten von der «symphonischen Persönlichkeit» und schwärmten von der *Sobornost*, einem religiösen Gemeinschaftsprinzip.[10]

Die heutigen Eurasier haben das Kunststück fertiggebracht, den rechten wieder mit dem linken Eurasianismus zu versöhnen. Sie betrachten Glasnost und Perestrojka als «zweite Etappe des Oktoberumsturzes» und trauern gleichzeitig der Sowjetunion nach.[11] 1991 gilt ihnen als nationales Katastrophenjahr, weil damals der Putsch gegen Gorbatschow scheiterte und das kommunistische Imperium endgültig zerbrach. Aus eurasischer Sicht ging damit die «territoriale Basis» für die «Auseinandersetzung mit der Welt des Westens» verloren, ohne die «Rußland zum Untergang verurteilt» sei.[12] Gorbatschow, der die Sowjetunion dem kapitalistischen Weltmarkt öffnete, ist für die eurasischen Neuen Rechten ein Schwerverbrecher; seine Vision vom gemeinsamen europäischen Haus und dem Eintritt Rußlands in die Weltgemeinschaft wurde erbittert bekämpft. Der Eurasianismus empfiehlt sich somit als «Rettungsideologie» für den gekenterten sowjetischen Riesendampfer.[13] Man könnte diese Ideologie mit der revisionistischen Anti-Versailles-Propaganda vergleichen, die in Deutschland nach dem Ersten Weltkrieg ihr Unwesen trieb und die niemand so recht ernst nahm, bis sie 1933 Regierungspolitik wurde.

Kennzeichnend für die Eurasier ist vor allem, daß sie sich ständig auf eine ominöse «Geopolitik» berufen. Dieses faule Zauberwort hat eine seltsame Vorgeschichte (siehe das Kapitel «Antiwestler in Deutschland»). Der größte Geopolitiker aller Zeiten war der General und Professor Karl Haushofer, ein hochrangiger Nationalsozialist, der aber nicht immer mit der Parteilinie übereinstimmte. Er hegte gewisse Sympathien für die Bolschewiki – sofern sie keine Juden waren – und betrachtete den deutschen Angriff auf die Sowjetunion als schweren Fehler. Haushofer empfand Rußland als natürlichen Verbündeten des deutschen Reiches; genau wie sein Kollege Carl Schmitt ging er davon aus, daß es einen fundamentalen Gegensatz zwischen wurzellosen Seemächten und territorial gebundenen Landmächten gebe. England, schrieb er, liege wie eine «ungeheure Meeresspinne in der Mitte des Kabelnetzes auf dem Boden aller Ozeane, und über ihre Oberflächen baut es mit seinen fliegenden Geschwadern Brücken».[14]

Haushofer deutete die Geschichte als manichäischen Ringkampf zwischen zwei apokalyptischen Giganten. Ein «euroasiatischer Festlandsblock» versucht immer wieder, sich in Richtung Meer auszubreiten, aber er wird heimtückisch von einer «maritimen Gegenspielerin» eingekreist, die ihn an der Weltherrschaft hindert.[15] Dieses einfache Schema haben die russischen Ideologen des Eurasianismus übernommen. Sie sprechen von den USA als ihrem «geopolitischen Feind» und sehen sich als Verteidiger der Kultur, die den «Atlantikern» – oder «Mondialisten» – widerstehen müssen. Ein Cheftheoretiker der russischen Neuen Rechten, Aleksandr Dugin, verlieh diesem Kampf welthistorische Weihen: Er verfolgte ihn bis ins alte Ägypten zurück. Schon zur Zeit der Pharaonen habe es Eurasier und Mondialisten gegeben, und sogar bei den Nazis müsse man noch zwischen Guten und Bösen, zwischen Festlandsverteidigern und heimlichen Sympathisanten der plutokratischen Seemächte differenzieren. Karl Haushofer zählte für Dugin selbstverständlich zu den guten Nazis.[16]

Wie aber soll das künftige eurasische Großreich aussehen? Diese Frage beantwortet sich fast von selbst, da die Eurasien-Ideologie ein Verwandter der *Nouvelle Droite* ist. Man studiert eifrig die Vordenker der konservativen Revolution von Carl Schmitt über Moeller van den Bruck bis Ernst Jünger und fordert in Anlehnung an sie: «Wir müssen den mondialistischen Konzepten der ‹Menschenrechte› die organischen und bodenständigen Konzepte der ‹Rechte der Völker›, der ‹Rechte der Nationen›, der ‹Rechte der Ethnoi› entgegenstellen.»[17] Ein Begriff fehlt in dieser Liste: Die Eurasier sprechen ausdrücklich nicht von den «Rechten der Rasse». Die Abstammung der Bürger ihres geplanten Großreiches interessiert sie nicht. In schroffer Abgrenzung zur «Blut und Boden»-Parole der Nationalsozialisten reden die Eurasier darum von *Potscha nad*

Krovju: Boden über Blut – der geopolitische Großraum ist wichtiger als die Volkszugehörigkeit.[18]

In diesem Zusammenhang mag von Interesse sein, wie sich die Eurasier zum ethnischen Krieg im ehemaligen Jugoslawien stellen. Nach ihrer Lesart ist er heimlich vom Westen angezettelt worden, der die Verbrüderung aller Slawen verhindern wollte; durch diesen konspirativen Trick gelang es ihm, seine Vormachtstellung in Europa zu sichern. Ansonsten sind die Eurasier eindeutig proserbisch. In ihren Gazetten werden immer wieder die Gedichte des bosnischen Serbenführers Karadczić abgedruckt und mit lobenden Kommentaren versehen; schließlich ist Karadczić nicht nur ein Völkermörder, sondern im Nebenberuf auch als mittelmäßiger Lyriker tätig. Diese Affinität zu den serbischen Aggressoren entbehrt nicht der geistesgeschichtlichen Logik. Auch die Serben verstehen ihren Krieg als Aufstand der Kultur gegen die Zivilisation, sie führen ihn als Kampf um die Sprache, und die Kriegsziele wurden ihren Generälen von der «Serbischen Akademie der Wissenschaften und Künste» vorgegeben.[19]

Die offene Parteinahme für die Serben hindert die Eurasier nicht im mindesten daran, im Nahostkonflikt auf seiten der muslimischen Araber zu stehen. Am deutlichsten kam diese Haltung während des Golfkrieges zum Ausdruck, als sämtliche russischen Antiwestler dem Irak zujubelten. Vor Beginn der UNO-Intervention warf man der sowjetischen Regierung vor, «daß sie sich nicht von den Amerikanern ... distanziert hatte», und prophezeite den USA «ein totales Desaster». Nach der Niederlage des Irak warfen die Nationalbolschewisten «dem Westen vor, daß es angesichts der erdrückenden Überlegenheit der Amerikaner schändlich gewesen sei, einen derart ungleichen Kampf überhaupt zu beginnen».[20] Dieser Argumentationsverlauf war vielleicht nicht besonders logisch, aber er zeigte, wie weit die Begeisterung für Saddam Hussein ging. Man war enthusiasmiert von seinem Plan, den Staat Israel auszuradieren.

Denn in diesem Punkt unterscheiden sich die Eurasier von den westeuropäischen Neuen Rechten: Sie sind unverdeckter antisemitisch. Dabei können sie bruchlos an die marxistische Version des Mythos von der jüdischen Weltverschwörung anschließen – wir meinen den sowjetischen Antizionismus. Laut Michail Heller und Aleksandr Nekrich war er die besondere Erscheinungsform, die der proletarische Internationalismus unter den Bedingungen des real existierenden Sozialismus annahm.[21] Und wirklich gab es in der Sowjetunion kaum eine Katastrophe, an der nicht irgendwie die Zionisten schuld gewesen wären. Sie hatten die Dritte Welt unterjocht und die Atombombe gebaut; die originellste Behauptung der sowjetischen Propaganda war, daß auch der Holocaust letztlich auf die Initiative der Zionisten zurückging. Demnach trugen also die Juden die Verantwortung für Auschwitz und Treblinka. Ein Historiker namens Jewsejew schrieb 1967 in der *Komsomolskaja Prawda*:

> Der Zionismus ist ein unsichtbares, aber riesiges und mächtiges Imperium, das man auf keiner Landkarte der Welt findet... Die Anzahl der Anhänger des Zionismus allein in den Vereinigten Staaten reicht an 20 bis 25 Millionen. Darunter gibt es Juden und Nichtjuden...[22]

Heute wird Rußland von einer Sturmflut von antisemitischen Traktaten und Broschüren überschwemmt. Man hat längst aufgehört zu heucheln und von Zionisten zu reden, wenn man die Juden meint. Die «Protokolle der Weisen von Zion», jene berüchtigte antisemitische Fälschung der zaristischen Geheimpolizei, erscheinen in Millionenauflagen, aber auch die Klassiker Wilhelm Marr und August Rohling liegen gut im Rennen. Der Schlüsseltext für die Neue Rechte dürfte freilich Igor Schafarewitschs Essay über die «Russophobie» sein.

Schafarewitsch war ein Mathematikprofessor und Freund von Aleksandr Solschenizyn, der sich schließlich noch kompromißloser als dieser dem Antiwestlertum verschrieb. Sein Essay erschien bereits 1980 in der rechten Emigrantenpresse, aber er reüssierte erst zehn Jahre später; sein Titel, «Russophobie», wurde zunehmend zur Drohvokabel. Sie erfüllt im russischen Kontext dieselbe Funktion wie der in Deutschland immer häufiger geäußerte Vorwurf, die liberalen Intellektuellen hätten ein verklemmtes Verhältnis zur eigenen Nation.

Die Thesen von Schafarewitschs Essaybändchen sind schnell zusammengefaßt. Es gibt ein «kleines Volk» im «großen Volk», das immer aufs neue versucht, das «große Volk» zu manipulieren, es will «sein Schicksal... bestimmen und seine religiösen und nationalen Werte... zerstören». Deswegen entfesselt das schlaue «kleine Volk» unentwegt Kampagnen, die «die allgemeine Aufmerksamkeit von den wirklich wichtigen Dingen» ablenken sollen. Zweck der Übung sei es, «Rußland in eine liberale Demokratie westlichen Stils» zu verwandeln.[23] Die Juden spielen im russischen Diskurs also wieder (oder immer noch) ihre alte Rolle: Sie gelten als apokalyptische Zivilisationsbringer. Die teuflischen Juden stehen als Metapher für die Schrecken der Moderne, sie repräsentieren das

Chaos, den Werteverfall und die Demokratie. Freilich wehren die meisten Anhänger des Eurasianismus sich verzweifelt gegen den Vorwurf, sie seien Antisemiten. Wütend weisen sie darauf hin, daß sie die Juden doch gar nicht als rassisch minderwertig betrachten.[24] Aber dieser Einwand ist wenig stichhaltig; würde man ihn gelten lassen, dann müßte auch Adolf Hitler sofort von jeglichem Antisemitismus freigesprochen werden. Immerhin gab der Führer aller Deutschen freimütig zu, daß er von der jüdischen Rasse «nur aus sprachlicher Bequemlichkeit» rede, denn «vom genetischen Standpunkt gibt es keine jüdische Rasse». Was er eigentlich bekämpfe, sei die jüdische Idee: «Der Jude, wohin er auch geht, er bleibt ein Jude... und muß uns als ein trauriger Beweis für die Überlegenheit des ‹Geistes› über das Fleisch gelten!»[25]

Der Mythos von der jüdischen Weltverschwörung ist nicht die einzige konspirative Theorie, die sich unter Eurasiern großer Beliebtheit erfreut. Aleksandr Prochanow etwa zeigt sich «von der Existenz eines grandiosen... Projekts mit dem Namen ‹Ring des Saturn›» überzeugt, durch dessen geheimen Einfluß «in Rußland ein westorientiertes Establishment generiert werden soll». Dugin verfaßte gar eine ganze Artikelserie «vom Standpunkt der geopolitischen Konspirologie aus»; er stellt dort unter anderem Mutmaßungen über das rote Muttermal auf Gorbatschows Stirn an. Weist es ihn als Mitglied des atlantischen Geheimordens aus? Sicher ist eines: Die CIA und der KGB haben sich gegen die Eurasier verbündet.[26]

All diese Verschwörungstheorien münden umstandslos in den Antiamerikanismus. Mittlerweile ist ein heftiger Streit darüber entbrannt, ob man sich gegen den Weltfeind Nummer eins, den großen Satan USA, mit den islamischen Fundamentalisten zusammentun sollte. Manche Vertreter der russischen *Nouvelle Droite* halten die Union «von Türken und Slawen, von Mohammedanern und Rechtsgläubigen» für «das Wesen der eurasischen Idee».[27] Vielleicht wäre eine eurasisch-fundamentalistische Koalition also mehr als ein reines antiwestliches Zweckbündnis. Es ist offenkundig, daß diese beiden Bewegungen einander zum Verwechseln ähnlich sehen. Die *Sobornost* – die russisch-orthodoxe Gemeinschaft – ist strukturell dasselbe wie die islamische *umma*. Und sowohl die Mullahs in ihren Moscheen als auch die Eurasier in ihren Ledersesseln sind für den starken, autokratischen Staat.

Wie ernst ist die Eurasien-Ideologie zu nehmen? In jüngster Zeit hat eher ein Mann von sich reden gemacht, der kein Eurasier ist: Wladimir

W. Schirinowski. Er verkündete, er vertrete eine «eigene geopolitische Konzeption»; diese sieht hauptsächlich vor, daß eine Mauer um Rußland gezogen werden soll, um die asiatischen Republiken vom slawischen Großreich abzukoppeln. Schirinowski ließ ferner wissen, er stehe für einen «Nationalsozialismus mit menschlichem Antlitz»; Hitlers «Drang nach Osten» entspreche sein eigener «Drang nach Süden». Im übrigen wünsche er – bei Androhung des dritten Weltkrieges – nicht mehr, mit Adolf Hitler verglichen zu werden.[28] Womöglich ist Wladimir Schirinowski nur ein begabter Politclown. Fest steht, daß er seinen überraschenden Wahlerfolg einem historischen Zufall verdankt. Nach dem Umsturzversuch im Oktober 1993 hatte Boris Jelzin alle antiwestlichen Parteien verboten; nur Schirinowski war dabei offenbar übersehen worden.

Die Eurasien-Ideologie hat gegenüber Wladimir Schirinowski den unschätzbaren Vorteil, daß sie die Intellektuellen fasziniert. Ihre Führerfigur ist Aleksandr Prochanow, Chefredakteur der Zeitung *Sawtra* («Morgen»), die bis Oktober 1993 *Djen* hieß – im Untertitel nennt sie sich «Zeitung der geistigen Opposition». Zum Eurasianismus bekennt sich der große Filmregisseur Nikita Michalkow, der den USA prophezeit, sie würden an ihrer Ausdehnung zugrunde gehen wie einst das römische Weltreich. In Rußland sieht er hingegen das eigentliche, das bessere, das «byzantinische Amerika».[29] Eurasier sind der hochgebildete Literaturwissenschaftler Wadim Kaschinow[30] und Sergej Michalkow, der frohgemut in die Zukunft blickt: «Es wird die Zeit kommen, wo die Menschen sagen werden: das gemeinsame eurasische Haus haben die Schriftsteller zu bauen begonnen.»[31] Und von eurasischen Visionen war auch Ruslan Chasbulatow beflügelt, als er zusammen mit Aleksandr Ruzkoj den Aufstand gegen Boris Jelzin kommandierte.

Heute wäre dieser Aufstand vermutlich überflüssig, denn der russische Präsident betreibt längst die Politik seiner Feinde. Derselbe Jelzin, der 1993 die Demokratie rettete, indem er das Weiße Haus in Moskau stürmen ließ, gab nun den Befehl, das abtrünnige Grosny in Schutt und Asche zu legen. Der Eindruck ist nicht von der Hand zu weisen, daß Jelzins Soldaten in Tschetschenien für das eurasische Großreich trainieren. Der einzige Hoffnungsschimmer dürfte sein, daß dieser Krieg bei der russischen Bevölkerung nicht gerade populär war; in Moskau kam es sogar zu Gegendemonstrationen. Das ist neu. Entweder wird die demokratische Opposition sich durchsetzen, oder die Welt könnte verblüfft miterleben, wie sich das sowjetische Imperium in verwandelter Gestalt aus seinem heißen Grab erhebt. Bereits jetzt geht es als nationalbolschewistisches Gespenst um und rasselt mit seinen Panzerketten.

Sieben Gründe, den islamischen Fundamentalisten dankbar zu sein

Am 26. Dezember 1991 fanden in Algerien die ersten freien Wahlen in der Geschichte dieses Landes statt. Allerdings beteiligten sich noch nicht einmal fünfzig Prozent der Wahlberechtigten an ihnen, und es gibt handfeste Hinweise, daß Stimmen falsch ausgezählt oder erpreßt wurden. Der lachende Sieger war die islamische Heilsfront (FIS), die kein Geheimnis daraus macht, daß parlamentarische Prozeduren für sie lediglich ein Mittel zum Zweck sind. Ein prominenter FIS-Vertreter formulierte: «Wir haben nach ihrer Verfassung gesiegt, das ist nicht unsere Verfassung, unsere ist der Koran.» Die islamische Heilsfront hielt sich gar nicht erst mit dem Nachweis auf, daß ihre Mitglieder im Grunde gute Demokraten sind. Sie erklärte offen, daß der Liberalismus ein westlicher Irrglaube ist, der vom Antlitz der Erde getilgt werden muß. [1]

Daß die Fundamentalisten vorerst nicht an die Macht kamen ist einem Militärputsch geschuldet. Das Militär erfüllte seinen Kampfauftrag vorzüglich: Es rettete das korrupte Regime der Nationalen Befreiungsfront (FLN), die seit 1962 – dem Ende der blutigen französischen Besatzung – kontinuierlich an der Regierung ist. Aber es erwies sich als vollkommen unfähig, den stillen Bürgerkrieg zu beenden, der derzeit im Lande tobt. Die algerische Revolution frißt ihre Eltern: Jeden Tag fordert der Terror der Islamisten neue Menschenopfer, jeden Tag wird irgendein namenloser Salman Rushdie auf offener Straße erschossen. Man kann die Situation der algerischen Intellektuellen nicht anders als tragisch nennen. Sie sitzen auf dem Schutthaufen ihrer Illusionen und kratzen sich mit den Scherben der zerbrochenen Utopie die revolutionsromantischen Geschwüre auf. Unterdessen behaupten jene, die sich unter den grünen Fahnen des Islam versammeln, sie seien die einzig wahren Erben des antikolonialistischen Befreiungskampfes. Sie wollen ihn konsequent zu Ende führen, indem sie Algerien von den schädlichen Einflüssen des dekadenten Humanismus säubern.

Niemand hat die Zwickmühle, in der die algerischen Intellektuellen eingekeilt sind, treffender dargestellt als der Schriftsteller Rachid Boudjedra. Er verfaßte ein Pamphlet, das hysterisch zwischen mörderischem Haß auf die fundamentalistischen Mörder und antiwestlicher Wut hin- und hertaumelt und so zum Schluß kommt:

Wenn die Demokratie ein gutes Konzept ist, so ist die Lehre der Demokratie auch für die Integristen (die Anhänger von FIS) eine Form. Durch diese Demokratie kamen Hitler und Mussolini an die Macht, Faschismus und Nazismus blühten auf, die inner- halb von fünf Jahren für den Tod von vierzigtausend Menschen verantwortlich zeich- neten. Die wirkliche Demokratie ist eine Kultur, die sich auszeichnet durch Staatsbür- gersinn und Humanismus. Sie wirft sich nicht zum Fraß vor tollwütige Fanatiker, die nur davon träumen, eine blutige Diktatur zu schaffen... Vor fünfzig Jahren hat sich der Westen von der braunen Pest befreit. Wir im Orient, wir sträuben uns gegen die grüne Pest.[2]

Boudjedra ist hart dafür angegriffen worden, daß er sich vorbehaltlos auf die Seite der algerischen Militärs stellt. Sein Kollege Ahmed Rouadja weist darauf hin, daß etwa die Hälfte der Morde an Intellektuellen auf das Konto des herrschenden Regimes geht. Er macht darauf aufmerksam, daß die islamische Heilsfront ihre Methoden von der autoritären und stramm antiwestlichen FLN gelernt hat (die den Islam überhaupt erst zur algerischen Staatsreligion erhob). Zu guter Letzt stellt er die gewagte These auf, daß es gemäßigte islamische Fundamentalisten gebe, die zum Dialog mit ihren Todfeinden bereit seien. Rouadja fragt:

Wie läßt es sich mit der Demokratie vereinbaren, daß Intellektuelle, die sich besonnen nennen, an die Armee appellieren, den islamischen Terrorismus «auszumerzen», und den Staatsterrorismus stillschweigend übergehen, der sich in den Praktiken zeigt, die wieder üblich geworden sind: Hinrichtungen ohne ordentliches Verfahren, die Neu- auflage der Folter, Deportationen, gewalttätige Hausdurchsuchungen? Wie kann es angehen, daß Schriftsteller, auch wenn sie von Zeit zu Zeit einige Spitzen in Richtung Staat abschießen – eine Art Simulation der Abgrenzung, um sich in den Augen west- licher Demokraten zu profilieren –, angesichts der systematisch angewandten Folte- rungen an Mitbürgern, die verdächtigt werden, dem FIS anzugehören, mit einem be- fremdlichen Schweigen reagieren?[3]

Ja, wie kann es angehen? Vielleicht hängt das Schweigen der Schriftstel- ler damit zusammen, daß heute nur noch die folternden Soldaten zwi- schen ihnen und den islamischen Todesschwadronen stehen. Es ist eine absurde Konstellation: Die algerischen Intellektuellen haben die freie Wahl zwischen Pest und Cholera. Wie lange noch? Der antiislamistische Schutzwall, der keiner ist, wird mit jeder Stunde brüchiger. «In Algerien haben wir bereits ein perfektes politisches Rotationsverfahren», kom- mentierte ein sarkastischer Witzbold. «Die Obrigkeit regiert am Tag, die

FIS bei Einbruch der Nacht.»[4] Rouadjas Kritik an Boudjedra könnte sehr schnell ihren Biß verlieren: Womöglich wird, wenn dieses Buch erscheint, die islamische Heilsfront schon die Macht ergriffen haben.

Ohne Zweifel ist der islamische Fundamentalismus die gefährlichste antiwestliche Strömung, die es derzeit gibt. Man könnte ihn als aggressive Welterlösungslehre beschreiben, deren zentrale Missionsstation im Iran liegt. Von dort aus wird ein völkermordendes Regime im Sudan unterstützt, und die iranischen Mullahs unterhalten ausgezeichnete Agentennetze, die bis nach Europa reichen. Es ist kein Zufall, daß diese Strukturen den kommunistischen bis ins Detail gleichen. Allerdings unterscheiden die fanatischen Muslime sich von den Marxisten-Leninisten in einem möglicherweise entscheidenden Punkt.

Die Kommunisten waren Kinder der Aufklärung, die nicht an ein Leben nach dem Tod glaubten. Gewiß, sie blieben heimlich dem christlich-eschatologischen Heilsdenken verhaftet – aber sie waren säkular genug, sich von atomaren Abschreckungswaffen beeindrucken zu lassen. Man konnte sie also mit kriegerischen Mitteln zur friedlichen Koexistenz zwingen. Ob das auch bei den islamischen Integristen funktionieren wird, ist äußerst fraglich, denn sie haben den dringlichen Wunsch zu sterben.

Insofern ähneln die fanatischen Muslime mehr den spanischen Faschisten als den Kommunisten. Auch ihr Schlachtschrei lautet: Viva la muerte! – Es lebe der Tod! Niemand weiß also, was geschehen wird, wenn Algerien nukleare Mittelstreckenraketen stationiert (die Nordkorea wohl bereitwillig liefern würde).[5] Dennoch gibt es sieben gute Gründe, den islamischen Fundamentalisten von Herzen dankbar zu sein.

Erstens. Sie machen deutlich, was sich hinter dem Schlagwort von der «konservativen Revolution» verbirgt. Die Muslimbrüder in Ägypten haben bereits angekündigt, daß sie im Falle ihrer Machtübernahme die Pyramiden, die Sphinx und überhaupt alle Bauten aus der «Zeit der Unwissenheit» (also der vorislamischen Epoche) in die Luft sprengen werden. Es geht den Islamisten somit keineswegs um die Verteidigung geheiligter Traditionen gegen zerstörerische Einflüsse von außen. Ganz im Gegenteil: Sie sind hemmungslose Manichäer, die sich nach dem apokalyptischen Endkampf zwischen Gut und Böse sehnen. Wenn der Ausdruck «konservativ» noch irgend etwas mit dem lateinischen *conservare* (bewahren) zu tun hat, dann ist das konsequenter Antikonservatismus.

Zweitens. Es ist nicht wahr, daß die islamischen Integristen von einer «Rückkehr ins Mittelalter» träumen, wie so oft behauptet wird. Ihr Credo lautet vielmehr: Die Moderne muß mit den Mitteln der Moderne überwunden werden. Nicht zufällig haben viele der führenden Islamisten naturwissenschaftliche Fächer studiert (während ihre säkularistischen Gegner eher Geisteswissenschaftler sind).[6] Es geht also darum, dem Dieb die Hand abzuhacken, dafür aber die modernsten chirurgischen Instrumente zu verwenden. Es geht darum, kleine Kinder in die Schlacht zu schicken, sie aber vorher mit effizienten Waffen auszurüsten. Die Islamisten sehnen sich somit nicht nach einer Antimoderne, sondern nach einer antiwestlichen *Gegenmoderne*, die sämtliche Errungenschaften der modernen Zivilisation in sich vereint.[7]

Oberflächlich erinnert dieses Denkschema an die marxistische Geschichtsinterpretation, die den Sozialismus als dialektische Vervollkommnung des Kapitalismus betrachtete. Dem Wesen der Sache kommt freilich eine andere Parallele näher. Im Jahre 1931 postulierte der deutschnationale Hans Freyer eine «Revolution von rechts», die alle vorhergehenden Umwälzungen in einem antiwestlichen Kraftakt sondergleichen bündeln und überbieten sollte. Freyer sprach offen aus, daß er nicht für einen vormodernen Zustand in die Schlacht zog: Sein Ziel war es, die Moderne endgültig hinter sich zurückzulassen. In Anlehnung an Nietzsches Diktum vom «Übermenschen» könnte man sagen: Es ging Freyer um die Konstruktion einer völkischen Übermoderne.[8] Im Prinzip beflügelt dieselbe mörderische Utopie auch die islamischen Integristen. Der Unterschied ist, daß sie ihren Heilsplan nicht national, sondern religiös definieren.

Drittens. Die islamischen Fundamentalisten werden nicht müde zu wiederholen, daß das westliche Verständnis der Menschenrechte für sie keine Anwendung finde, weil es imperialistisch sei. (Ähnlich argumentierten auch die Kommunisten, wenn sie sich jede «Einmischung in die inneren Angelegenheiten der sozialistischen Länder» verbaten.) In einer amtlichen iranischen Broschüre heißt es:

Die politische Vorherrschaft einer einzigen Ländergruppe in der Weltpolitik... gestattet niemandem, der ganzen Völkergemeinschaft einen bestimmten Satz von Richtlinien und Verhaltensnormen zu oktroyieren, zumal diese Staaten weder ein ideales, machbares, praktikables Modell vorzuweisen haben noch eine bewundernswerte Vergangenheit... Ein multidimensionaler Begriff der Menschenrechte, ausgehend von einer vernünftigen Einschätzung der menschlichen Natur und notwendigerweise darauf gerichtet, die Identität, Gesundheit und Sicherheit der sozialen Umwelt zu bewahren, in der diese Rechte ausgeübt werden sollen, kann einen besseren Rahmen für ihre Verwirklichung bieten.[9]

Goldene Worte. Sie beweisen unter anderem, daß die Islamisten keine Antiuniversalisten, sondern konsequente *Gegenuniversalisten* sind. Ihre kulturrelativistische Rhetorik führt sich somit auf die wunderbarste Weise selbst ad absurdum. Das Todesurteil gegen Salman Rushdie – und dies verdient festgehalten zu werden – gilt ausdrücklich auch außerhalb des islamischen Machtbereichs. Es war den Mullahs bemerkenswert gleichgültig, daß dieser Autor britischer Staatsbürger ist, als sie ihre *fatwa* verkündeten. Die iranischen Killerkommandos operieren ungeniert in Europa und verüben Mordanschläge auf Verleger, Unterstützer und Übersetzer Rushdies.

Die islamischen Fundamentalisten waren nie bereit, die kulturelle Autonomie, die sie für sich in Anspruch nehmen, auch gegenüber dem Westen zu respektieren. Ihr erster und unmittelbarer Feind ist zwar der arabische Nationalismus.[10] Aber wenn er erst einmal geschlagen ist, wenn «die heutigen 46 islamischen Staaten mit Gewalt in Gottesstaaten nach Maßstäben der Scharia» (des islamischen Rechtssystems) «verwandelt sind», werden die Gotteskrieger sich nach größeren Aufgaben umsehen. Freilich: Bis man sich «dem Westen, der Heimat der Kreuzzügler» zuwendet und ihn islamisiert, «können Jahrzehnte vergehen... Die Islamisierung der Welt ist die politische Utopie des islamischen Fundamentalismus erst für das 21. Jahrhundert.»[11] Ein beruhigender Gedanke. Dankenswert erscheint uns aber, daß die islamischen Fundamentalisten ihr Kampfziel keineswegs verheimlichen.

Viertens. Ein antiwestlicher Standardvorwurf lautet, daß die Zivilisation totalitär sei und die Kultur zerstöre. Was ist damit gemeint? Muß um sein Leben fürchten, wer sich weigert, drei Hamburgers täglich zu verspeisen und dabei «Hoch Lincoln!» zu rufen? Werden die Großstädte Westeuropas neuerdings von glattrasierten, liberalen Killerkommandos heimgesucht, die jeden Passanten so lange in den Schwitzkasten nehmen, bis er mit hochrotem Gesicht das Bildnis von Adam Smith küßt und Kants kategorischen Imperativ aufsagt?

Wer sich im Besitz eines Fernsehgeräts befindet, kann sich problemlos davon überzeugen, daß dieses Horrorszenario wenig mit der Realität zu tun hat. Die wirklichen Hintermänner der Todesschwadronen sind weder glattrasiert noch liberal, sondern bärtig und tief religiös. Wer am Westen Kritik übt, muß allenfalls fürchten, dabei an einer Gräte seines Weihnachtskarpfens zu ersticken; aber die säkularen Intellektuellen in Algerien sind Tote auf Urlaub. In den westlichen Ländern wird so viel gelesen wie nie zuvor in der Geschichte der Menschheit, und anspruchsvolle Filme wie «Schindlers Liste» spielen vor vollen Kinosälen. Aber in Ägypten sollte die wichtigste Literaturzeitschrift verboten werden, weil sie die Zeichnung einer barbusigen Frau von Gustav Klimt veröffentlicht hatte. Der tunesische Journalist Hassouna Mosbahi schreibt:

> Die Strategie des religiös verbrämten Terrors richtet sich nicht nur gegen «Abtrünnige» und «Häretiker». Sie richtet sich gegen die Kultur selbst. Als Feinde jeglicher schöpferischen Tätigkeit – Literatur, Theater, Musik und Kunst – sind die Gralshüter des Glaubens dabei, die geistig-kulturellen Zentren der arabischen Welt wie Kairo, Beirut, Damaskus oder Tunis in Wüstenstädte zu verwandeln, die ersticken im Leichengeruch des Obskurantismus und der Ignoranz.[12]

Nicht die «Zivilisation» macht also die Kultur kaputt, sondern der Fundamentalismus. Es ist lobenswert, daß die islamischen Integristen auch hier für klare Verhältnisse sorgen.

Fünftens. Der Westen wird periodisch dafür angeprangert, daß in seinem Zentrum ein spirituelles Vakuum herrsche. Der islamische Fundamentalismus führt beispielhaft vor, was geschieht, wenn man dieses Vakuum mit Inhalten füllt. Sein wichtigster Begriff, die *umma*, bezeichnet genau das, was die Zivilisationskritiker am Westen so schmerzlich vermissen. Die *umma* ist die religiöse Gemeinschaft, die dem Individuum Halt gibt, weil sie durch substantielle Werte zusammengehalten wird. Man muß nicht groß rätseln, ob dies ein totalitäres Ideal ist: Die islamische Republik Iran zeigt, wie so etwas in der Praxis funktioniert. Gegen ihren Willen beweisen die fanatischen Muslime, daß es das «spirituelle Vakuum» des Westens ist, das dem Individuum die Luft zum Atmen verschafft.

Sechstens. Das Antiwestlertum, so heißt es, sei nur ein Reflex auf das Versagen des Westens. Dies freilich ist nur die halbe Wahrheit. Wir möchten auf eine wohlbekannte, aber selten erwähnte Tatsache hinweisen: Es gibt keine einzige arabische Demokratie. Es gibt noch nicht einmal eine arabische Bürgerrechtsbewegung im Sinne der «Charta 77». Der Nahe Osten ist eine von Mullahs, Scheichs und Militärdiktatoren terrorisierte Region, die mildere Regimes wie das jordanische und ägyptische nur als Ausnahmen duldet.

Gewaltherrscher wie Muammar al-Ghaddaffi (der sämtliche Kritiker seiner Regierung ermorden ließ), Tyrannen wie Saddam Hussein (dessen Soldaten hundertachtzigtausend Kurden ermordeten) und Despoten wie Hafis el-Assad (auf dessen Geheiß vierzigtausend Bewohner der Stadt Hama füsiliert wurden) beriefen sich immer wieder ganz offen auf Adolf Hitler, um ihre panarabischen Großmachtvisionen zu rechtfertigen. Sami al-Jundi, ein früher Führer der syrischen Baath-Partei, sagte ohne Umschweife:

Wir waren Rassisten, wir bewunderten den Nationalsozialismus und die Quellen seiner Ideen... Wir dachten als erste daran, «Mein Kampf» zu übersetzen. Wer in dieser Zeit in Damaskus lebte, kann die Neigung des arabischen Volkes zum Nazismus verstehen, denn er war die Macht, die Vorkämpfer der arabischen Sache sein konnte...[13]

Allerdings hat sich die faschistische Anstrengung nicht im mindesten gelohnt. Die arabischen Diktatoren hatten unzählige Gelegenheiten, ihre umfassende ökonomische Unfähigkeit zu beweisen. Dies gilt auch für das sozialistische Regime in Algerien: «Die Masse der Algerier hat heute weder einen festen Arbeitsplatz noch ein menschenwürdiges Leben», schreibt Bassam Tibi. «Öffentliche Gebäude... werden von obdachlosen Menschen besetzt. In den Armen-Stadtteilen von Algier wohnen jeweils... zwanzig Menschen in einem Raum.»[14] Kann man hier wirklich von einem Versagen des Westens sprechen? Versagt haben doch eher die säkularen Regimes in Arabien und im Maghreb.

Siebtens. Man muß den islamischen Integristen dankbar sein, weil sie zeigen, daß der israelisch-arabische nicht der einzige Konflikt des Nahen Ostens ist. Freilich greifen die Islamisten längst offensiv in ihn ein: In den besetzten Gebieten operiert die Vereinigung «Hamas» (Hingabe), und im Südlibanon ist die «Hisb Allah» (Partei Gottes) stationiert. Es ist kein Geheimnis, daß beide Gruppen vom iranischen Geheimdienst ferngelenkt werden. Weniger bekannt dürfte indessen sein, daß ihre Mitglieder – im Gegensatz zu den Parteigängern der PLO – keine palästinensischen Nationalisten sind. Sie wollen keinen souveränen arabischen Staat, sondern eine Eingliederung in die allumfassende islamische *umma*.

Der antizionistische Kampf der Fundamentalisten geht also aufs Ganze. Die einzige Demokratie im Nahen Osten heißt im iranischen Politjargon überhaupt nur der «kleine Satan». Und der iranische UN-Vertreter bezeichnete Israel als «eine Manifestation der Vorherrschaft von materialistischen, irdischen, vulgären und billigen Werten über wunderbare menschliche Normen».[15]

Diese Hochburg der Dekadenz soll mit allen Mitteln ausradiert, ihre Bewohner getötet werden. Wenn die islamischen Integristen «Befreit Palästina!» sagen, dann meinen sie damit ausdrücklich ganz Palästina – also auch das israelische Kernland. Wenn sie Terroranschläge auf israelische Zivilisten verüben, dann hat dies nichts mit Vergeltung zu tun; es entspricht ganz einfach ihrer politischen Philosophie.

Hier sind ein paar Originalzitate aus Hamas-Flugblättern: «Laßt uns die Tore der Moscheen mit jüdischen Schädeln beschlagen. Wir werden die Sprache des Feuers und der Gewehre sprechen.» – «Das Schicksal der Juden ist es, von uns vernichtet zu werden. Wir haben es auf uns genommen, unsere Pflicht gegenüber der Gesellschaft zu erfüllen und sie zu foltern, denn Folter ist das jüdische Schicksal.» – «Kein Jude ist unschuldig. Man muß alle Juden töten. In der ganzen Geschichte haben sie nichts als Unglück über die Welt gebracht.» – «Der Dschihad [heilige Krieg] ist unser Weg, und der Tod für Allah ist unser erhabenstes Verlangen.»[16] – Man kann verstehen, daß sogar die Israelis angesichts solcher Parolen nervös werden. Wir aber begrüßen die Offenherzigkeit, mit der die islamischen Integristen sich zu ihren genozidalen Vernichtungsphantasien bekennen.

Achtens. Einen achten Grund, den Islamisten dankbar zu sein, gibt es nicht. Nur ein Zyniker könnte auf die Idee verfallen, sie dafür zu loben, daß sie den hiesigen Befürwortern der Abkoppelung die Argumente frei Haus liefern. Algerien liegt vor den Toren Europas; sobald dort ein fundamentalistisches Regime die Macht ergreift, werden diese Tore dröhnend ins Schloß fallen. Zugleich werden die westlichen Eliten versuchen, sich mit den neuen Herrschern in Algier zu arrangieren – wie sie es ja auch mit den Kommunisten taten. Dann wird die Stunde der Realpolitik schlagen. Für viele algerische *boat people* wird es die letzte sein.

Abschließend möchten wir den Brief einer algerischen Frau publik machen, die aus guten Gründen anonym bleiben will. Zwei Dinge scheinen uns an ihm besonders bemerkenswert. Erstens: Die Autorin geizt nicht mit Kritik am Westen, zugleich läßt sie aber keinen Zweifel daran, daß es die amerikanische Lebensform ist, die für sie die Freiheit repräsentiert. Zweitens: Dieser Brief wurde nicht etwa in einer feministischen oder linken Zeitung veröffentlicht, er stand weder in der *Emma* noch in der *tageszeitung*, sondern in der *International Herald Tribune*.[17] Er hat folgenden Wortlaut:

«Meine lieben Freunde, am 10. März verkündete die radikalste Fraktion innerhalb der islamisch-fundamentalistischen Bewegung, die seit Januar 1992 Krieg gegen den algerischen Staat und seine Bevölkerung führt, daß jede Frau, die nach dem 17. des Monats ohne *hidschab* – den Schleier, den die muslimische Orthodoxie vorschreibt – in der Öffentlichkeit gesehen wird, ein legitimes militärisches Ziel sein werde. Gleichgültig ob mit Messern oder Kugeln, sie könnte und sollte getötet werden. Dies war keine leere Drohung. Sie wurde am 18. März ausgeführt, als eine sechzehnjährige Gymnasiastin auf dem Weg zur Schule ermordet wurde. In der Fabrik, wo ich als Juniorchef tätig bin, tragen seit dieser Zeit alle jungen Frauen den Schleier. Ich bezweifle, ob wenigstens drei von ihnen auch nur das geringste Interesse haben, die islamischen Gebote streng zu befolgen – wenn überhaupt. Wir respektieren die Religion unserer Eltern. Doch uns wurde beigebracht, daß Religion eine Privatsache ist, die nicht per Dekret verordnet werden kann.

Jetzt kann es uns passieren, daß wir für das getötet werden, was uns beigebracht wurde, womit wir aufgewachsen sind, woran wir glauben. Keine von uns will den Schleier tragen. Ich gebe zu: Die Furcht ist stärker als unsere Überzeugungen und unser Wille, frei zu sein. Die Furcht umgibt uns von allen Seiten. Unsere Eltern, unsere Brüder, alle sind einer Meinung: «Tragt den Schleier und bleibt am Leben. Das wird vorübergehen.» Ich bin keine Intellektuelle, aber ich glaube, daß anderen Jungen und Mädchen und anderen Menschen, anderswo und zu anderen Zeiten, genau dasselbe gesagt wurde: Das Böse und die Furcht um sie herum würden vorübergehen. Soweit ich weiß, tat es das nie. Ich glaube, daß es hier noch schlimmer werden wird, es sei denn, irgend jemand hört uns.

Heute wollen uns die Islamisten, wie die islamischen Fundamentalisten genannt werden, den Schleier aufzwingen. Morgen werden sie uns von der Arbeit abhalten oder uns sogar daran hindern, zur Schule zu gehen. Sie sagen, wir sollen nicht wählen und uns nicht in die öffentlichen Angelegenheiten einmischen. Unser Schleier soll total sein. Und wir alle können voraussehen, daß bald der kürzeste Besuch bei einem Liebsten für uns tödlich werden könnte. Ich höre, daß die Frauen in Amerika und Frankreich Probleme haben, die ernst sind. Aber ich bitte sie darum, ihre Sorgen mit denen der Frauen in meinem Land zu vergleichen, die gezwungen werden, sich zwischen ihrer Individualität und dem Tod zu entscheiden. Das Beste am Islam beruht auf der menschlichen Würde und der Toleranz und dem Respekt für andere, seien sie Männer oder Frauen. Aber es ist nicht das Beste am Islam, das jetzt in Algerien zum Vorschein kommt. Der Krieg gegen die Frauen, der zur Zeit in Algerien stattfindet, beruht nicht auf islamischen Gesetzen, sondern auf jener terroristischen Mentalität, die schon vor Jahren die Regierung im Iran übernahm.

Am 8. März, dem internationalen Frauentag, folgten Tausende Frauen einem Aufruf des algerischen Frauenverbandes und demonstrierten in den Straßen von Algier und anderen Städten, um ihren Widerstand gegen die Pläne der Fanatiker sichtbar zu machen. Sie forderten ein Ende der Gewalt, die von den islamischen Terroristen gegen unser Volk ausgeübt wird. Kaum ein Tag vergeht, an dem nicht wieder ein Lehrer, ein Journalist, ein Gewerkschaftsführer, ein Rechtsanwalt ermordet wird – von den normalen arbeitenden Menschen ganz zu schweigen, die erkennen lassen, daß sie unvorschriftsmäßig denken. Sie alle gelten als verwestlicht, verdorben bis ins Mark, gut nur zur Vernichtung. Doch als die Frauen demonstrierten, kamen die demokratischen und säkularen Parteien nicht aus ihren Schlupflöchern. Die Frauen demonstrierten allein. Und es sieht so aus, als würden wir allein bleiben.

Die Regierung Frankreichs – jenes Landes, das am meisten mit dem Schicksal unseres Landes verbunden ist – wartet nervös ab, sie zögert und kann sich nicht entscheiden: Soll sie dem algerischen Staat ernsthaft helfen, den Terror zu unterdrücken, oder soll sie sich mit den künftigen Gewinnern dessen arrangieren, was in Kürze ein ausgewachsener Bürgerkrieg à la Libanon sein wird? Unsere Nachbarn Marokko und Tunesien haben nichts getan, entsetzt von der Aussicht, daß einer der mächtigsten Staaten in der Region sich in einen neuen Iran verwandeln und seinen terroristischen *Dschihad* exportieren könnte – zusammen mit Millionen von Flüchtlingen. Und die Vereinigten Staaten haben nichts getan. Ich muß annehmen, daß die Amerikaner weder uns noch die volle Tragweite unseres Problems verstehen. Wir wollen in einem Land leben, in dem wir wie Amerikaner sein können, wenn es das ist, was wir möchten, oder sogar einen Schleier tragen, falls wir denn wirklich einen Schleier tragen wollen. Aber wenn die islamistischen Terroristen Algerien erst einmal in einen neuen Iran verwandelt haben, werden sie uns keine Wahl mehr lassen.

Vielleicht habe ich in diesem Brief viele Fehler gemacht. Aber ich weiß Bescheid über die islamischen Terroristen, und ich weiß, was sie vorhaben. Ich hoffe, daß Sie meine Stimme hören und Ihre Stimme für uns erheben werden.»

Das ewige Antiwestlertum

Krieg gegen Rom oder
Die Römer kamen nur bis
zur DDR-Grenze

Balnea, vina, Venus corrumpunt corpora nostra,
At vitam faciunt balnea, vina, Venus

(Bäder, Weine und Liebe richten unsere Körper zugrunde,
doch nur Bäder, Weine und Liebe machen das Leben aus)
– Römische Volksweisheit

Das Horrorgemälde vom aggressiven, ausbeuterischen, völkerunterjochenden und dekadenten Römischen Reich, das seine Anmaßung mit dem verdienten Untergang bezahlen mußte, ist wohl der älteste zivilisationskritische Topos. Paradoxerweise wurde die Vorstellung, Rom sei an seiner Unmäßigkeit zugrunde gegangen, aber von den Römern selbst in die Welt gesetzt. Lateinische Geschichtsschreiber, allen voran Tacitus, sind nicht müde geworden, den Verfall der Tugenden und Sitten in der Großstadtzivilisation zu beklagen und den drohenden Niedergang des Römischen Imperiums an die Wand zu malen. Tacitus war es im übrigen auch, der die Germanen als naturburschenhaftes, unverbildetes Volk pries und damit zum eigentlichen Urheber des Germanenmythos wurde.

Der berühmte römische Historiker kann – nach allem, was er uns damit eingebrockt hat – für diesen bösen Streich nicht genug getadelt werden. Aber es muß auch festgehalten werden, daß Tacitus seine kulturpessimistischen Ansichten aus einer Tradition heraus entwickelte, die der römischen Zivilisation alle Ehre macht. Das lateinische Denken durchzieht ein skeptischer, ja pessimistischer Grundton, der die Römer auch auf dem Höhepunkt ihrer Macht davon abhielt, zu blutdurstigen und größenwahnsinnigen Imperialisten zu werden. Die Römer verstanden ihre Macht als einen Auftrag der Götter, die Welt gerecht zu ordnen und zu befrieden. Und diesen Auftrag haben sie mit bewunderungswürdiger Erfindungsgabe und Flexibilität ausgeführt. Immer aber begleitete sie dabei die Furcht, die Macht, die ihnen zuwuchs, könnte ihre ursprünglichen Tugenden korrumpieren, und ihr Bewußtsein von der Überlegenheit ihrer Zivilisationsidee könnte in Hybris umschlagen. Diese Furcht hielt sie nicht nur dazu an, ihren Machtbefugnissen über die besiegten Völker vertraglich geregelte Grenzen zu setzen, sie lehrte sie auch, die Lebensformen dieser fremden Kulturen zu studieren, zu achten und zu respektieren.

Dem Antiromanismus, der solche Skepsis und Skrupel nicht kennt, haben die Römer mit ihrer selbstkritischen Haltung jedoch eine furchtbare Waffe in die Hand gegeben. Zum Synonym für die angebliche Lasterhaftigkeit, Verschwendung und Dekadenz der römischen Zivilisation ist über die Jahrhunderte hinweg der Kaiser Nero geworden. Die Legende will es, daß Nero aus Größenwahn Rom habe anzünden lassen, um sich durch den Neubau der Stadt unsterblich zu machen. Die christliche Propaganda hat überdies kolportiert, Nero habe die Brandstiftung zum Vorwand genommen, die unschuldigen, gewaltlosen Christen zu verfolgen. Neuere Forschungen ergeben ein ganz anderes Bild. Eine Kette von Indizien deutet darauf hin, daß Rom von militanten, apokalyptischen römischen Urchristen angesteckt worden ist. Sie haben, so schlußfolgert der Althistoriker Gerhard J. Baudy,

Rom am 19. Juli 64 in Brand gesetzt, um den ganzen Orient gegen Rom zu mobilisieren. Diesen Termin wählten sie deshalb, weil der Siriusfrühaufgang eine im ostmediterranen Schrifttum propagierte Signalfunktion hatte: Die eschatologische Wende sollte eintreten an einem Tag, an dem dieser Stern im Hochsommer aufging.[1]

Der 19. Juli evoziert laut Baudy das überlieferte Datum des Untergangs von Sodom und Gomorra ebenso wie «den Brand Troias, den die Alexandra-Apokalypse des Lykophron auf genau den gleichen kalendarischen Termin gelegt hatte».[2]

Die Vernichtung des Sündenmolochs Rom im reinigenden Feuer sollte das Menetekel für die ersehnte Erlösung von der zivilisatorischen Entfremdung sein. Dieses Grundmotiv der antiwestlichen Apokalyptiker hat sich weitgehend unverändert erhalten. Bis hin zu Oswald Spengler und neuerdings Heiner Müller haben die Antiwestler den Topos tradiert, Rom sei wegen seiner fehlenden Kultur und seiner frevelhaften, überdehnten Zivilisation untergegangen. Wie übrigens auch die Kulturnationalisten in Rußland und in Serbien betrachtet Heiner Müller den Ost-West-Konflikt in Europa als Neuauflage des uralten Krieges zwischen «Rom» und «Byzanz». «Rom» steht dabei für das Prinzip rücksichtsloser rationalistischer Vernutzung, für enthemmte Ausbeutung, für die verhängnisvolle, leblose Zivilisation des «Brudermörders und ersten Städtegründers Kain», während Byzanz den Widerstand authentischer, gewachsener und lebensvoller Kulturen gegen die westliche Vernichtungsmaschinerie – die «Rache der Kinder Abels» – verkörpern soll.[3]

Wo immer das neue Antiwestlertum sich artikuliert, da taucht wie selbstverständlich das antirömische Ressentiment auf. Allen voran marschiert auch hier die Neue Rechte, die ihr völkisches Ethnopluralismus-Konzept in ausdrücklicher Feindschaft gegen die universale, übernationale römische Reichsidee formuliert. So zieht Henning Eichberg, einer ihrer eloquentesten Ideologen, gegen die «kapitalistische Gewalt des neuen Rom» zu Felde und meint damit die USA und das Westeuropa der Europäischen Gemeinschaft. «Das Rom-Syndrom», so definiert Eichberg, «heißt: Großstaat und Größerwerden, Wachstum, starkes politisches Zentrum, eine Mauer rings um das Reich, die Barbaren draußen, die ‹Zivilisation› drinnen – und die Dissidenten in den Untergrund.»[4] Dagegen propagiert die Rechte eine europäische Ordnung rassisch homogener und kulturell autarker Volksgemeinschaften, wobei sie das mittelalterliche «Heilige Römische Reich deutscher Nation» gegen das angeblich völkerzersetzende römische Original auszuspielen versucht.

Grund genug, wie wir finden, uns zum Erbe der römischen Zivilisation und zu dem unsterblichen Vorbild zu bekennen, das die Römer mit ihrem als Weltbürgergesellschaft konzipierten Reich allen Verfechtern einer universalistischen Weltfriedensordnung gegeben haben. Denn die Antiwestler haben recht. Fast alle Grundgedanken, auf denen die moderne westliche Zivilisation beruht, verdanken wir Rom: die Idee einer universalen Bürgergesellschaft, die sich aus dem noch stammesmäßig gebundenen Modell der griechischen Polis befreite und die erste offene, multiethnische Metropole schuf[5]; die Idee einer Weltordnung, die den Krieg als Mittel der Konfliktregelung überwindet und durch ein ziviles Geflecht aus vertraglichen Rechten und Handelsbeziehungen ersetzt – und nicht zuletzt die Überzeugung, daß jeder Mensch, unabhängig von seiner Rasse, Kultur oder Religion an einer für alle gültigen Vernunft teilhaben kann. «Haben wir das Denkvermögen miteinander gemein», so schrieb der römische Kaiser und Philosoph Marc Aurel,

ist uns auch die Vernunft gemeinsam, kraft derer wir vernünftige Wesen sind; ist dem so, so haben wir auch die Stimme gemein, die uns vorschreibt, was wir tun und nicht tun sollen; ist dem so, so haben wir auch alle ein gemeinschaftliches Gesetz; ist dem so, so sind wir Mitbürger untereinander und leben zusammen unter der gleichen Regierung; ist dem so, so ist die ganze Welt gleichsam unsere Stadt; denn welchen anderen gemeinsamen Staat könnte jemand nennen, in dem das ganze Menschengeschlecht die gleichen Gesetze hätte?[6]

Jupiter selbst hatte, wie der große römische Dichter Vergil in seinem Epos «Aeneis» berichtete, die Römer zu den Herren der Welt bestimmt und ihnen die Aufgabe zugedacht, die Menschheit unter dem Schutz der Gesetze zu einen. Dann, so sprach Jupiter nach Vergil, würden die Kriege enden:

Geschlossen werden die rauhen Pforten des Krieges. Unheiliger Wahnsinn / Hockt über grimmigen Waffen, mit hundert ehernen Banden / Rücklings gefesselt und knirscht, der grause, blutigen Mundes.[7]

Heute können wir weder an die metaphysische Absicherung der einen Vernunft noch an eine göttliche Verfügung glauben, nach der die Kriegsfurie eines schönen Tages in ein sicheres Verlies gesperrt wird. Und es ist fast überflüssig zu erwähnen, daß die politischen und gesellschaftlichen Strukturen des römischen Kaiserreichs unseren heutigen Standards von Demokratie und Menschenrechten nicht entsprechen. Die Ziele, die von den Römern formuliert wurden, bleiben jedoch unvermindert aktuell. Und vor allem: Die Römer waren keineswegs naive Idealisten oder raffinierte Heuchler, die den Humanismus predigten und den Terror praktizierten. Mit der Regierungszeit des ersten römischen Kaisers Augustus, die die Zeit der Bürgerkriege beendete, setzte im 1. Jahrhundert nach Christus eine langandauernde Epoche der Prosperität und Einheit des Imperiums ein: Sie bescherte seinen Bewohnern ein viele Jahrhunderte lang nicht mehr erreichtes Ausmaß an Wohlstand und Rechtssicherheit.

Daß das Römische Reich – nach einer unglaublich langen Zeit der Stabilität und einer quälend langen Periode der Agonie – gegen Ende des 6. Jahrhunderts endgültig zerbrach, hat nichts mit einer immanenten Gesetzmäßigkeit zivilisatorischer Überentwicklung zu tun. In Wirklichkeit wurde das Römische Reich durch aggressive barbarische, hauptsächlich germanische Stämme nach Art einer Salamitaktik erobert und zerstört. Den Aggressoren (darunter vor allem Goten, Vandalen und Hunnen), die seit dem späten 2. Jahrhundert nach Christus plündernd in das Reich einfielen, kam dabei das Grundprinzip römischer Herrschaft zugute. Die Römer hatten ihr Weltreich nämlich keineswegs auf die Versklavung der von ihnen unterworfenen Völker gegründet. Ihre Herrschaft basierte vielmehr auf der Anziehungskraft ihrer Zivilisation, durch die es gelang, die fremden Nationen kulturell zu assimilieren und in das Imperium zu integrieren. Auch gegenüber den germanischen Invasoren des 4. und 5. Jahrhunderts setzte Rom auf die Integration – und es konnte gar nicht anders. Denn die unvergleichliche Erfolgsgeschichte des Imperiums ließ keinen anderen Schluß zu, als daß alle Völker am Ende die Überlegenheit des römischen Zivilisationsmodells anerkennen und sich zu seiner Lebensform bekehren würden. Lange Zeit gelang es auf diese Weise noch, die germanischen Ansiedlungen an den Grenzen des Reiches und die neu entstehenden germanischen Staatengebilde im Inneren unter Kontrolle zu halten. Durch Föderationsverträge, Tributzahlungen, Bereitstellung von Siedlungsgebieten und Besoldung ihrer Heere wurden sie an das Römische Reich gebunden. Aber damit vermehrte Rom nur noch die Macht und die Gier der Eindringlinge und geriet zunehmend in Abhängigkeit von ihnen. Dem zunehmenden Druck des germanischen Stammespartikularismus zeigten sich die Integrationsmechanismen des Imperiums schließlich nicht mehr gewachsen.[8]

Mit dem Römischen Reich endete der erste, weitgehend gelungene Versuch, eine universalistische Weltzivilisation zu verwirklichen. Rom leitete seine Idee einer Weltbürgergesellschaft aus der Einheit der Vernunft ab und versuchte, sie mit der Vorherrschaft einer Zentralmacht in Einklang zu bringen. Diese Zivilisationsidee schien lange Zeit den Ewigen Frieden gesichert zu haben. Die Bewohner des Römischen Reiches, das auf dem Höhepunkt seiner Macht in seiner Breite 5000 Kilometer und von Norden nach Süden 3000 Kilometer maß, nahmen die Gesetze und Werte der römischen Gesellschaft meist bereitwillig an. Jeder konnte, ungeachtet seiner ethnischen oder rassischen Abstammung oder seines religiösen Bekenntnisses, ein römischer Bürger werden, und die Verleihung des Bürgerrechts an die «Fremden» wurde von den römischen Kaisern zunehmend großzügig und liberal gehandhabt.[9] Die Bewohner des Römischen Reiches konnten, von Britannien bis Syrien, auf gut ausgebauten Verkehrswegen und ohne Grenzkontrollen reisen und Handel treiben. In mancher Hinsicht ist das Römische Reich das Modell einer im positiven Sinne gelungenen Kolonisierung – eben deshalb, weil die Assimilation freiwillig und nicht durch Zwang und Unterdrückung erfolgte. Dem römischen Imperium, das keinen Rassismus kannte, fehlten somit alle negativen Merkmale des modernen Kolonialismus. Zwar mußten die Römer immer wieder gegen vereinzelte Aufstände in den

Provinzen zu Felde ziehen, und zweifellos sind solche Kriege oft grausam verlaufen. Aber diese Feldzüge zielten keineswegs darauf, die fremden Völker und ihre Kultur zu zerstören, sondern nur darauf, «sie ungefährlich zu machen, das heißt: potentielle Feinde in Freunde und Verbündete zu verwandeln».[10]

Daß dies in einem erstaunlichen Ausmaß gelang, verdankte das Römische Reich nicht der militärischen Unterdrückung durch seine Legionen. Den Provinzen wurde vielmehr eine weitgehende Autonomie in der Rechtssprechung und Verwaltung eingeräumt. «Unter diesen Bedingungen», schreibt der französische Historiker Pierre-François Mourier, «hatten alle Bewohner des Imperiums den Eindruck, integraler Bestandteil der römischen Welt zu sein. Denn in dem Maße, in dem die Provinzbewohner Zugang hatten zu den juristischen Privilegien römischer Bürger – und immer mehr erhielten ihn – hatten sie das Gefühl, wirklich römisch zu sein, bevor sie nubisch oder gallisch waren.»[11] Als Resultat «verbreitete sich überall ein gleiches Ideal, identische Konzeptionen, weniger unter dem Einfluß einer starken Zentralmacht als durch die Multiplikation der Provinzstädte, die Abbilder Roms waren».[12]

Diesem integrativen Sog der römischen Idee konnten sich auch jene germanischen Stämme nicht entziehen, die in der Spätantike in das Reich eindrangen und sich dort auf Dauer festsetzten. Die germanischen Fürsten und Könige verstanden sich als Bewahrer, ja als Erneuerer der römischen Tradition. Nach der Teilung des Imperiums in ein west- und ein oströmisches Reich im 4. Jahrhundert wurden die germanischen Heerführer zeitweilig sogar zu Garanten des Zusammenhaltes von Westrom. Dies geschah, nachdem das weströmische Reich durch die Verlagerung des politischen Zentrums des Reiches nach dem Osten entscheidend geschwächt worden war. Besiegelt wurde diese Verlagerung durch den Bau Konstantinopels unter Kaiser Konstantin. Damit war die fortschreitende Entfremdung Ostroms von den Traditionen des römischen Imperiums unumkehrbar geworden. Voltaire hat die Gründung Konstantinopels deshalb mit der Bemerkung kommentiert, Konstantin habe «den Westen dem Osten geopfert».[13]

Denn mit einem in seiner Autorität erschütterten politischen Zentrum war das weströmische Reich auf Dauer nicht mehr in der Lage, dem Ansturm östlicher Invasoren Herr zu werden, der im Zuge der Völkerwanderung des 5. Jahrhunderts nicht abriß. Der zunehmenden Willkür der germanischen Fürsten und Könige konnte Westrom nicht mehr die Stirn bieten. Verträge hielten diese nur mehr nach Belieben ein, und ihre Treue zu den römischen Idealen verkam zum Lippenbekenntnis. «Demonstratives germanisches Bekenntnis zu römischen Formen», meint der Historiker Karl Christ, lasse «sich historisch auch so deuten, daß das römische Kaiserreich, das einst im Principat mit der Stilisierung der eigenen Macht begonnen hatte, in der Spätantike damit endete, daß nun die gemanischen Heermeister und Könige ihre Macht mit den Formen des römischen Imperiums drapierten.»[14]

Mit der Zerstörung des Römischen Reiches hatte der germanische Stammespartikularismus einen historischen Sieg über die erste funktionierende universalistische Weltordnung errungen. (Selbstverständlich umfaßte das römische Imperium nur einen kleinen Teil der heute bekannten Welt; der Begriff «Weltordnung» ist jedoch durch die Tatsache gerechtfertigt, daß sich das Imperium über Europa hinaus bis nach Nordafrika und in den Vorderen Orient erstreckte. Es widerlegte damit die These von der natürlichen Inkompatibilität europäischer und nicht-europäischer Kulturen). Mit diesem Sieg gab sich der Partikularismus aber nicht zufrieden: Er setzte zusätzlich das Gerücht in die Welt, Rom sei nicht durch die Zerstörungsenergie seiner Feinde, sondern an seiner eigenen Morbidität zugrunde gegangen.

Nun ist zwar unzweifelhaft, daß auch krisenhafte Veränderungen in der politischen und sozialen Struktur des Reiches selbst zu seinem Zerfall beigetragen haben. Zu diesen negativen Veränderungen gehörte etwa die Militarisierung der staatlichen Macht in der Spätantike (seit der 235 nach Christus beginnenden Epoche der «Soldatenkaiser»). Diese autoritäre Verhärtung ist jedoch nicht auf eine organische Notwendigkeit in der zivilisatorischen Entwicklung, nicht auf «Überdehnung» oder «Entwurzelung» zurückzuführen. Schuld an ihr war der Druck, der durch handfeste Aggression von außen erzeugt wurde; ein Druck, auf den sich das Imperium nicht mehr in adäquater Weise einstellen konnte.

Das Horrorbild vom sündhaften und totalitären Römischen Reich hat seinen Untergang auf Dauer überlebt. Aber auch die Anziehungskraft der römischen Zivilisationsidee blieb in Europa lebendig. Alle universalistischen Großreiche, vom Reich Karls des Großen bis zum englischen Empire, haben sich dem Erbe Roms verpflichtet gefühlt.

Wen wundert es da, daß das Prinzip Rom den ganzen Haß des deutschen Kulturnationalismus auf sich gezogen hat, der gegen Ende des

15. Jahrhunderts entstand und seit dem späten 18. Jahrhundert seine ideologische Ausprägung erfuhr. Denn die Germanen hatten zwar das Römische Reich zerstört, seine universalistische Idee jedoch keineswegs in Gänze verworfen. In Gestalt des römischen Christentums blieb sie die beherrschende geistige Kraft im westlichen Europa. Allen Ideologen einer völkischen Autarkie mußte diese Durchsetzungskraft eines abstrakten Prinzips, das nicht an das heimische Klima und die angestammte Erde gebunden war, ein grundlegendes Ärgernis sein.

Als die «verspätete Nation» Deutschland daran ging, sich einen Gründungsmythos zu konstruieren, fand sie darum im «römischen Imperialismus» ein identitätsstiftendes Feindbild. Im römischen Recht, im römischen Katholizismus, dem italienischen Humanismus der Renaissance und der liberalen Staatslehre habe die romanische Welt die geistigen Mittel zur Niederhaltung des ursprünglichen deutschen Volkstums gefunden. [15]

Der Antiromanismus ist die fixe Idee der deutschen konservativen Zivilisationskritik und des chiliastisch geprägten deutschen Nationalismus. Nach der napoleonischen Besetzung Preußens im Jahre 1806 stilisierten politische Romantiker wie Ernst Moritz Arndt und Adam Müller den von ihnen geforderten antifranzösischen Befreiungskampf zum heiligen Krieg gegen das römische Weltherrschaftsprinzip. In ihrer Vorstellung war die Eroberung Deutschlands durch Napoleon die besonders perfide Fortsetzung einer jahrtausendealten römischen Unterdrückungsstrategie gegen das deutsche Volk. Adam Müller hielt den Römern vor, sie seien ein entwurzeltes, ethnisch inhomogenes Volk. Deswegen hätten sie ihr Staats- und Rechtssystem auch von vorneherein auf abstrakte, leblose Begriffe aufgebaut. Mit dem Römischen Recht hätten sie der Welt ein Wertesystem aufgezwungen, das jeder geistigen und moralischen Tiefe entbehre. Damit habe Rom den Völkern gleichsam das Lebensblut aus den Adern gesogen und sie in der Illusion von Sicherheit und Wohlstand eingelullt – nur um sie problemloser unterwerfen und beherrschen zu können. Adam Müller schrieb:

Alle ursprünglichen Verfassungen der alten Welt... wurden verschlungen von Rom; und den Welteroberen dient die Arglist zum Muster, womit Rom die unterdrückten Völker den Wahn eines politischen Daseyns und eines nationalen Gottesdienstes fortträumen ließ. – Wenn das kriegerische Element des bürgerlichen Lebens sich ablöst von dem friedlichen; wenn die Völker, von dem Reiz der Künste, und von der behaglichen Fülle, welche Handel und Industrie gewährt, verführt, sich in einer gewissen wollüstigen Selbstbeschauung oder Abgötterei mit dem Frieden hingeben; wenn eine einseitige Verstandesbildung um sich greift, und die körperliche Kraft geringgeachtet wird neben den Vorzügen des Geistes...; dann rüstet sich schon ein Stärkerer.[16]

Der Dichter Heinrich von Kleist hat den deutschen Römerhaß in einem unvergleichlichen dramatischen Werk verewigt. Mit seinem 1808 geschriebenen Schauspiel «Die Hermannsschlacht», das den Sieg des Cheruskerfürsten Hermann über die römischen Legionen des Varus im Jahre 9 nach Christus glorifiziert, wollte Kleist ein Fanal des Hasses gegen die französische Okkupation setzen. In seiner Ursprungsmythologie entsteht Germanien dadurch, daß ein zu allem entschlossener Führer sich anschickt, den Gedanken einer universalistischen Weltgesellschaft mit allen Mitteln aus dem deutschen Volkskörper zu brennen.

Mit Hilfe einer Propaganda, die vor keiner Zwecklüge und noch so monströsen Inszenierung zurückschreckt, schürt Hermann den Römerhaß, der die vorher heillos zerstrittenen Germanen zu einem einzigen, von dem Willen zur Vernichtung des Feindes angetriebenen Organismus vereinigt. Während der römische Krieg auf die Durchsetzung einer universal gültigen Idee zielt und in ihr seine Grenze findet, ist der Krieg der Germanen ein grenzenloser Kreuzzug gegen diese römische Idee. Hermann verkündet nach der siegreichen Schlacht:

Uns bleibt der Rhein noch schleunigst zu ereilen,
Damit vorerst der Römer keiner
Von der Germania heilgem Grund entschlüpfe;
Und dann – nach Rom selbst mutig aufzubrechen!
Wir oder unsere Enkel, meine Brüder!
Denn eh doch, seh ich ein, erschwingt der Kreis der Welt
Vor dieser Mordbrut keine Ruhe,
Als bis das Raubnest ganz zerstört,
Und nichts, als eine schwarze Fahne,
Von seinem öden Trümmerhaufen weht![17]

Hermann formuliert damit die unausweichliche Logik des Kulturnationalismus. Ist das Prinzip des Universalismus erst einmal in die Welt gesetzt, so bleibt es der unheimliche Feind jeder partikularen Identität – auch wenn der Feind, der es ins Land getragen hat, physisch vom eigenen Erdboden vertrieben worden ist. Als Reaktion gegen den Universalismus muß der Kulturnationalismus selber universalistisch werden: Er kann nicht eher ruhen, als bis die verhaßte Idee endgültig vom ganzen Erdboden getilgt ist.

Der deutsche Kampf gegen Rom ging also auch nach den antifranzösischen Befreiungskriegen weiter. Zwar wurde Napoleon aus Deutschland verjagt, und Europa erfuhr auf dem Wiener Kongreß 1814/15 eine Neuordnung; doch zum Leidwesen der deutschen Kulturnationalisten lief sie auf die Restauration der vorrevolutionären Zustände hinaus. Deutschland avancierte nicht zur Führungsmacht in Europa. Dieses Ziel schien erst wieder in greifbare Nähe zu rücken, als es im Krieg von 1870/71 Frankreich bezwungen hatte. Doch auch die daran anschließende Reichsgründung konnte die antirömischen Patrioten nicht zufriedenstellen. Die Industrialisierung, Kommerzialisierung und Liberalisierung Deutschlands, die nach 1871 einsetzte, erschien konservativen Kulturphilosophen wie Nietzsche, Paul de Lagarde und Julius Langbehn als Symptom einer forcierten Überfremdung deutscher Eigentümlichkeit. Einmal mehr habe die perfide romanische Welt das Prinzip römischer Arglist angewandt und ihre Niederlage in einen Sieg verwandelt. Zwar hatte Frankreich den Krieg verloren – aber nur, um mit Hilfe seiner verführerischen Zivilisation den deutschen Volksgeist nunmehr von innen zu vergiften.

Daraus folgte, daß der Krieg gegen Rom mit verdoppelter Anstrengung weitergeführt werden mußte. Den Ersten Weltkrieg stilisierten führende deutsche Intellektuelle zum apokalyptischen Entscheidungskampf gegen den ewigen römischen Ungeist. Thomas Mann – damals noch ein eingeschworener Feind der liberalen Demokratie – erklärte in seinen während des Krieges geschriebenen «Betrachtungen eines Unpolitischen», die gegen Deutschland kämpfende Entente, «Amerika eingeschlossen», sei «die Vereinigung der westlichen Welt, der Erben Roms, der Zivilisation gegen Deutschland, das protestierende, so urgewaltig wie nur je protestierende Deutschland».[18] Die Idee, daß Deutschland sich seit Luthers Zeiten durch seinen fortlaufenden «Protest» gegen die Anmaßung des römischen Universalismus zum seelenverwandten Partner des gleichfalls antirömischen Rußland qualifiziert habe, übernahm Thomas Mann aus einer Schrift Dostojewskis. Sie war 1877 unter dem Titel «Deutschland – das protestierende Reich» erschienen. Schon mit Hermann dem Cherusker, so hatte Dostojewski postuliert,

begann [Deutschland], gegen die römische Welt zu kämpfen. Zur Zeit des römischen Christentums kämpfte es mit dem neuen Rom mehr denn jedes andere Volk um die Oberherrschaft. Endlich protestierte es in der allermächtigsten Weise, indem es die neue Formel des Protestes aus den geistigsten, elementarsten Gründen der germanischen Welt zog.[19]

Daraus folgerte Thomas Mann: «Der Imperialismus der Zivilisation ist die letzte Form des römischen Vereinigungsgedankens, gegen den Deutschland ‹protestiert›.» Bei dem Krieg von 1914 handele es sich um einen «neuen Ausbruch, den großartigsten vielleicht, den letzten, wie einige glauben, des uralten deutschen Kampfes gegen den Geist des Westens, sowie des Kampfes der römischen Welt gegen das eigensinnige Deutschland».[20]

Wie uralt aber ist das antirömische Ideologem? Und war der Erste Weltkrieg tatsächlich der «letzte Ausbruch» des deutschen Protestes gegen Rom? Spätestens seit der Zeit der Romantik hatte sich die Denunziation der römischen Welt zum ideologischen Konstrukt verfestigt. Fichte hatte in seinen «Reden an die deutsche Nation» (1808) die deutsche Sprache zu einer «Ursprache» erklärt, die sich dem zersetzenden Einfluß der kalten, seelenlosen lateinischen Universalsprache entzogen habe. Die romanischen Sprachen könnten nur abstrakte Begriffe artikulieren; das Deutsche hingegen bringe das ganzheitliche Denken und Empfinden des Volkes zum Ausdruck. Begriffe wie «Humanität» oder «Liberalismus» seien dem deutschen Wesen zutiefst fremd und unverständlich. Die Implantation solcher terminologischer Fremdkörper in die deutsche Sprache ziele darauf ab, die Deutschen von ihren eigenen Werten, von ihrem eigentümlichen Verständnis der «Menschlichkeit» und «Freiheit» zu entfremden und sie an die Weltanschauung einer feindlichen Macht zu binden. Dagegen müßten sich die Deutschen erheben; denn als «Urvolk» mit einer organischen, eigentümlichen Sprache hätten sie alle kulturellen Anlagen dazu, ein neues Zeitalter zu begründen, das der griechischen Antike an schöpferischer Größe zumindest ebenbürtig sein werde.[21] Der deutsche, romantisch inspirierte Nationalismus war von Anfang an mehr als nur ein besonders radikaler Partikularismus. Er war ein Welterlösungsglaube.

Daß die Deutschen ebenso tief und bedeutsam seien wie die Griechen, gehört seit dem frühen 19. Jahrhundert ebenso zum Grundbestand des Antiromanismus wie das Klischee, wonach das römische Reich eine parasitäre Zerfallserscheinung der griechischen Antike sei. Oswald Spengler phantasierte sich aus den bekannten Topoi des deutschen Antiromanismus nach dem Ende des Ersten Weltkriegs eine monumentale Geschichtsphilosophie zusammen: Rom repräsentiere «Zivilisation», Griechenland dagegen «Kultur». Wie der Zustand der Erstarrung in einem alternden Organismus unweigerlich auf dessen «Blüte» folge, so sei die

«Zivilisation» als die unfruchtbare Spätzeit jeder weltgeschichtlichen Epoche zu betrachten. Wie bereits erwähnt, war Rom für Spengler das Inbild aller Zivilisation, die nur kalten, technischen «Intellekt» zu bieten habe, während Griechenland, als Ideal aller «Kultur», ganz aus schöpferischer «Seele» bestanden habe.[22] Spengler sprach den Römern nicht nur jede originäre kulturelle Leistung ab. Er behauptete überdies, sie hätten auch auf militärischem Gebiet in Wirklichkeit nichts Nennenswertes geleistet. Sie hätten die Welt gar nicht durch kriegerische Kühnheit und Tapferkeit erobert; sie sei ihnen gleichsam in den Schoß gefallen, weil es den Völkern, die sie eroberten, an Widerstandskraft gefehlt habe.[23] Mit den Deutschen verhalte sich das heute anders, meinte Spengler im Jahre 1933. Sie hätten sich noch ihren «Barbarismus» bewahrt und seien daher prädestiniert, die dekadente westliche Zivilisation, den Wiedergänger Roms, in der Weltherrschaft abzulösen.

Mit Spenglers Modell ließ sich trefflich erklären, warum Deutschland den Ersten Weltkrieg verloren hatte, obwohl doch die Sieger nach der Diagnose der deutschen Antiwestler schon längst im tiefsten historischen Verfallsstadium angekommen waren. Gemäß der geschichtsphilosophischen Dolchstoßlegende Spenglers war Deutschland nicht Opfer seiner militärischen, sondern seiner geistigen Schwäche geworden. Noch einmal war es dem Westen gelungen, mittels der Zersetzungsstoffe des Liberalismus den gesunden deutschen Volkskörper zu paralysieren. Nun aber, 1933, da die Deutschen den «Weckruf einer großen Zeit» vernommen hätten, würden unwiderruflich die «Jahre der Entscheidung» folgen.[24]

Die Nationalsozialisten versuchten alles, um die Prophezeiung Spenglers wahr werden zu lassen (auch wenn sie Spengler selbst, der kein Nationalsozialist war, dabei nicht brauchen konnten). Es ist wenig bekannt, daß der Topos vom ewigen Krieg gegen Rom auch für die nationalsozialistische Ideologie von großer Bedeutung war. Die nationalsozialistische Propaganda stellte das Dritte Reich als die Einlösung eines Zieles dar, für welches das Germanentum seit Jahrtausenden gerungen habe: Es sollte die römische Weltherrschaft brechen.[25]

Der Nationalsozialismus war mindestens ebenso antiwestlich, wie er antibolschewistisch war. Er war die äußerste, die extremistische Kulmination eines tief in der deutschen Ideengeschichte verankerten Projekts. Die Vorstellung, die römische Welt wolle die Existenzgrundlagen des deutschen Volkes unterminieren, um es schließlich zu vernichten, gehört spätestens seit Fichte zu den Essentials des deutschen Antiwestlertums. Und mit dieser Vorstellung ist der Glaube verbunden, man müsse dem perfiden Todfeind mit allen Mitteln zuvorkommen.

Man könnte geneigt sein, den Philosophen Johann Gottfried Herder für den intellektuellen Stifter der deutschen antirömischen Ideologie zu halten. In seinen «Ideen zur Philosophie der Geschichte der Menschheit» (1784 – 1791) schrieb Herder:

Nie hat es einen kälteren Stolz und zuletzt eine schamlosere Kühnheit des befehlenden Aufdringens gegeben, als diese Römer bewiesen haben; sie glaubten, die Welt sei die ihre, und darum ward sie's.

Überall seien die Nationen «entnervt und entvölkert» worden:

So machten die Römer, die der Welt Licht bringen wollten, allenthalben zuerst verwüstende Nacht; Schätze von Gold und Kunstwerken wurden erpreßt; Weltteile und Äonen alter Gedanken sinken in den Abgrund; die Charaktere der Völker stehen ausgelöscht da, und die Provinzen unter einer Reihe der abscheulichsten Kaiser werden ausgesogen, beraubt, gemißhandelt.[26]

Freilich finden sich bei Herder auch Worte der Bewunderung für die geschichtliche Wirkung der Römer: Sie hätten mit ihrer gewaltsamen Vereinheitlichung der Welt den Boden für einen neuen weltgeschichtlichen Anfang bereitet. Nach dem Zusammenbruch der «Riesenmaschinerie» des Römischen Reiches sei nur ein «abgematteter, im Blute liegender Leichnam» übriggeblieben. In dieser Lage seien die Germanen auf der historischen Bühne erschienen: «da ward in Norden neuer Mensch geboren», ruft Herder ekstatisch aus.[27] Seine geschichtsphilosophische Einordnung der Römerherrschaft war wegweisend für das Römerbild der deutschen Romantik und der konservativen Kulturphilosophie. Man unterstellte den Römern, ihr Reich auf nackter, rücksichtsloser Gewalt errichtet zu haben, und zeigte sich von der weltgeschichtlichen Durchsetzungskraft eben dieser angeblichen Gewaltherrschaft fasziniert.*

Doch die von Herder aufgereihten antirömischen Motive sind bereits sehr viel früher anzutreffen. Léon Poliakov zitiert in seiner Untersu-

---

* Aus diesem Grund hielt sich Carl Schmitt fälschlich für einen «Römer», obwohl er doch ein entschiedener Gegner des Universalismus war. Mit anderen Worten: Carl Schmitt bewunderte ein antiwestliches Rom, das es nie gegeben hat.

chung über den arischen Mythos ein anonymes Pamphlet, das zwischen 1490 und 1510 im Rheinland verfaßt wurde – also noch vor der lutherischen Reformation. Diese Schrift enthält bereits einen radikal nationalistisch gewendeten, bis zu Ausrottungsphantasien reichenden Römerhaß. Für den Autor ist der Germane der ursprüngliche, erste Mensch: «Adam ist einer tuscher man gewesen.»[28] Der «oberrheinische Revolutionär», wie der anonyme spätmittelalterliche Pangermanist in Fachkreisen genannt wird, forderte die Unterwerfung der nichtdeutschen Völker und die Abschlachtung des römisch-katholischen Klerus. Den Antiromanismus dieses frühen Deutschtümlers hat eigentlich nur noch Ulrich von Hutten übertroffen, der die Deutschen ein «weltherrschendes Volk» nannte, das von den Römern mit List und Tücke um die ihm zustehende Rolle als natürliche Führungsmacht gebracht worden sei. Die Römer und ihre zeitgenössischen romanischen Abkömmlinge charakterisierte Hutten wie folgt:

Ein Frauen-Volk, eine verweichlichte Schar ohne Herz, ohne Mut, ohne Tugend. Keiner von ihnen hat je gekämpft, noch versteht er etwas von der Kriegskunst. Und diese Leute beherrschen uns! Dieser Hohn dringt mir ins Herz...[29]

Heinrich Bebel, ein Hofdichter des österreichischen Kaisers Maximilian I., schrieb 1501, die Germanen hätten einst die ganze Welt erobert und seien dabei von einem christlichen Idealismus getrieben worden, der den nur nach Ruhm und Macht begierigen Römern unbekannt gewesen sei. Bebels Schmähungen Roms münden in ein höchst modern anmutendes Argument, das an die paranoiden Geschichtsklitterungen der Ethnoseparatisten in den Vereinigten Staaten erinnert. Léon Poliakov zufolge

warf Bebel den lateinischen Autoren – selbst jenen, auf deren Schriften er sich stützte – vor, aus Neid oder Haß gar manche Großtaten germanischer Helden des Altertums verheimlicht zu haben.[30]

Auch das kulturrelativistische Bedürfnis, die Geschichte nach Belieben umzuschreiben, ist also offenbar zeitlos. Liest man solche «Argumente», kann man sich jedenfalls schon jetzt eine Vorstellung davon machen, was uns nach der Propaganda zur «Auschwitz-Lüge» von seiten der deutschen Geschichtsrevisionisten noch alles ins Haus steht.

Betrachtet man die Intensität und die durchgängige Präsenz – um nicht zu sagen: die deprimierende Redundanz – des antirömischen Ressentiments in Deutschland über viele Jahrhunderte hinweg, so drängt sich die

Frage auf, ob der Antiromanismus nicht viel mehr ist als nur eine ideologische Projektion.

Es mutet geradezu unheimlich an, wenn ein DDR-Schriftsteller wie Heiner Müller bei seinen Tiraden gegen den «westlichen Kolonialismus» wie selbstverständlich auf das Arsenal des deutschen «römischen Komplexes» (Helmuth Plessner) zurückgreift und wenn genau dasselbe auch bei den meist sehr jungen Autoren der Neuen Rechten der Fall ist. Wie fanden diese neuen Antirömer zu einer Tradition zurück, die doch – in der DDR ebenso wie in der Bundesrepublik – angeblich überwunden war?

Heiner Müller schreibt, Deutschland befinde sich nach dem Wegfall der Mauer und nach der Vereinigung wieder in einer historischen «Erdbebenzone» auf dem «Riß zwischen West- und Ostrom». Deutschland sei immer den Fliehkräften eines grundlegenden kulturgeschichtlichen Gegensatzes zwischen West und Ost ausgesetzt gewesen. Seine Wirkung sei durch den Kalten Krieg nur vorübergehend stillgestellt worden. Die Bundesrepublik des «Rheinländers Adenauer», für den die Elbe «ein asiatischer Grenzfluß» war, habe sich zwar eine Zeitlang an die westliche Zivilisation angepaßt. Doch in der DDR sei unter der sowjetischen Besatzung die historische Erinnerung an die «tatarische Invasion», an den «Sturm aus Asien» aufgefrischt worden. Jetzt, da sich einerseits Deutschlands Westbindung lockere und andererseits die ehemalige DDR aus der Versteinerung des Stalinismus entlassen sei, kehre Deutschland in die Unruhe, in die kulturelle «Ortlosigkeit» zwischen West und Ost, «zwischen Rom und Byzanz» zurück.[31]

Auch wenn wir daraus andere Schlußfolgerungen ziehen als Heiner Müller: Es spricht einiges dafür, daß er mit dieser Interpretation recht hat. Der «Osten» beginnt im heutigen Europa ungefähr dort, wo die Römer ihren Vormarsch stoppten und den Limes errichteten. Überspitzt gesagt: Die Römer kamen nur bis zur DDR-Grenze.

Sollte es wahr sein, daß historische Prägungen über große Zeiträume wirksam bleiben, dann hätten wir es in Europa – und vor allem in Deutschland – mit weit tiefgreifenderen Differenzen als nur dem Gegensatz zwischen politischen und wirtschaftlichen Systemen zu tun. Wenn die westliche Zivilisation die modernisierte Neuauflage des römischen Imperiums ist, und wenn der Grad der politischen und kulturellen Verwestlichung der Intensität entspricht, mit der ein bestimmtes Gebiet einst an die römische Lebensweise assimiliert wurde, dann verläuft heute quer durch Europa und mitten durch Deutschland ein geistiger Limes.

Und der wieder aufbrandende «Protest» gegen Rom hat dann ein einsehbares Motiv: Die Volksstämme am Rande des Imperiums lehnen sich gegen die Vorherrschaft eines universalistischen Prinzips auf.

Wenn diese Prämisse zuträfe, was wäre für die Befürworter der Westintegration die Konsequenz? Die Wiederherstellung des Römischen Reiches in den Grenzen des Jahres 60 nach Christus als Lösung der europäischen Neuordnungsproblematik und der deutschen Frage? Auch wenn dieser Gedanke für uns nicht ohne Reiz ist – wir wissen, daß es sich dabei nur um einen Traum handelt, der sich zudem schnell in einen Alptraum verwandeln kann: Schon einmal zerbrach das Römische Reich, weil es sich vor den «Barbaren» hinter Grenzbefestigungen verschanzen mußte und gerade deshalb auf den Einbruch derer, die draußen bleiben sollten, unvorbereitet war. Hans Magnus Enzensberger ist zuzustimmen, wenn er betont, daß eine Zivilisation, die die «Barbaren» nur jenseits ihrer Grenzen vermutet, ihr Selbstverständnis schon verloren hat.

Wenn wir auch glauben, daß die historische Prägung des Westens durch das Römische Imperium für die heutige Lage in Europa von großer Bedeutung ist, so steht doch fest: Eine solche Prägung ist kein historisches Schicksal. Ob die römische Zivilisationsidee aufgegriffen oder verworfen wird – das ist und bleibt eine freie Entscheidung.

Exkurs:
Hinkelstein kontra Geldspeicher

Antiwestlertum im Comic-Strip

Die Anregung zu diesem Ausflug in die Welt der bunten Bilder verdanken wir dem bereits erwähnten Antisemitismus- und Rassismusforscher Léon Poliakov. Er konstatiert in seinem Buch «Der arische Mythos», daß die französische Variante des Indogermanenkultes sich in die Trivialmythen geflüchtet habe; sie wage sich heute «nur noch in den Figuren von Asterix und Obelix zu manifestieren». Poliakov rät uns, «Asterix nicht zu unterschätzen», und schreibt:

Es gäbe viel zu sagen über seine Possen, die einer gewissen Tradition des «gallischen» Humors entsprechen; denn im Schutz dieser Maske rührt er weiterhin... an eine tiefliegende, verborgene Ader, an eben jene, die vor nicht langer Zeit die großen Kollektiventschlüsse nährte und als Relais zwischen den großen Schlächtereien und den politischen Doktrinen diente.[1]

Leider hat Léon Poliakov sich nicht weiter zu diesem Thema ausgelassen; wir mußten uns also die Mühe machen und selbst den antiwestlichen Motiven bei Asterix nachforschen. Das war nicht einmal besonders schwer, denn sie liegen auf der Hand. Im Laufe unserer Forschungsarbeiten fiel uns aber auf, daß der gallische Krieger Asterix einen amerikanischen Widersacher hat: Wir meinen selbstverständlich Donald Duck. Wenn Asterix der antiwestliche Comic-Strip *par excellénce* ist – nun, dann repräsentieren die Donald-Duck-Geschichten den Liberalismus *at its very best*. Dies auf dem Wege des kontrastiven Vergleiches herauszuarbeiten und wissenschaftlich zu untermauern, ist das Erkenntnisinteresse der folgenden Studie.

Das kleine, uns wohlvertraute gallische Dorf

Beginnen wir beim Anfang. Den Vorspann für jedes neue Asterix-Abenteuer bildet eine rituelle Formel, die Kenner schon auswendig hersagen können:

Wir befinden uns im Jahre 50 v. Chr. Ganz Gallien ist von den Römern besetzt...
Ganz Gallien? Nein! Ein von unbeugsamen Galliern bevölkertes Dorf hört nicht auf,
dem Eindringling Widerstand zu leisten... [2]

Es ist kein Zufall, daß sich der Widerstand gegen Rom ausgerechnet in einem Dorf formiert. Genauer betrachtet handelt es sich um ein rassisch homogenes Dorf: Die tapferen knollennasigen Krieger und ihre heldenhaften Frauen sind durchweg blond oder rothaarig. Die römischen Legionäre dagegen tragen die dekadenten, verfeinerten Gesichtszüge eines gemischtrassigen Volkes: Die tödliche Bedrohung, die von ihnen ausgeht, ist immer auch eine Gefahr des verdorbenen Blutes. In den Asterix-Heften sehen wir die Gemeinschaft in ihrem (auch ethnisch) reinen Naturzustand.

Sie stellt sich uns als ländliches Paradies dar, ohne Entfremdung und ohne Schwerindustrie, wenn man den Dorfschmied Automatix einmal außer Betracht läßt. Satte grüne Wälder, die von schmackhaften Wildschweinen bevölkert sind, umgeben die gallischen Krieger wie ein undurchdringlicher Schutzwall. Der Gegner dieser Ethno-Idylle ist die entfesselte Technik: «Mit ihren neumodischen Bauwerken verschandeln die Römer noch die ganze Gegend», sagt Asterix, als er eines Aquäduktes ansichtig wird. [3] Besonders deutlich tritt diese technologiefeindliche Ideologie in dem Asterix-Heft «Die Trabantenstadt» zutage. Die Story ist einfach: Julius Caesar möchte endlich Gallien befrieden (wirklich *ganz* Gallien). Da die staatserhaltende Gewalt zu nichts geführt hat, greift er zu anderen Mitteln. In einer Ansprache vor seinen Senatoren erläutert er:

Diese Gallier meinen, sie könnten sich der römischen Zivilisation widersetzen, nur weil sie einen Zaubertrank besitzen, der ihnen übermenschliche Kräfte verleiht, und weil sie durch einen Wald geschützt sind, der sie ernährt. Aber ich werde sie zwingen, diese Zivilisation anzunehmen! Der Wald wird gefällt, und an seiner Stelle wird ein Park angelegt! Schließlich wird rings um das Dorf eine Römersiedlung gebaut. Und dann ist das Dorf nur noch ein unbedeutender Vorort, der sich anpaßt oder verschwindet! [4]

Caesars zivilisatorische List scheitert, weil die Gallier über Zaubereicheln verfügen, mit denen sie die gefällten Bäume im Nu wieder nachwachsen lassen können. Zuvor allerdings muß die Dorfgemeinschaft eine harte Prüfung durchstehen, denn Asterix und seine Freunde lassen zu, daß immerhin ein Hochhaus der geplanten römischen Trabantenstadt fertiggestellt wird. Daraufhin fallen scharenweise dekadente Hausfrauen in das pittoreske gallische Dorf ein, um Antiquitäten und Fisch zu kaufen.

Beinahe werden die wackeren Krieger also doch noch von der Zivilisation verschluckt. Aber als sie gerade auf dem besten Weg sind, sich korrumpieren zu lassen, bläst Asterix zum Sturmangriff. Das römische Hochhaus wird zunächst unbewohnbar und dann dem Erdboden gleichgemacht; zu guter Letzt sind nur noch ein paar schäbige Ruinen zu sehen. Über ihnen aber rauschen unbezwinglich die gallischen Eichen. Die Natur rächt sich mit Hilfe der einheimischen Magie an der römischen Überfremdung. Am Ende entspinnt sich folgender Dialog zwischen Asterix und dem Dorfweisen: «Miraculix, unser Druide, glaubst du wirklich, daß wir den Lauf der Dinge immer so aufhalten können wie bisher?» – «Natürlich nicht, Asterix. Aber wir haben ja noch Zeit, soviel Zeit!»[5] Oswald Spengler läßt grüßen: Die Gallier haben das Gesetz der Geschichte auf ihrer Seite. Sie müssen nur geduldig ausharren, bis das römische Imperium zusammenbricht.

In der Zwischenperiode ist die Aussicht aufs fröhliche Römerverdreschen die *raison d'etre* des kleinen gallischen Dorfes. Wenn die Stammeskrieger sich wieder einmal bis aufs Blut prügeln (in der Regel sind die stinkenden Fische, die Verleihnix feilhält, der Grund für diese internen Streitigkeiten), dann schmiedet der gemeinsame Römerhaß sie schnell wieder zusammen. Zum Glück ist dies Verhalten die Ausnahme, nicht die Regel. In «Der Kampf der Häuptlinge» machen wir die Bekanntschaft eines Stammesoberhauptes namens Aplusbegalix, der sein Dorf auf erfreuliche Weise den zivilisatorischen Errungenschaften der Besatzer geöffnet hat. Er engagiert sogar den berühmten Professor Berlix, um die Dorfjugend mit den modernsten Unterrichtsmethoden in das Studium der lateinischen Weltsprache einzuführen.[6] Und als Asterix im helvetischen Geneva zu Besuch ist, lernen wir eine «Internationale Organisation der Stammeshäuptlinge» kennen, die bereits 167 Konferenzen absolviert hat. Während ihrer 168. Sitzung hält ein wortgewaltiger Regionalfürst eine Rede, in der es heißt:

... und ich bin der festen Überzeugung, daß es möglich ist, mit den Römern in Frieden zu leben. Alles, was wir brauchen, ist die ehrliche Bereitschaft beider Seiten sowie die Respektierung der individuellen Freiheit! Selbstverständlich wird es noch Schwierigkeiten geben, doch die Römer haben bereits ihren Wunsch nach Frieden bekundet. Pax Romana, das könnte die Losung für einen friedlichen Neubeginn sein, unter der Voraussetzung, daß wir Vorbehalte und Empfindlichkeiten vergessen. Ich sehe eine Zukunft der Ruhe und des Friedens. Und daher glaube ich, daß ein Friedensvertrag möglich ist und möglich sein muß.[7]

Freilich hat diese einsame Stimme der Vernunft keinen Einfluß auf den weiteren Gang der Handlung. Wer die «Asterix»-Hefte eingehend studiert, wird übrigens bald finden, daß es kaum einen unprovozierten römischen Gewaltakt gegen das gallische Widerstandsdorf gibt: Die Garnisonen in den Militärlagern Aquarium, Babaorum, Laudanum und Kleinbonum sind meist heilfroh, wenn sie von den Galliern in Ruhe gelassen werden. Nicht mit kriegerischen Interventionen soll die homogene Dorfgemeinschaft zersetzt werden, sondern durch liberale Schläue.

In «Streit um Asterix» etwa bedient sich Julius Caesar eines Zivilisten namens Tullius Destructivus, um den Widerstand der Stammeskrieger zu brechen. Jener Destructivus – ein kleiner, unrasierter Mann mit Halbglatze – hat die Begabung, alle Personen, die sich in seiner Umgebung befinden, gegeneinander aufzuhetzen. Seine bloße Präsenz genügt, und ihre Sprechblasen färben sich grün vor Neid und Mißgunst. Ein idealer Agent der Zivilisation! Aber sogar er muß sich vor einer Gemeinschaft geschlagen geben, die keinerlei Individuation zuläßt. Die gallische Erdverbundenheit duldet keine eigenständigen Persönlichkeiten, sondern nur Originale; nicht einmal ein Tullius Destructivus kann dagegen etwas ausrichten.[8]

In «Das Geschenk Cäsars» versucht der römische Diktator, die unbeugsamen Gallier mit einem Vertrag einzubinden. Er überreicht einem Ex-Legionär, der seinen Dienst meist im Vollsuff versehen hatte, zur Strafe ein Dokument, das ihm den Hoheitstitel über das gallische Widerstandsdorf verleiht. Auf unrechtmäßige Weise gelangt dieses Dokument aber in die Hände eines gallischen Gastwirtes namens Orthopädix, der nunmehr seinen Besitzanspruch geltend machen will. Die Dorfbewohner sind freilich nicht einmal bereit, Orthopädix, seine Frau und seine Tochter bei sich aufzunehmen. Der Dorfälteste Methusalix äußert sich dazu wie folgt: «Du kennst mich doch, ich hab nichts gegen Fremde. Einige meiner besten Freunde sind Fremde. Aber diese Fremden da sind nicht von hier!»[9]

Nach einigem Hin und Her wird Orthopädix trotzdem gestattet, ein Wirtshaus zu eröffnen. Man besinnt sich letzten Endes darauf, daß er ein gallischer Stammesbruder ist (wenn auch nur ein zugereister). Auf Drängen seiner Frau macht Orthopädix jedoch dem Dorfhäuptling Majestix den Rang streitig, woraufhin ein regelrechter Wahlkampf entbrennt. Plötzlich finden öffentliche Debatten über die Wirtschaftslage statt: Was hat Majestix eigentlich für die Ansiedlung von neuen Betrieben in dem gallischen Dorf getan? fragt Orthopädix bei einer Podiumsdiskussion.[10] Das Geschenk Caesars, so zeigt sich nun, war die Demokratie. Doch alle Demokratisierungsversuche werden umstandslos abgebrochen, als die Römer gegen die unbesiegbaren Gallier einen hochtechnologischen Krieg mit Wurfmaschinen führen. Am Ende ist die alte Ordnung wiederhergestellt: Die Römer werden vernichtend geschlagen, und Orthopädix verläßt mit seiner Familie das Dorf.

Die schlimmste römische Waffe indessen ist und bleibt das Geld. In «Obelix GmbH & Co KG» stattet Julius Caesar den smarten römischen Manager Technokratus mit den nötigen finanziellen Mitteln aus, um dem Hinkelsteinlieferanten Obelix Menhire *en gros* abzukaufen.[11] Die Folge ist eine gesellschaftliche Revolution. Die Stammesstrukturen werden gehörig durcheinandergewirbelt, und die Mode hält Einzug in Gallien. Die Häuptlingsgattin Gutemiene macht ihrem Mann deswegen die Hölle heiß. Der tumbe Obelix aber bringt es zu großem Reichtum, er avanciert zum wichtigsten Mann im Dorf. Dank dem römischen Sesterzen-Imperialismus wird Obelix kurzfristig sogar zum Lustobjekt: Die bildhübsche Frau des greisen Methusalix wirft ein kesses Auge auf ihn. Selbstredend wollen die anderen Dorfbewohner jetzt auch so schick sein wie Obelix; es ist also schnell vorbei mit dem beschaulichen Landleben. Die eine Hälfte des Dorfes produziert Hinkelsteine, und die andere Hälfte jagt Wildschweine, um die Hinkelsteinproduzenten bei Kräften und bei Laune zu halten.

Leider hat Technokratus nicht bedacht, daß Menhire vollkommen nutzlose Gegenstände sind. Bei dem Versuch, sie in Rom wieder loszuschlagen, löst er unfreiwillig eine Krise des römischen Kaufsklaven-Kapitalismus aus. Zum Schluß ist das Staatssäckel stark belastet, und der Sesterz muß abgewertet werden. Das gallische Widerstandsdorf aber kehrt zu seinem gewohnten Trott zurück. Sogar der erotische Wirrwarr legt sich – die ordentlichen, ehelichen Zweierbeziehungen werden wieder etabliert.

Die gallischen Wunderwaffen: Stammesmagie und Ethnopluralismus nebst einer antiken Vorform von Alka Seltzer

Die gallischen Stammeskrieger sind unbesiegbar wegen des Zaubertrankes, den der Druide Miraculix ihnen braut. Seine Zutaten werden streng geheimgehalten, sie dürfen nur von Druidenmund zu Druidenohr weitergegeben werden. Wir wissen also lediglich, daß zu den Ingredienzien Hummer (dieser aber mehr wegen des Geschmacks)[12], ferner Misteln (die mit einer goldenen Sichel geschnitten werden müssen)[13] und Petroleum gehören (wobei letzteres auch durch Rote-Rüben-Saft ersetzt werden kann).[14] Solange die Gallier sich diesem altehrwürdigen, magischen Trank anvertrauen, der durch ihre ethnische Tradition geheiligt ist, wird ihnen garantiert nichts geschehen.

Wissenschaftliche Experimente gelten dagegen eindeutig als etwas Schlechtes. In «Der Kampf der Häuptlinge» passiert dem Druiden Miraculix das kleine Malheur, daß ihm ein Hinkelstein an den Kopf geworfen wird; er kann sich daraufhin nicht mehr an das Rezept für den Zaubertrank erinnern. Die Gemeinschaft stellt ihm sofort einen großen Suppentopf zur Verfügung, in der bangen Hoffnung, daß er vielleicht doch noch etwas Brauchbares zustande bringt. Die Folgen sind katastrophal. Die Suppentöpfe explodieren gleich serienweise, die Gesichtsfarbe des Druiden changiert – nachdem er von seinem Gebräu gekostet hat – von dunkelgrün über grünkariert bis himmelblau, und ein römischer Legionär lernt das Fliegen.[15]

Doch nicht nur ihre Stammesmagie schützt die antirömischen Gallier. Sie werden – beim Teutates! – auch von cirka vierhundert Gottheiten auf Schritt und Tritt überwacht. Dementsprechend apokalyptisch ist ihr Weltverständnis: Sie leben in der ständigen Angst, «daß ihnen der Himmel auf den Kopf fallen könnte».[16] Es ist zwar richtig, daß in dem Asterix-Heft «Der Seher» ein falscher Prophet enttarnt wird, der die apokalyptische Leichtgläubigkeit der Dorfbewohner schamlos ausnützt. Von einer Aufklärung im Sinne des abendländischen Rationalismus kann hier indessen keine Rede sein. Die Entlarvung des falschen Hellsehers dient nämlich nur dazu, die Autorität des Dorfdruiden um so nachhaltiger zu bestätigen. Miraculix lehrt die gallischen Krieger nicht, daß es keine Wunder gibt; er bringt ihnen vielmehr bei, daß ein Zaubertrick nur dann funktioniert, wenn er von ganz oben sanktioniert wurde. Am Ende genießen die Gallier «unter dem Schutz von Teutates, dem Stammesgott, von Rosmerta, der Göttin der Vorsehung, und Cerunnos, dem Gott der Natur ... in froher Runde die Gegenwart und denken nicht mehr an die Zukunft».[17]

Der einzige moralische Wert, der im Asterix-Universum wirklich zählt, ist der Kampf. Nirgends wird dies deutlicher als in jener Episode, in der die unbesiegbaren Krieger sich über Julius Caesars Bemerkung erbost zeigen, daß von allen gallischen Stämmen die Belgier am tapfersten seien.[18] Der Nationalstolz des Dorfhäuptlings Majestix ist darob dermaßen gekränkt, daß er loszieht, um die Sache in einem fairen Wettkampf auszutragen. Er läßt sich von den Belgiern zu einem gargantuesken Festmahl einladen und legt dabei folgende Spielregel fest: Wer im Laufe eines Tages mehr römische Militärlager zerstört, hat gewonnen.

Wir bekommen hier einen Vorgeschmack dessen, was die Neue Rechte als Ethnopluralismus bezeichnet. Die verschiedenen Stämme vereinen sich zum letzten Gefecht gegen die universalistische Weltzivilisation. Übrigens wissen wir immer noch nicht, ob nun die Gallier oder die Belgier am tapfersten sind, denn der Kampf geht unentschieden aus. Selbst Julius Caesar, der als unparteiischer Schiedsrichter hinzugezogen wird, kann am Schluß nur hilflos feststellen: «Am tapfersten? Weiß ich nicht. Aber eins kann ich euch sagen! Ihr spinnt alle miteinander!»[19] Diesem Urteil schließen wir uns vorbehaltlos an.

Selbstverständlich wird auch in den Asterix-Heften die populäre These verbreitet, Rom sei an seiner Dekadenz zugrunde gegangen. In «Asterix bei den Schweizern» erfahren wir, daß es römische Statthalter gab, die ihre wüsten Orgien von Fellinius persönlich inszenieren ließen.[20] Womöglich noch schlimmer trieb es Feistus Raclettus in Helvetien: Er veranstaltete Käseorgien mit geschmolzenem Emmentaler.[21] In «Die Lorbeeren des Cäsar» endlich werden wir in die tieferen, die welthistorischen Gründe für den römischen Niedergang eingeweiht. Asterix kreiert in dieser Episode einen Eintopf, der die Eigenschaft hat, auch den schlimmsten Alkoholkater umgehend zu vertreiben. (Er besteht aus einem ungerupften Huhn, Kernseife, Marmelade, gemahlenem Pfeffer, Salz, Nieren, Feigen, Honig, Blutwurst, Granatapfelkernen, Eiern und Pfefferschoten.) Man könnte sagen, daß dies der eigentliche gallische Zaubertrank war, denn in der Folge ergaben sich die dekadenten Römer immer hemmungsloser der Trunksucht.[22]

Doch nicht in einem Comic-Heft, sondern in einem Zeichentrickfilm werden unsere schlimmsten Alpträume wahr: «Asterix erobert Rom». Caesar muß daraufhin abdanken, er züchtet Rosen auf seinem Landgut und widmet sich ganz der Liebe zu Kleopatra. Der antirömische Gegenuniversalismus hat an allen Fronten gesiegt.

Entenhausen: Eine multiethnische Metropole

Im Gegensatz zur rassisch homogenen Dorfgemeinschaft der Gallier ist Entenhausen eine universalistische Gesellschaft, in der die Abstammung der einzelnen Bürger keinerlei Rolle spielt. Entfremdete Enten, die ihre Teiche verlassen haben und dem Anruf der terranen Existenz gefolgt sind (Donald, Dagobert, Daisy Duck und die Neffen), einzelgängerische Ganter, die ein Leben als Glücksritter führen (Gustav Gans) oder als notorisch kommunikationsunfähige Faulpelze der Geborgenheit der schnatternden Urhorde entkamen (Franz Gans), Mäuse (Micky), die in vollständiger Umkehrung der natürlichen Ordnung am liebsten Detektiv spielen, um Katzen (Kater Karlo) zu fangen und hinter Schloß und Riegel zu bringen, treudoof-anarchische Hunde ohne Herrchen (Goofy), alleinstehende, altjungferliche Kühe (Klarabella) und Hühner (Henriette Huhn) – sie alle leben ohne ethnische und religiöse Spannungen mit- und nebeneinander. Auffällig ist dabei der Grad der Atomisierung der Individuen, den der Liberalismus Entenhausener Prägung erreicht hat. Der traditionelle Kleinfamilienverband scheint weitgehend der Vergangenheit anzugehören. Das Singledasein hat sich geschlechterübergreifend durchgesetzt: Sowohl Donald und Micky Maus als auch Daisy und Minni Maus leben ohne festen Lebenspartner in ihren Reihenhäuschen mit Garten.

Gleichwohl ist Einsamkeit in Entenhausen kein soziales Problem. Alle sind mehr oder weniger intensiv mit allen befreundet (oder, was Donald und Gustav betrifft, miteinander verfeindet). Rassische und kulturelle Unterschiede stellen hierbei kein Hindernis dar. Dies beweist nicht nur das unzertrennliche Verhältnis von Micky und Goofy, der als sozialer Außenseiter im übrigen auf keinerlei Ablehnung in der Gesellschaft stößt, sondern auch die Zusammensetzung des Entenhausener Damen-Klubs, einer schlagkräftigen, aus Enten, Hühnern, Kühen und Stuten bunt zusammengewürfelten mobilen Einsatztruppe im Dienste der Kultur. (Der Damen-Klub verfügt unter anderem über eine «Kreuzstich-Klicke», eine «Lochstickerei-Lobby» und ein «Geschwader der Freunde feiner Filetarbeiten».)[23]

Der freiwillige Zusammenschluß autonomer Individuen hat in Entenhausen also die stammesgeprägte Bindung ganz und gar abgelöst. Rätsel gibt der Forschung freilich nach wie vor das Sexualverhalten der Entenhausener auf. Zwischen Donald und Daisy bestehen eindeutige amouröse Beziehungen, die durch das aufdringliche Werben Gustavs empfindlich gestört, aber auch immer wieder angeheizt werden. Von einer möglichen Ehe oder einer anderen Form der Lebensgemeinschaft ist dabei nie die Rede. Dasselbe gilt für das Verhältnis von Micky und Minni. Ganz und gar undurchsichtig ist der Hintergrund der Beziehung zwischen Dagobert und Oma Duck, die sowohl von Donald und Daisy als auch den kleinen Neffen «Oma» genannt wird, von Dagobert aber zärtlich «Dorette». Ja, und woher kommen überhaupt die Neffen, die bei ihrem «Onkel Donald» wohnen und niemals nach dem Verbleib von Mami und Papi fragen? Aus wessen Ei sind sie geschlüpft, warum sind überhaupt biologische Vorgänge dieser Art in Entenhausen kein Thema? Kurz, alles spitzt sich auf die Frage zu: Machen sie's überhaupt, wer tut's mit wem, und wenn, dann wann und wo?

Das sozialpsychoanalytische Erklärungsmodell von Grobian Gans, der in der Abwesenheit des Diskurses über die Sexualität ein Symptom für die bürgerliche Verdrängungskultur sieht[24], scheint uns zivilisationskritisch voreingenommen zu sein. Die ideologische Sichtweise von Grobian Gans kulminiert in der These, Gustav Gans sei ein homosexueller CIA-Agent, der aufgrund seiner Veranlagung erpreßbar sei und zur geheimdienstlichen Tätigkeit gezwungen werde. Die Tatsache, daß der Glückspilz Gustav, allein auf hoher See treibend, durch einen rosa Gummielefanten gerettet wurde, der aus heiterem Himmel fiel, scheint uns für diese kühne Spekulation des Grobian Gans kein hinreichender Beleg zu sein. Dessen Deutung, nach der das Gummitier von der CIA abgeworfen worden sei, reproduziert vielmehr die linke antiamerikanische Verschwörungstheorie. Wir fragen: Könnte der rosa Gummielefant nicht ebensogut vom KGB stammen? Oder von einem Gummifetischisten-Zirkel?

Entenhausen ist alles andere als eine bigotte Gesellschaft. Es muß doch auffallen, daß der undefinierte Lebenswandel von Donald und Co. in geschlechtlichen Dingen keinerlei moralischen Anstoß in der Entenhausener Gesellschaft erregt und nicht einmal überflüssige Fragen hervorruft. Die individuelle Lebensgestaltung ist in Entenhausen so selbstverständlich, daß sie nicht zum Thema wird. Tabus der Privatsphäre werden souverän respektiert.

Zwar nehmen die Enten in Entenhausen in mancherlei Hinsicht eine dominierende Position ein. Das ergibt sich aus der Tradition: Der «kühne Gründer» der Stadt, wie er vom Entenhausener Bürgermeister tituliert wird, war nämlich ein gewisser Erasmus Erpel. Ein aus Schnee modelliertes Standbild zeigt diesen legendären Enterich in der Tracht der Puritaner des 17. Jahrhunderts, mit einem Gewehr in der Hand («Der Schneemann-Preis»)[25]. Wir entnehmen dem, daß die Gründung der Stadt durch europäische Pioniere erfolgt sein muß, die, analog zur Kolonisierung Nordamerikas, das Gebiet des heutigen Entenhausen in Beschlag nahmen und urbar machten. Aus einer anderen Geschichte («Der goldene Helm»)[26] geht sogar explizit hervor, daß Entenhausen in Amerika liegt. Freilich kann es sich hierbei nicht um das uns bekannte Amerika handeln, denn die Entenhausener Geschichtsforschung verfügt über ein Dokument, das nachweist, daß «Amerika» von einem gewissen Olaf dem Blauen entdeckt wurde. Nach allen uns zugänglichen Erkenntnissen war aber Erik der Rote der erste Europäer, der einen Fuß auf amerikanischen Boden setzte.

Mangels einer besseren Hypothese schließen wir uns der Auffassung einer donaldistischen Forschungsrichtung an, die vermutet, daß jenes Amerika, in dem Entenhausen liegt, ein Kontinent in einem Parallel-Universum sein muß, welches dem unseren zwar sehr ähnlich ist, aber dennoch gravierende Abweichungen aufweist. (So wurde in unserem Universum bisher nichts von der Existenz sprechender Enten bekannt, die blaue Matrosenanzüge tragen.)

Trotz der besonderen Anerkennung, die die Enten in Entenhausen genießen, kann von Benachteiligung der Bürger anderer Herkunft in den führenden Rängen der Gesellschaft keine Rede sein. Der Polizeichef (Kommissar Hunter) ist ein Hund, der Bürgermeister ein Schwein, und das Richteramt wird traditionell von Eulen bekleidet.

Eine führende Rolle nehmen die Enten allerdings zweifelsfrei im Geschäfts- und Finanzwesen Entenhausens ein – oder präziser gesagt: die Enten schottischer Abstammung. Der einzige, der dem Geldmagneten Dagobert Duck überhaupt den Titel «Reichster Mann der Welt» streitig machen könnte, ist Mac Moneysac, dessen Name und Tracht unzweideutig das Land seiner Väter verrät. Dagobert selbst stammt aus einer bitterarmen Familie im schottischen Hochland, das er im zarten jugendlichen

Alter verließ, um in der neuen Welt sein Glück zu machen. Seinen ersten Zehner hat er als Dienstbote im Goldgräberlager von Klondyke verdient. Obwohl er dieses Geldstück abergläubisch als seinen Talisman und wie eine Reliquie in Ehren hält, hat er sich den Grundstock seines Vermögens doch durch harte Arbeit redlich zusammenverdient. Dagoberts Glaube, sein Reichtum basiere nur auf der glücksbringenden Kraft des Zehners, ist unsinnig, wird jedoch von der Hexe Gundel Gaukeley ganz buchstäblich für bare Münze genommen. Ihr unermüdlicher Versuch, Dagobert den Glückszehner abzujagen, läßt sich nur aus ihrer hartgesottenen antimodernistischen Gesinnung heraus erklären.

Gundel hängt der gegenaufklärerischen These an, die Erfolgsgeschichte des Kapitalismus beruhe auf einer magisch-blendenden Wirkung des Geldes. Vom Besitz des Glückszehners verspricht sie sich die Weltmacht. Sie will die Moderne in ihrem Herzstück treffen: Sei erst einmal die Rationalität des Kapitalkreislaufes zerstört, würden wieder magische Rituale die Geschicke der Menschheit bestimmen. Gundel Gaukeley ist die einzige wirkliche ernsthafte Bedrohung für den Liberalismus in Entenhausen, weil sie eine hochintelligente und zugleich äußerst fanatische Irrationalistin ist. Zudem bedient sich ihr Antimodernismus der modernsten Technik: Ihre Bombastik-Buff-Bomben, mit denen sie ihre Widersacher blendet und paralysiert, sind von größter Effektivität.

Freilich beweist Gundel Gaukeley auch eine für uns eher unangenehme Wahrheit: Antiliberalismus kann sehr erotisch sein. Wie die pechschwarzhaarige, feurige und langwimprige Gundel da im knappen schwarzen Kleid und mit hochhackigen Pumps auf ihrem superschnellen Sport-Besen durch die Lüfte reitet, das jagt nicht nur Erpeln heißkalte Schauer durch den Körper.

Geldherrschaft und zivilisatorische Integration des Bösen

Die Großstadt Entenhausen wird in scheinloser Nacktheit vom Gelde regiert. Für alle sichtbar ragt der Ducksche Geldspeicher in die Höhe, auf dessen Fassade ein gigantisches Dollarzeichen alle Zweifel über die Funktion dieses einmaligen Bauwerkes zerstreut. Gleichwohl erweckt der immense Besitz, den Dagobert Duck im wahrsten Sinne des Wortes aufgehäuft hat (nach eigener Aussage liebt es Dagobert, in seinem Geld zu baden und zu wühlen wie ein Maulwurf und sich die Taler auf die

Glatze prasseln zu lassen), keinen Sozialneid. Donald und die Neffen lassen zwar kaum eine Gelegenheit aus, ihrem geizigen Onkel ein paar Scheinchen abzuluchsen. Aber im Ganzen gesehen sind sie mit ihrem abenteuerlichen, ständig vom Bankrott bedrohten Leben, das sie auf halsbrecherische Expeditionen rings um den Globus führt, ganz zufrieden. Für einen riesigen Turm von Pfannkuchen zum Frühstück reicht es allemal noch. Auch wenn Donalds Scheitern in unzähligen Berufen sprichwörtlich ist und er darunter leidet («Immer werde ich verkannt»), so entspricht sein unsteter Lebensstil doch ganz seinem von Neugier und innovativem Geist geprägten Charakter.

In Anlehnung an das Camussche Diktum, nach dem man sich Sisyphos als einen glücklichen Menschen vorstellen müsse, läßt sich behaupten, daß Donald eine zufriedene Ente ist. Er verkörpert zudem den modernen Typus des Arbeitnehmers, der mobil und umschulungsfreudig ist und sich mit Arbeits- und Chancenlosigkeit in seinem Berufszweig nicht passiv abfindet. Wenn Donalds moderner Lebensstil auch zukunftsweisende Maßstäbe setzt, so ist er aber doch das absolute Gegenteil von einem Utopisten. O-Ton Donald: «Von Geld träume ich oft. Aber was ich heut nacht geträumt habe, weiß ich wirklich nicht.» [27]

Auch wenn der Existenzkampf oft sehr hart ist: Entenhausen ist im Grunde eine wohlhabende Gesellschaft. Freilich kann nicht verschwiegen werden, daß es auch eine Art Getto gibt, das Industriegebiet, in dem der Schnee dunkelgrau verfärbt ist und wo arme Halbwaisen sich darum sorgen müssen, wie sie ihrer leidgeplagten Mutter einen Wintermantel besorgen könnten. [28] Wirklich gefährliche soziale Spannungen sind in der flexiblen, durchlässigen Entenhausener Gesellschaft aber nicht zu befürchten. Die politische Ordnung der Stadt ist durchweg stabil. Das rührt nicht zuletzt daher, daß – sieht man von der radikalen Antimodernistin Gundel Gaukeley ab – selbst die extremistischen Oppositionellen das Prinzip des Systems nicht in Frage stellen.

Sogar die gefährliche terroristische Organisation der Panzerknacker A.G. weicht nur in der Auffassung, welche Methode den besten und kürzesten Weg zum Reichtum sichert, von der vorherrschenden marktwirtschaftlichen Grundorientierung ab. Die Geldherrschaft als solche wird nicht in Frage gestellt. Vielleicht erklärt dieser unerschütterliche Konsens die Tatsache, daß die Panzerknacker A.G. trotz ihrer unzählige Male erwiesenen kriminellen Zielsetzung und ungeachtet der Tatsache, daß sie in der Art einer paramilitärischen Einheit uniformiert auftritt, von der Entenhausener Staatsmacht nicht verboten, ja daß nicht einmal der Eintrag dieser zwielichtigen Aktiengesellschaft im Handelsregister anulliert wird. Die Liberalität des Systems zeigt sich auch an dem äußerst milden Strafvollzug in Entenhausen. Wohl müssen die Panzerknacker schon mal Steinbrucharbeiten verrichten. Aber obwohl sie gerichtsnotorische Rückfalltäter in rekordverdächtiger Dimension sind, erfolgt regelmäßig nach sehr kurzer Zeit ihre Entlassung aus der Haft. Oder (die Entenhausener Gefängnisse scheinen nicht sehr scharf bewacht zu werden) sie brechen einfach wieder aus.

Der tiefere Grund für diese Laxheit in Sachen der Verfolgung von Staats- und Gesellschaftsfeinden ist jedoch die allen Dialektikern der Aufklärung Hohn sprechende Tatsache, daß der Entenhausener Liberalismus keineswegs auf der Ausgrenzung des Bösen beruht. Einigermaßen unbehelligt darf der Böse-Buben-Klub um Ede Wolf und die Gevattern Fuchs und Bär im nahegelegenen Wald seinen politisch nicht korrekten Zielsetzungen nachgehen. Das vordergründige Hauptziel dieses übel beleumundeten, aber nicht sehr effektiven Verbandes ist die Schlachtung und Vertilgung der drei kleinen Schweinchen, die offenbar in den Wald gezogen sind, um zu den Wurzeln ihrer wilden Vorfahren zurückzukehren. Vor allem der Sabotagearbeit des aus der Art geschlagenen Sohnes von Ede Wolf, des kleinen guten Wolfs, haben es die Schweinchen zu verdanken, daß ihr sozialromantisches Alternativdasein abseits der urbanen Zivilisation bisher nicht jäh im Kochtopf endete. Immerhin gelingt es Ede und dem Böse-Buben-Klub jedoch, sie in Angst und Schrecken zu halten. Und ganz offen gesagt: Man gönnt es diesen hypermoralischen Kollektivisten mit ihrem Kommandanten Schweinchen Schlau. Die Anwesenheit des Böse-Buben-Klubs im Walde zerstört schon im Ansatz die Illusion, es gebe eine idyllische Alternative zur modernen Großstadtzivilisation. Wer weiß – gäbe es Ede und seine Kumpane nicht, die selbstgerechten Schweinchen hätten sich vielleicht längst aus rosafarbenen Pazifisten in animalische Rote Khmer verwandelt, die zum Sturm auf den Moloch Entenhausen rüsten.

Entenhausen im Ausnahmezustand:
Ein Carl-Schmittianer greift nach der Macht

Der liberale, zivilisatorische Konsens Entenhausens scheint stabil – und doch ist er alles andere als ungefährdet. Er bedarf der Bereitschaft seiner Bürger, ihn mutig zu verteidigen. Die wohl dramatischste Gefährdung der gefiederten Bürgergesellschaft stellt der Versuch einer sinistren Gestalt namens Berengar Bläulich dar, sich zum Diktator aufzuschwingen. Bläulich behauptet, er sei ein Nachkomme Olafs des Blauen, der – wie schon erwähnt – nach Entenhausener Erkenntnisstand der Entdecker Amerikas ist. Der Justizrat Wendig, den Berengar Bläulich als Rechtsbeistand angeheuert hat, erklärt seinen Klienten zum rechtmäßigen Besitzer Amerikas und begründet diesen Anspruch mit einem uralten Gesetz, das niemals aufgehoben worden sei: dem «Codex Raptus». Damit hat es folgende Bewandtnis:

Im Jahre 807 soll Pippin der Picklige, im Einverständnis mit Theodosius dem Trübseligen von Byzanz zu Rom folgenden Codex erlassen haben: Jedweder freie Mann, der jenseits des Meeres neues Land entdeckt, soll es zu eigen haben.

  Folglich war Olaf der Blaue der rechtmäßige Besitzer von Nordamerika, und jetzt ist es sein Nachkomme, Herr Bläulich...[29]

Bleibt nur noch der Nachweis zu führen, daß Berengar Bläulich tatsächlich von Olaf dem Blauen abstammt. Dieses Problem löst der furchtbare Jurist Wendig im Geiste des Dezisionismus von Carl Schmitt. Auf die Frage nach dem Beweis für die Nachfahrenschaft Bläulichs von Olaf dem Blauen antwortet der Justizrat:

Flickus, Flackus, Fumdeedledum! Das ist Juristenlatein und heißt auf deutsch: Wie wollen Sie das Gegenteil beweisen?[30]

Sogleich macht sich Bläulich auf den Weg nach Labrador, wo Olaf der Blaue zum Beweis dafür, daß er tatsächlich in Amerika war, einen goldenen Helm vergraben hat.

So, und jetzt suche ich den goldenen Helm, und wenn ich ihn habe, komme ich zurück und ergreife die Macht.[31]

Und der Justizrat Wendig fügt hinzu:

Hocus, Locus, Jocus! Auf deutsch: Wer zuerst kommt, mahlt zuerst.[32]

«Souverän ist, wer über den Ausnahmezustand entscheidet», hat Carl Schmitt 1922 geschrieben, und:

Die Ordnung muß hergestellt werden, damit die Rechtsordnung einen Sinn hat. Es muß eine normale Situation geschaffen werden, und souverän ist derjenige, der definitiv darüber entscheidet, ob dieser normale Zustand tatsächlich herrscht. Alles Recht ist ‹Situationsrecht›. Der Souverän schafft und garantiert die Situation als Ganzes in seiner Totalität.[33]

Das Recht gründe sich normativ auf das Nichts, lehrte Schmitt. Die Normen, auf denen das Recht basiert, hätten keine andere Legitimation als den souveränen Willensakt eines handelnden Subjekts, und die Macht habe keine andere Ursache als die Entscheidung des Souveräns darüber, welche Norm als die gültige zu betrachten sei. Dieser Lehre gemäß handeln Berengar Bläulich und der Justizrat Wendig.

Nicht nur ihre Schmittianische Vorgehensweise deutet darauf hin, daß es sich bei dem versuchten Bläulich-Wendig-Putsch um einen antidemokratischen Anschlag von rechts handelte. Berengar Bläulich ist ganz eindeutig ein gläubiger Anhänger des Germanenmythos und des nordischen Neuheidentums der Neuen Rechten. «Bei Donars Hammer und Odins Raben!», ruft er aus:

All die alten Sagen, denen ich in Norwegen nachgeforscht habe, beruhen auf Wahrheit. Die Zeit zum Handeln ist gekommen.[34]

Nur dem selbstlosen Einsatz von Donald, Tick, Trick und Track sowie des Museumsdirektors Weihrauch ist es zu verdanken, daß es nicht zum Äußersten kam. Sie folgten Bläulich und Wendig ins Eismeer und jagten ihnen unter abenteuerlichen Umständen den Helm ab. Allerdings kamen sie dabei selbst in Versuchung: Donald sah sich zwischenzeitlich schon als Kaiser von Amerika, der die Luft zum Atmen besteuern werde, und selbst in Tricks Augen stellten Tick und Tack ein begehrliches, machtlüsternes Glitzern fest. Am Ende siegt aber doch die antitotalitäre Räson. Der goldene Helm wird nebst Lageplan für immer im Meer versenkt.

Die Episode illustriert, daß der Bestand der liberalen Bürgergesellschaft in letzter Instanz nur von der Entschlossenheit ihrer freien Mitglieder abhängt, sie zu verteidigen. Fehlt sie, kann kein Staat, kein Recht und kein Gesetz die Freiheit vor dem Zugriff der Bläulichs, Wendigs und Carl Schmitts dieser Welt (und aller Paralleluniversen) schützen.

Die Bejahung des Fortschritts in Wissenschaft und Technik, kombiniert mit dem skeptischen Pragmatismus des «Trial and Error», führt in Entenhausen zu den erstaunlichsten Innovationsschüben. Der Erfinder Daniel Düsentrieb (sein Wahlspruch: «Dem Ingeniör ist nichts zu schwör») verkörpert diese aufgeschlossene Haltung gegenüber dem technologischen Experiment wie kein anderer. In seiner Arbeit versinnbildlicht sich das Projekt der offenen Gesellschaft: Sie ist etwas Gemachtes und immer neu zu Machendes, ein permanenter Laborversuch, immer bedroht von kleinen und größeren Pannen.

Ob er nun einen Roboter erfindet, der alle Fragen beantworten und die Gedanken von Vögeln lesen kann, einen Glühwürmchenfänger für Kinder entwickelt, ein «vorzügliches Gerät zum Weiten von Briefkästen», einen Ultraschall-Schneeverdampfer oder eine Sendeanlage für die drahtlose Übertragung von Materie konstruiert, mit der man lebendige Enten in Materiestrahlen auflösen und an anderer Stelle wiedererstehen lassen kann (eine Vorläufermethode des *Beamens*) – Düsentriebs Erfindungen bewegen sich auf jenem schmalen Grat zwischen Schrulligkeit und praktischer Phantasie, auf dem alle großen technischen Errungenschaften der Menschheit das Licht der Welt erblickt haben. Und nebenbei arbeitet Düsentrieb noch am kreativen Ausbau der Massenkultur. So ist er zum Beispiel der Urheber einer in Entenhausen höchst beliebten Mannschaftssportart: des «Löcherns». Die Spieler müssen mittels eines auf dem Kopf installierten Stiels einen durch Bauchstoß in die Luft geschleuderten durchlöcherten Würfel (den sogenannten «Löcherich») auffangen. Bei den Meisterschaftsspielen ist das Entenhausener Sportstadion bis auf den letzten Platz gefüllt und gleicht einem Hexenkessel.[35]

Die Entenhausener tun genau das mit Vorliebe, was moralinsaure Zivilisationskritiker der modernen Gesellschaft voller Abscheu vorwerfen: Sie «amüsieren sich zu Tode». Dies freilich nur im übertragenen Sinne, denn nach fünfzig Jahren überlieferter Existenz sehen Donald und seine Freunde noch recht frisch aus. Jedenfalls gibt sich Entenhausen mit größtem Eifer und großer Erfindungsgabe immer neuen Formen kollektiver Zerstreuung hin. Mal findet ein «Großer Korso ländlicher Fahrzeuge» statt, bei dem das älteste Fahrzeug preisgekrönt wird, mal ein Oldtimer-Rennen, und ein anderes Mal wird die Stadt von einer Perücken-Modewelle überschwemmt.[36] Während Asterix und seine Gallier ihre Identität im Krieg finden, gehen die Entenhausener in den Freuden der Konsum- und Freizeitgesellschaft auf – um an etwas so Langweiliges wie eine «Identität» zu denken, bleibt ihnen gar keine Zeit.

Triumph der zweiten Natur:
Franz Gans und die Anspruchsunverschämtheit

Wenn die Entenhausener von der Rastlosigkeit ihres entfremdeten zivilisatorischen Daseins übersättigt sind, flüchten sie sich wie alle Großstädter in den Urlaub auf dem Land. Bei Oma Duck und ihrer symbiotischen Farmgemeinschaft aus Fauna und Flora finden sie jene nostalgische Geborgenheit, die der Illusion des unberührten Landlebens unverzichtbar ist. Doch auch die scheinbar intakte Idylle des agrikulturellen Hinterlandes, wo die entorteten Städter in der Versenkung ins Naturzyklische nach Sinngebung suchen, ist längst von der Morbidezza der modernen Kosumgesellschaft angekränkelt.

Franz Gans, der fast schon pathologisch arbeitsscheue Knecht der Oma Duck, repräsentiert in wohl unübertrefflicher Weise das, was der bedeutsame Kulturkritiker Botho Strauß mit dem Terminus «Anspruchsunverschämtheit» gebrandmarkt hat.[37] Franz erhebt sich eigentlich nur, wenn die «Frau Großmutter» wieder etwas Gutes für ihn gekocht oder gebakken hat, was Oma Duck mit niemals nachlassender Leidenschaft tut. In höchst eigentümlicher Weise hat sich auf Omas Hof die Hegelsche Dialektik von Herr und Knecht durchgesetzt: Der Knecht hat den Schlüssel zur Identität seiner Herrin gleichsam auf dem Teller. Was wäre, wenn dem Franz das Essen von Oma plötzlich nicht mehr schmecken würde und er seinen Schmerbauch zu einer anderen Wirtin schleppte? Mit Omas scheinbar so ländlich-intakter Identität wäre es dann vorbei. So hat sich mit Franz Gans die zweite Natur verselbständigt: Eine Gans ist in der Kultur dazu da, gestopft und geschlachtet zu werden. In einem eindrucksvollen zivilisatorischen Evolutionssprung aber ist das Schlachten in Acht und Bann geraten und nur das Stopfen übriggeblieben. Während also Oma ihren Franz Gans immer weiter füttert, hat sie ebenso wie der Gestopfte längst die Erinnerung an den ursprünglichen Sinn dieses Rituals verloren.

Der verfettete Hedonist Franz Gans redet selten; auf sein Befinden angesprochen, fällt ihm meist nur ein Satz ein: «Appetit gut, aber immer müde, müde.» Drückt sich darin nicht aller Glanz und alle Problematik der befriedeten westlichen Zivilisation aus? Auf die empörte Frage des kulturpessimistischen Neo-Heroikers Botho Strauß (der übrigens trotz seines einschlägigen Namens kein Einwohner von Entenhausen ist), warum der liberale Mensch für das Sittengesetz seines Volkes keine Blutopfer mehr zu bringen bereit sei[38], wäre die knappe, präzise Formel des Franz Gans jedenfalls die ultimative Antwort.

Sündenböcke und Bocksgesänge

Die Sehnsucht nach dem Blutopfer

> Auch der Himmel bricht manchmal ein
> Indem Sterne auf die Erde fallen.
> Sie zerschlagen sie mit uns allen.
> Das kann morgen sein.
>
> Bertolt Brecht

Erste Szene: Ein Schlachtfest (Auftritt René Girard, Pier Paolo Pasolini, Botho Strauß, Gilbert Keith Chesterton, Eugen Drewermann, Ernst Jünger, Heiner Müller)

In seinem Buch «Das Heilige und die Gewalt» versucht der französische Kulturanthropologe René Girard, ein altes Kriminalrätsel der Weltgeschichte zu lösen: Warum fingen die Völker zu Beginn der Bronzezeit plötzlich an, Opfer darzubringen, und wieso hörten sie nach dem Ende der Bronzezeit allmählich wieder damit auf? Was bewog die Menschen der Frühantike dazu, ihre eigenen Artgenossen rituell abzuschlachten – also das Liebste, was es auf Erden gibt? Klar ist, daß sie irgend etwas nachspielten, aber was? Girard nimmt an, daß den großen Opferkulten der Bronzezeit eine «kollektive Gründungsgewalt» zugrunde liegt.[1] Er glaubt, daß die Gemeinschaft in grauer Vorzeit einen Lynchmord beging, um ihr blutiges Auseinanderbrechen zu verhindern. Allerdings wurde dieser ursprüngliche Mord bald wieder vergessen. In der Folge hätten die Menschen ihn immer dann wiederholt, wenn die Götter sie mit politischen oder ökonomischen «Opferkrisen» bestraften; die Gemeinschaft überwand diese sozialen Heimsuchungen, indem sie einen Sündenbock dafür büßen ließ.

Die Pointe ist, daß man laut René Girard im Grunde *für* das Opfer sein muß. Es gilt nach Auskunft dieses Gelehrten deswegen als «universales Modell...», weil es tatsächlich Frieden und Einigkeit herstellt».[2] Das *sacrificium* – das heilende, heilig machende Töten – dient dazu, Schlimmeres zu verhüten, es verhindert den Kampf aller gegen alle. Die Alternative heißt: Menschenopfer oder Bürgerkrieg.

Als Botho Strauß seinen «Anschwellenden Bocksgesang» veröffentlichte, entbrannte um diesen Aufsatz sofort eine emotionsgeladene Debatte. Die einen nahmen ihn in Schutz, die anderen griffen ihn heftig an; wieder andere warfen dem Autor seinen verquasten Stil vor; aber niemand – mit Ausnahme des Althistorikers Benny Peiser – verstand, worauf es Botho Strauß eigentlich ankam. Dabei war schon der Titel seines Essays ein deutlicher Hinweis. Die Strauß-Apologeten erklärten eilig, er sei nichts weiter als die wörtliche Übersetzung des griechischen τραγωδια («Tragödie, ernster Gesang, feierliche Fiktion»); doch das ist nur die halbe Wahrheit. Die andere Hälfte ist in Pier Paolo Pasolinis Medea-Verfilmung zu besichtigen.[3] Dort kann man den anschwellenden Bocksgesang sogar hören: Er wird von jungen Männern angestimmt, die in Schaffelle gewandet sind und phantastische Masken mit Widderhörnern tragen. Man könnte ihn als archaischen Singsang beschreiben, der sich beinahe unmerklich steigert.

Während er noch in der Luft liegt, wird das Opfer zu den jungen Männern hinausgeführt. Es ist an den Händen gefesselt und lächelt scheu ob der Ehre, die ihm zuteil wird. Das Opfer wird von einer Prozession zu einer kleinen Anhöhe geleitet; dort steht ein Holzgerüst, das vage an ein Kruzifix erinnert. Das Opfer wird rituell mit Lehmfarbe bestrichen. Als man es zu dem Gerüst zerrt, wehrt es sich nur schwach – vermutlich ist auch dies Teil des Ritus.

Dann geht alles sehr schnell. Der Gesang verstummt; zwei Maskierte binden den menschlichen Sündenbock fest und brechen ihm mit einem Balken das Genick. Ein weiterer Maskierter mit einer Axt nähert sich im Sturmschritt, er schneidet die Leiche von dem Gerüst los und zerhackt sie mit gekonnten Schlägen. Nun geschehen zwei Dinge gleichzeitig: Die Prozessionsteilnehmer strecken flache Tonschalen vor, um das körperwarme Blut aufzufangen, das für sie hingegeben wurde. Und ein Höllenlärm bricht an; Musikinstrumente ahmen das Blöken eines Widders nach; ein wüstes Maskenfest mit Trommeln, Tanzen und ekstatischen Gebärden beginnt. Es ist eine der eindrucksvollsten Szenen der Filmgeschichte. Sie zeigt, was das griechische Wort τραγωδια in Wirklichkeit meint: den antiken Dionysos-Kult. Wenn wir René Girard glauben wollen, dann war dieser Olympier nicht der freundliche Sexprotz und

Trunkenbold, als der er gewöhnlich dargestellt wird. Dionysos ist «*der Gott des gelungenen Lynchmords*».[4]

Wir dürfen davon ausgehen, daß Botho Strauß Pasolinis Film kennt. In seinem Essay spricht er von der «Zerreißung unter dem Lärmgott» – das ist fast ein Zitat.[5] Ganz so blutig will Strauß es indessen nicht haben: Er bezweifelt, ob aus einer solchen «Zerreißung» heute noch Heil entspringen kann. (Aus diesem Grunde ist er gegen die Neonazis.) Gleichwohl lauscht er mit frommem Schauder den «Opfergesängen, die im Inneren des Angerichteten schwellen» und bezeichnet seinen Aufsatz als einen «Akt der Auflehnung» gegen die Moderne.[6] Strauß möchte «die Totalherrschaft der Gegenwart» brechen, die «dem Individuum jede Anwesenheit von unaufgeklärter Vergangenheit, von geschichtlichem Gewordensein, von mythischer Zeit» raube.[7] Wir nehmen an, daß das nicht so dahingesagt ist. Die mythische Zeit ist nämlich historisch sehr genau lokalisierbar: Es ist die Bronzezeit, in der die Götter noch direkt ins menschliche Geschehen eingriffen, die Epoche der welterschütternden Kataklysmen und Menschenopfer.[8]

Wirft Botho Strauß der westlichen Zivilisation also – trotz aller anfänglichen Skepsis – vor, daß sie nicht mehr bereit ist, das altehrwürdige Schlachtritual zu vollziehen? Der Eindruck ist nicht von der Hand zu weisen. Strauß schreibt: «Rassismus und Fremdenfeindlichkeit sind ‹gefallene› Kultleidenschaften, die ursprünglich einen sakralen, ordnungsstiftenden Sinn hatten.»[9] Als das Opfer seinen Sinn verlor, haben auch wir etwas Wesentliches eingebüßt. Die Schande der modernen Welt, meint Strauß, sei «nicht die Fülle ihrer Tragödien …, sondern allein das unerhörte Moderieren, das unmenschliche Abmäßigen der Tragödien in der Vermittlung».[10] Einfacher gesagt: Der Verzicht auf die sakrale Gewalt entspricht nicht der Natur des Menschen. Ein säkularer Staat, behauptet Strauß, benötige ständig Gefährdungen von innen oder von außen, «um seine Kräfte neu zu sammeln». Im Konfliktfall erweise sich aber immer jene Gesellschaft als «stärker», die durch einen gemeinschaftlichen Glauben zusammengehalten werde.[11] Strauß mahnt uns:

Wir warnen etwas zu selbstgefällig vor den nationalistischen Strömungen in den osteuropäischen und mittelasiatischen Neu-Staaten. Daß jemand in Tadschikistan es als politischen Auftrag begreift, seine Sprache zu erhalten, wie wir unsere Gewässer, das verstehen wir nicht mehr. Daß ein Volk sein Sittengesetz gegen andere behaupten will und dafür bereit ist, *Blutopfer zu bringen*, das verstehen wir nicht mehr und halten es in unserer liberal-libertären Selbstbezogenheit für falsch und verwerflich.[12]

Botho Strauß ist nicht der einzige, der sich still nach bronzezeitlichen Ritualen verzehrt. Auch der englische Antiwestler Gilbert Keith Chesterton verfaßte seinerzeit einen Essay, in dem er – übrigens sehr geistreich – das Blutopfer lobte. Er schrieb dort: Wenigstens hätten jene alten Kulturen, die solche barbarischen Schlachtfeste veranstalteten, noch den Wert des menschlichen Lebens zu schätzen gewußt. Sie hätten in der Regel die Besten zum Opferplatz geführt: die besonders Tapferen oder die reinen Jungfrauen. Im Namen Molochs hingerichtet zu werden, sei – so Chesterton – lediglich ein etwas kompliziertes Kompliment gewesen. Die profane Massenzivilisation hingegen schlachte gerade die Schwächsten, sie opfere die Witwen und die Waisen. Zudem schütze es nicht vor dem Opferritual, zivilisiert zu sein. Gerade die am höchsten entwickelten Zivilisationen des Altertums hätten regelmäßig Menschenopfer dargebracht. Allerdings trug Chesterton seine Argumente mit einem ironischen Augenzwinkern vor; er habe, schreibt er, nicht wirklich vor, das Menschenopfer fest im christlichen Ritus zu verankern.[13]

Vollkommen ernst meint es dagegen der Paderborner Kirchenkritiker Eugen Drewermann (siehe auch das Kapitel über den «Antiinstitutionalismus»). Geradezu verzückt schwärmt er von den aztekischen Ballspielen, bei denen die Menschen gleich hekatombenweise hingeschlachtet wurden: Die verlierende Mannschaft wurde rituell aufgegessen, ihre Köpfe wurden auf Pfähle gesteckt.[14] Diese Opferfeste gefallen Drewermann deswegen so gut, weil sie ihn an die christliche Eucharistie erinnern. Bei jedem Abendmahl wird ja zumindest symbolisch das Blutopfer Christi nachvollzogen; die Gemeinde verzehrt andächtig das Brotfleisch und den Blutwein des Sündenbocks aus Nazareth.[15] Drewermann schreibt also:

> ...das Ballspiel der Götter lebte in der zauberischen Vieldeutigkeit einer Symbolik, die den Menschen mit der äußeren Natur ebenso verband wie mit den Tiefenschichten seiner Psyche und den tiefsten Fragen der menschlichen Existenz. Das Ballspiel der Götter war eine kultische Anweisung, wie das eigene Leben auf kultische Weise zu spielen sei.[16]

Leider sind wir inzwischen entsetzlich dekadent geworden. Mit Schrecken gedenkt Drewermann des Fußballspiels in unseren modernen Stadien, das uns nicht mehr mit der «Ordnung und Weisheit der Natur» verbindet, sondern mit der «Welt des *business* und *marketing*». Drewermann vermag darin keinerlei Zivilisationsfortschritt zu erkennen – im Gegenteil. Seit das Blut fehlt, ist ihm das Spiel nicht mehr echt genug. Er meint: «Es ist, wie wenn von der religiösen Zwecksetzung der kultischen Feiern... überhaupt nur noch äußerlich der ‹Sport› und das ‹Theater› übriggeblieben wären.»[17] Die aztekische Frömmigkeit war da freilich ganz anders:

...nach aztekischem Glauben opferten die Götter sich für den Erhalt der Welt, und um die Götter am Leben zu erhalten, mußten die Menschen sich opfern – ein heiligblutiger Austausch von Gabe und Gegengabe, ein Opferzyklus welterhaltender Gerechtigkeit, der jeden Morgen von neuem verlangte, daß die Priester auf den Tempeln Mexikos mit einem Steinmesser den Gefangenen die Brüste öffneten und die Herzen herausrissen.[18]

Nicht einmal Eugen Drewermann kann umhin, dieses Ritual ein bißchen schauerlich zu finden. Wenigstens in einer Fußnote merkt er an, daß im Jahre 1487 bei der Einweihung eines aztekischen Haupttempels zwanzigtausend (nach anderen Quellen: achtzigtausend) Blutopfer dargebracht worden sein sollen.[19] Andererseits darf man die Sache natürlich wieder nicht so eng sehen. Drewermann erläutert:

...die gräßliche und blutrünstige Außenseite des Herzopfers...[konnte] auch sehr tiefsinnig gedeutet werden... Wie der Gott Quetzalcoatl... nach der Vertreibung aus seiner paradiesischen Residenz sich am Golf von Tabasco verbrannt hatte, um als Morgenstern am Himmel zu erscheinen, so sollten die Menschen... das Mysterium der Einheit von Himmel und Erde... an sich selbst erfahren... Das grausige äußere Geschehen war selber nur ein Symbol der inneren Verwandlung des menschlichen Herzens ins Licht.[20]

Botho Strauß und Eugen Drewermann sind nur zwei Namen, die für eine breitere Tendenz stehen. Die westliche Zivilisation wurde immer wieder bezichtigt, daß sie dekadent sei – und zwar explizit deswegen, weil sie nicht mehr bereit ist, Opfer zu bringen; es gibt keinen konservativen Revolutionär, der diesen Vorwurf nicht erhoben hätte. Nehmen wir zum Beispiel Ernst Jünger. In seinem Buch «Der Arbeiter» stellte er zwei Typen einander gegenüber: das bürgerliche Individuum und den einzelnen. Der Bürger hat laut Ernst Jünger kein Verhältnis mehr zum «Elementaren»; er gehört nicht den «Gestalten» an, die mehr sind als die Summe ihrer Teile. Ganz anders der einzelne, der Arbeiter, der allein imstande sei, sich aus dem entfremdeten Prinzip des wirtschaftlichen Interesses zu lösen. Da die «Gestalten»

...das Ganze in sich bergen, fordern sie das Ganze ein. So kommt es, daß der Mensch mit der Gestalt zugleich seine Bestimmung, sein Schicksal entdeckt, und diese Entdeckung ist es, die ihn des Opfers fähig macht, das im Blutopfer seinen bedeutendsten Ausdruck findet.[21]

Laut Ernst Jünger haben die Deutschen sich den Sinn für Opfer und Gemeinschaft stärker als andere Völker bewahrt: Sie haben den bürgerlichen Geist nie wirklich absorbiert.[22] Wegen solcher Äußerungen wird Jünger oft als rabiater Nationalist hingestellt, aber diese Schmähvokabel beschreibt ihn nur vordergründig. Die Nation ist für Jünger nämlich gar nicht das Eigentliche; sie ist nur der Vorwand, um dessentwillen die elementare, antibürgerliche Gewalt entfesselt wird. Bildlich gesprochen: Die Nation ist nichts weiter als der Schlachtaltar. Wichtig ist nicht, wofür geopfert wird, sondern daß überhaupt geopfert wird. Die Ideologie, mit der das Blutopfer gerechtfertigt wird, ist letzten Endes zweitrangig – sie kann linksextrem oder rechtsradikal sein, gleichviel. Der DDR-Dramatiker Heiner Müller etwa beschreibt in seinen Stücken, daß das Menschenopfer – und nur das Menschenopfer – die revolutionäre Identität stiftet. Erst durch das *sacrificium* entsteht das sozialistische Kollektiv, das sich von einer religiösen Gemeinde im Kern kaum unterscheidet.[23]

Der Glaube, daß das Heil der Gemeinschaft aus dem heiligen Töten kommt, eint also «reaktionäre» und «fortschrittliche» Antiwestler. Die Sehnsucht nach dem Blutopfer kann somit als ein Strukturmerkmal des antiwestlichen Denkens gelten. Es erhebt sich indessen die Frage, warum Menschen im Computerzeitalter allen Ernstes von Quetzalcoatl, Dionysos, Osiris oder Astarte begeistert sind. Und damit wären wir wieder bei der Eingangsfrage angelangt: Warum fingen die Völker zu Beginn der Bronzezeit plötzlich an, Opfer darzubringen, und wieso hörten sie nach dem Ende der Bronzezeit allmählich wieder damit auf?

Zweite Szene: Apocalypse Now! (Auftritt Gunnar Heinsohn)

René Girard vermag auf diese Frage keine befriedigende Antwort zu geben. Warum wurde etwa jener «Urlynchmord», von dem er scheibt, so schnell wieder vergessen? Aus welchem Grund wurden die Opferkulte in der Menschheitsgeschichte erst relativ spät eingeführt? Vor allem aber: Wieso wurde das Opfer ab einem bestimmten Zeitpunkt kritisierbar?[24] Wenn wir die Sehnsucht nach dem Blutopfer verstehen wollen, müssen wir uns wohl nach einer anderen Theorie umsehen; eine mögliche Erklärung hält der Bremer Zivilisationsforscher Gunnar Heinsohn bereit.

Heinsohn geht davon aus, daß die Kataklysmen und Katastrophen, von denen die alten Mythen übereinstimmend berichten, wirklich stattgefunden haben. Diese These mag verwegen klingen, aber zumindest in der angelsächsischen Welt wird sie derzeit ernsthaft diskutiert. Den Astronomen ist dabei längst klar, daß unser Planet mehrmals von Meteoren getroffen wurde; strittig erschien bislang nur die Frage, ob dies in einer Epoche geschah, in der schon Menschen lebten. Nun hat aber Mike Baillie von der Queen's University in Belfast neue Daten vorgelegt, die auf Untersuchungen der Jahresringe von Bäumen basieren und zeigen, daß es in der Menschheitsgeschichte zu dramatischen Klimaveränderungen gekommen sein muß.[25] Archäologische Ausgrabungen belegen ferner, daß die Metropolen der Bronzezeit gleichzeitig durch Brandkatastrophen untergingen, die zu gewaltig waren, als daß sie von Kriegen oder Vulkanausbrüchen hätten verursacht werden können. Heinsohn meint, daß die Bilder jener schrecklichen Ereignisse sich tief ins Gedächtnis der Menschheit eingebrannt haben. Noch die christliche Apokalypse – die ja historisch viel später entstand – erzählt in verschlüsselter Sprache genau davon:

Und es fuhr wie ein großer Berg mit Feuer ins Meer, und das dritte Teil des Meeres ward Blut, und das dritte Teil der lebendigen Creaturen im Meer starben, und das dritte Teil der Schiffe wurden verderbet... Und es fiel ein großer Stern vom Himmel, der brannte wie eine Fackel, und fiel auf das dritte Teil der Wasserströme und über die Wasserbrunnen. Und der Name des Sterns hieß Wermuth, und das dritte Teil ward Wermuth, und viele Menschen starben von den Wassern, daß sie waren so bitter geworden. (Apocalypsis Ioannis 8,8–11)

Nach Heinsohns These begründeten die Überlebenden der bronzezeitlichen Weltuntergänge die Opferkulte. Die Menschen waren von dem, was da aus heiterem Himmel über sie hereingebrochen war, infantilisiert worden; also verhielten sie sich wie Kinder, die ein Trauma überwinden, indem sie es nachspielen (und sich dabei in die Position des Stärkeren versetzen). Die kollektive Panik suchte ein Ventil. Sie fand es im besänftigenden Töten eines Sündenbockes, der das feindliche Gestirn darzustellen hatte. Diese Blut- und Brandopfer wurden nicht etwa «den Göttern» dargebracht, sondern genau andersherum: Durch den Opferkult wurden die Götter erst konstituiert. Die Himmelskörper erhielten menschliche Züge, weil sie ja von Menschen gespielt wurden. Es erscheint nur natürlich, daß man sich nicht damit begnügte, den Mord nur symbolisch zu vollziehen; daß man also ganz real schlachtete. Angesichts einer welterschütternden Katastrophe, mit der man nicht verhandeln und vor der man nicht einmal weglaufen konnte, mußte man das Allerliebste hingeben: das menschliche Leben.[26]

Bis heute ist die Sehnsucht nach dem Opfer mit apokalyptischen Vorstellungen verknüpft. Botho Strauß, der im «Terror des Vorgefühls» zittert, ist ein gutes Beispiel dafür. Nicht eine banale Wirtschaftskrise diagnostiziert er, sondern «die Heraufkunft der ‹teuren Zeit› (im Sinne des Bibelwortes)».[27] Botho Strauß traut der liberalen Demokratie – die er verächtlich als «Demokratismus» abtut[28] – nicht zu, daß sie irgend etwas gegen die kommende Katastrophe ausrichten könnte. «In wessen Mund, in wessen Hand die Macht und das Sagen, die Schlimmeres von uns abwenden?» fragt er sich[29] und konstatiert bitter: «Eher würde diese Republik mit einem Wimmern enden... als mit dem großen Knall, der Resurrektion des Führers.»[30] Den Intellektuellen wirft Strauß vor, daß sie «alles begrüßen», was «das Unsere... zerstört»[31]; die Aufklärer bezichtigt er, daß sie «keinen Sinn für Verhängnis besitzen».[32] Botho Strauß dagegen nimmt das Verhängnis sogar im Bereich des Übersinnlichen wahr – er stellt sich eine «Physik kleiner und kleinster Dämonen, immaterieller Unheilsbetreiber» vor.[33] Der Dichter prophezeit: «Die Modernität wird nicht mit ihren sanften postmodernen Ausläufern beendet, sondern abbrechen mit einem Kulturschock.»[34] Selbstverständlich äußert Strauß seine Panik aber auch in der klassisch-apokalyptischen Metaphorik. Er warnt:

Wenn man bedenkt, wie schnell der Feuerball der Narretei wächst und sich dem kleinen Planeten des Geistes nähert. Vielleicht morgen schon hat er uns alle ausgebrannt... Vielleicht rast er aber auch an uns vorbei.[35]

Man tut der Apokalypse freilich unrecht, wenn man sie nur als etwas Negatives begreift (siehe das Kapitel «Totalitarismus in grün»). Sie wirkt immer auch beglückend: Der «Terror des Vorgefühls» schwindet im selben Moment, wo das Befürchtete eintritt. Oft mutiert die Endzeitkatastrophe in der Phantasie ihrer Propheten sogar zu einer großen Reinigung. Die alte Welt verbrennt, und eine neue Erde erhebt sich wie der Vogel Phönix aus ihrer Asche. Die dekadente, abgelebte, schwache, verkommene, kurz: die opferlose Zivilisation versinkt mit einem Donnerschlag. Der Meteor – ganz gleich, in welcher Gestalt – avanciert zum dämonischen Sinnstifter. Diese apokalyptische Lustangst spiegelt genau das zwiespältige Gefühl beim Opferritual wider: Es bannt den Schrecken und ist dadurch erhaben. Laut Heinsohn wirkt das *sacrificium* entspannend, und keinem Menschen fällt es leicht, auf diese Entspannung gänzlich zu verzichten.

Heinsohns Theorie würde auch erklären, warum die Lust am Menschenopfer in aller Regel mit Antisemitismus einhergeht.[36] Nach dem Ende der bronzezeitlichen Katastrophen wurde das heilige Töten kritisierbar; folgerichtig gab es eine weltweite Bewegung gegen das Opfer. Am weitesten ging diese Opferkritik bei den alten Israeliten. Offen wird das in der Legende von der *Akkedah* ausgesprochen, der biblischen Geschichte von der «Aufbindung» Isaaks, deren Pointe es ja gerade ist, daß Abraham seinen Sohn *nicht* opfert (siehe 1. Mose 22,1–18). Das Judentum ersetzte die partikularen Lokalgötter durch einen abstrakten und universalen Gottesbegriff. Zwar gab es noch einen zentralen Tempel in Jerusalem, aber nicht einmal dort stand mehr ein Götterbild. Nachdem der Tempel im Jahre 70 christlicher Zeitrechnung von den Römern zerstört worden war, überwand das Judentum auch das Tieropfer; an seiner Stelle heiligte es das Gesetz. Der jüdische Gott ist ein nichtapokalyptischer Gott, der einen Vertrag mit der gesamten Menschheit schließt:

Ich will hinfort nicht mehr die Erde verfluchen um der Menschen willen; denn das Dichten des menschlichen Herzens ist böse von Jugend auf. Solange die Erde steht, soll nicht aufhören Saat und Ernte, Frost und Hitze, Sommer und Winter, Tag und Nacht. Und Gott segnete Noah und seine Söhne und sprach: Seid fruchtbar und mehret euch, und erfüllet die Erde. (1. Mose 8,21–22 / 9,1)

Nach René Girards Opfertheorie hätten die Juden nun, da ihnen der Sündenbock fehlte, übereinander herfallen müssen. Das Gegenteil trat ein: Die Juden wurden selbst zu einem kollektiven Sündenbock. Auch hier gibt Heinsohns Hypothese ein mögliches Erklärungsmodell. Die opferlosen Juden waren Spielverderber, sie störten die Apokalyptiker beim Blutritual allein schon dadurch, daß sie in ihrer Mitte lebten. Darum haben die apokalyptischen Heilsideologen ihre gebündelten Aggressionen immer wieder gezielt gegen diese Gruppe gerichtet. Zwei Vorwürfe waren es, die im Laufe der Geschichte stets aufs neue gegen die Juden erhoben wurden. Erstens: Man beschuldigte sie, daß sie heimlich die schlimmsten Opferer von allen wären. So entstand der Mythos, daß Juden ihre ungesäuerten Brote aus christlichem Blut backen würden, dem Zionismus Araberkinder zum Opfer darbrächten und notorische Tierquäler seien – ein klassischer Fall von projektiver Schuldabwehr.[37]

In dieser Tradition steht Eugen Drewermann. Er bescheinigt dem Christentum, daß es einen «außerordentlich gewalttätigen und rücksichtslosen Charakter» habe – und zwar (man höre) «aufgrund seiner spezifisch semitischen, jüdischen Geistesart».[38] Derselbe Drewermann, der die aztekischen Herzopfer letztlich dann doch nicht so schlimm fand, hält nun der «biblischen Religion» empört vor: «Man kann nicht die Heiligkeit des Lebens in all seinen Formen ständig mit Füßen treten, ohne zugleich die ... ethischen Grundlagen zu zerstören, aus denen ... der Respekt vor dem menschlichen Leben erwächst».[39] Das Weltgewissen aus Paderborn schließt sich Arthur Schopenhauer an, der seiner Ansicht nach «richtig» forderte: «Die jüdische Ansicht der Thierwelt muß ihrer Immoralität wegen aus Europa vertrieben werden.»[40] (Der Vollständigkeit halber sei hier angemerkt, daß der Talmud sich zum Tierschutz recht eindeutig verhält. So ist frommen Juden der Jagdsport verboten, weil man nicht zum Vergnügen töten darf, und die Haustiere sind in den jüdischen Sabbath mit einbezogen.)

Der zweite antisemitische Vorwurf ist womöglich noch bedrohlicher als der erste. Die Juden fürchten sich nicht vor der Apokalypse, und sie sehnen sie auch nicht herbei; also stehen sie auf mysteriöse Weise mit ihr im Bund. Wer vor der kommenden Weltkatastrophe keine Angst hat, ist offenbar mit einer ungeheuerlichen Macht ausgestattet – die Juden sind Kinder des Satans, Abkömmlinge des stürzenden Unsterns. Kurz: *Der Jude ist ein Weltbrandstifter und Brunnenvergifter.*[41] Daraus speist sich nicht nur die mittelalterliche Legende, daß die Juden an der Pest schuld seien, sondern auch der neuzeitliche Mythos, daß die Israelis die Jordanquellen verseuchen – ganz zu schweigen von der finsteren Vermutung, der israelische Ministerpräsident Begin werde dermaleinst den Nuklearkrieg auslösen. Wer so redet, ernennt sich selbst zum Universalisten, der das humanitäre Gesamtwohl tapfer gegen die Partikularinteressen des jüdischen Volkes verteidigt. Erschreckenderweise greift Heiner Müller auf diese Argumentationsmuster zurück. Es war mehr als ein übler Scherz, daß er in einem Interview sagte:

Die Atombombe war die jüdische Rache für Auschwitz. Sie hat – und diese versetzte Kausalität findet man in der Geschichte sehr häufig – den Falschen getroffen, wie jetzt die Palästinenser.[42]

Heiner Müller hat damit nicht nur das antisemitische Ressentiment bedient, daß die Juden von einem alttestamentarischen Rachedrang getrieben seien. Er hat auch – bewußt oder unbewußt – das alte Märchen weitergesponnen, daß die Juden imstande wären, den Globus anzuzünden. Wollte er damit die Falschmeldung verbreiten, die Israelis hätten – was übrigens glatter Selbstmord wäre – über den besetzten Gebieten eine Atombombe abgeworfen?

Botho Strauß legt großen Wert darauf, nicht als Antisemit zu gelten. Allerdings hält er das jüdische Gesetz, das die Fremdenliebe gebietet (3. Mose 19,33–34), für eine anthropologische Zumutung. Er sieht darum keine säkulare, pragmatische Möglichkeit, ihm zu seinem Recht zu verhelfen. Strauß schreibt:

Wir werden herausgefordert, uns Heerscharen von Vertriebenen... gegenüber mitleidvoll und hilfsbereit zu verhalten, wir sind per Gesetz dazu verpflichtet. Um dieses Gebot bis in die Seele der Menschen... zu versenken, bedürfte es nachgerade einer Rechristianisierung unseres modernen, egoistischen Heidentums. Da die Geschichte nicht aufhört, ihre tragischen Dispositionen zu treffen, kann niemand voraussehen, ob unsere Gewaltlosigkeit den Krieg nicht bloß auf unsere Kinder verschleppt.[43]

Mit anderen Worten: Die nächste «Opferkrise» ist vorprogrammiert. Botho Strauß aber weiß, wie man sie überwinden kann – das Rezept ist uralt und bewährt, und wir kennen es bereits von René Girard:

Der Fremde, der Vorüberziehende, wird ergriffen und gesteinigt, wenn die Stadt in Aufruhr ist. Der Sündenbock als Opfer der Gründungsgewalt ist jedoch niemals lediglich ein Objekt des Hasses, sondern ebenso ein Objekt der Verehrung: Er sammelt den einmütigen Haß aller in sich auf, um die Gemeinschaft davon zu befreien. Er ist ein metabolisches Gefäß.[44]

Damit wäre dann das jüdische Gesetz, 2500 Jahre nachdem es entstand, wieder aus der Welt geschafft. Genau wie Girard stellt uns Botho Strauß vor die trübe Alternative: Menschenopfer oder Bürgerkrieg. Er vergißt indessen, daß es neben der Gemeinschaft noch etwas anderes gibt: die Gesellschaft. Diese wird nicht durch das Steinigen von Sündenböcken zusammengehalten, sondern durch Verträge.

Anti-Institutionalismus
oder Der Mythos vom Guten Volk

In Georg Büchners Drama «Dantons Tod» verkündet der Revolutionär und Parteigänger Dantons, Camille Desmoulins, sein Ideal von der Republik:

Die Staatsform muß ein durchsichtiges Gewand seyn, das sich dicht an den Leib des Volkes schmiegt. Jedes Schwellen der Adern, jedes Spannen der Muskeln, jedes Zukken der Sehnen muß sich darin abdrücken.[1]

Danton kommentiert die Emphase des enthusiastischen Freiheitsfreundes mit beißender Ironie. «Wer soll denn all die schönen Dinge ins Werk setzen?» fragt er in die Runde seiner Anhänger. «Wir und die ehrlichen Leute», entgegnet Phillipeau, worauf Danton mit Recht bemerkt:

Das *und* dazwischen ist ein langes Wort, es hält uns ein wenig weit auseinander, die Strecke ist lang, die Ehrlichkeit verliert den Athem eh wir zusammen kommen. Und wenn auch! – den ehrlichen Leuten kann man Geld leihen, man kann bey ihnen Gevatter stehen und seine Töchter an sie verheiraten, aber das ist Alles![2]

Mit Camille und seinen Freunden hat Büchner den Archetypus des Radikal- oder Basisdemokraten beschrieben. Und Dantons respektlose Bemerkungen nehmen den skeptischen Vorbehalt des Liberalismus gegen das Phantasma einer direkten Volksherrschaft vorweg. Danton glaubt nicht an die natürliche Ehrlichkeit der guten Leute. Und schon gar nicht glaubt er an die Möglichkeit einer symbiotischen Gemeinschaft der Gleichgesinnten und Gleichgestimmten: «Wir wissen wenig voneinander», stellt er fest,

... – wir sind sehr einsam. ... Einander kennen? Wir müßten uns die Schädeldecken aufbrechen und die Gedanken einander aus den Hirnfasern zerren.[3]

Dem idealistischen Tugendterror Robespierres und seines «Wohlfahrtsausschusses» setzen die Dantonisten bei Büchner die libertäre Utopie einer Gesellschaft entgegen, in der alle ungehemmt ihrer eigenen «Natur» folgen dürfen. Wenn nur erst jeder «nach seiner Art genießen» könne, ohne den anderen «in seinem eigenthümlichen Genuß» zu stören, werde sich die Freiheit der Gesellschaft gleichsam von selbst einstellen.

Was freiheitstrunkene Libertins wie Camille mit dem düsteren Spiritualisten Robespierre verbindet, ist der Glaube an das gute Volk. Während Robespierre davon überzeugt ist, das Laster vergifte die Gesellschaft und nur der Eigennutz verdorbener Individuen verhindere, daß der Staat das wahre Wesen des Volkes zum Ausdruck bringen könne, machen die Dantonisten den lustfeindlichen Moralismus ihrer Gegner dafür verantwortlich, daß die revolutionäre Befreiung in Unterdrückung und Verfolgung umgeschlagen ist. Der libertären und der totalitären Verherrlichung des «Volkes» liegt derselbe Denkfehler zugrunde: Beide glauben, das Glück der Gesellschaft sei gesichert, sobald zwischen dem Volkswillen und seinen politischen Repräsentanten keine verfälschenden Institutionen mehr stehen.

Plebiszitäre Demokratie?

Gegenwärtig erleben wir zum wiederholten Male eine Renaissance dieses Glaubens an die heilende Kraft der unmittelbaren Volksherrschaft. Er kommt als Parteienverdrossenheit daher und artikuliert sich im Ruf nach der plebiszitären Demokratie. Diese Forderung erschallt in unterschiedlicher Modulation aus dem Lager basisdemokratischer Grüner und linker Sozialdemokraten, aus den Nostalgiezirkeln der Veteranen vom «Runden Tisch», aus den Reihen der Postkommunisten um die PDS und aus den Strategielaboratorien rechtskonservativer und neofaschistischer Ideologen.

Politiker, die angeblich ohne Umschweife und in klarer, verständlicher Sprache sagen, «wie es ist», sind in Mode. Bei der Wirkung, die dieser populistische Politikertypus erzielt, spielen ideologische Ausrichtungen keine entscheidende Rolle. Wenn sie auch sonst wenig übereinstimmen: in diesem Punkt gibt es zwischen Silvio Berlusconi, Jörg Haider und Gregor Gysi keinen wesentlichen Unterschied.

Die Gegner der PDS demonstrieren ihre Hilflosigkeit, wenn sie darauf insistieren, daß die Nachfolgeorganisation der SED nichts sei als die aufgeschminkte alte Kadertruppe Honeckers und Mielkes. Das ist sie in weiten Teilen zwar wirklich. Ihren Erfolg verdankt die PDS aber der Tatsache, daß sie sich als treibende Kraft eines neuen Politikstils auszugeben versteht: Sie verleiht der herrschenden diffusen Stimmung der Unzufriedenheit mit dem parlamentarischen System eine demagogische Stimme. Deshalb ist sie als Sammelbecken für ein breites Spektrum von Verdrossenen attraktiv. Ihre Anhängerschaft rekrutiert sich aus den Kreisen autoritätsfixierter Ordnungsfanatiker ebenso wie aus dem Umfeld anarchoider Stadtindianer-Romantik. Sie alle, vom verbitterten Alt-Tschekisten bis zum postpubertären Theaterprovokateur, lockt das Versprechen der PDS, sie werde die wahren Probleme des authentischen, ewig und von allen belogenen einfachen Menschen artikulieren und die verknöcherte, bestochene und vom wirklichen Leben abgehobene Politikerkaste kräftig aufmischen. Auf der anderen Seite des politischen Koordinatensystems setzen die Republikaner auf dieselbe Masche. Nach dem Vorbild des österreichischen Rechtspopulisten Jörg Haider stilisieren sich ihre Anführer zu Sprechern einer «plebiszitären Emanzipationsbewegung», und sie ernennen sich zu Vorreitern von «Bürgerbewegungen mit nationalpatriotischem Hintergrund».[4]

Daß die hehre Forderung nach der Basisdemokratie von radikalen Antidemokraten aufgegriffen wird, sollte allen zu denken geben, die sich von der «direkten Bürgerbeteiligung» an politischen Entscheidungsprozessen eine heilsame Wirkung versprechen. Mit dem Volk ist es nämlich wie mit dem lieben Gott: Niemals ward sein Wort direkt vernommen – es existiert nur in den Aufzeichungen derer, die es interpretieren. Und darum stellen sich, wann immer es selbst sprechen soll, unweigerlich jene ein, die behaupten, sie hätten ihren politischen Auftrag direkt von des Volkes Stimme erhalten. Wie zu allen Zeiten in den Kirchen, so gibt es auch in der Demokratie ein Bedürfnis, das Labyrinth der Interpretationen zu verlassen und endlich das unverfälschte Wort selbst zu hören. Und wie in der Kirchengeschichte immer wieder Propheten und Ketzer auftauchten, die versicherten, sie seien von Gott persönlich angesprochen worden, so tummelt sich auch in der Demokratie eine bunte – oder besser gesagt: eine graue – Schar von *wahren Demokraten*, die auf mystische Weise mit dem wirklichen Willen des Volkes eins geworden sein wollen.

Der Fundamentalismus des Guten

Der Antiinstitutionalismus beschränkt sich allerdings nicht auf die politische Sphäre. Das Angebot auf dem freien Markt der Seelenrettung und Lebenshilfe aller Art ist breitgefächert, und es wird von unzähligen Bürgern angenommen, die sich entfremdet, einsam oder seelisch unausgelastet fühlten. Esoterische oder mystische Zirkel haben dabei weitgehend das gute alte Selbstfindungsgespräch in der linken Wohngemeinschaft abgelöst («Ich fühle mich heute irgendwie so unwohl»).

Diese größte aller Bürgerbewegungen – die Fluchtbewegung in die synthetischen Nachbildungen von Abrahams Schoß – wird durch einen Wunsch ausgelöst, der allen Spielarten des *ganzheitlichen Denkens* gemeinsam ist: Man will der «Kälte» der modernen Gesellschaft entkommen. Und der unverdrossene Glaube an die nahe Rettung wird aus der tiefsitzenden Überzeugung gespeist, daß alles heil und warm würde, wenn der Mensch nur sich selbst in seiner «Authentizität» erkennen und ausdrücken könnte. Dieser in unserer Gesellschaft am weitesten verbreitete Volksglaube geht davon aus, daß Kriege, Gewalt und soziale Probleme sich in Wohlgefallen auflösen würden, wenn nur niemand mehr daran gehindert werde, mit sich und seinem innersten Wesen identisch zu sein. Abstrakte, künstliche Institutionen aber zwängen den Menschen zu Entsagung und Selbstverleugnung. Sie trieben ihn in ein «Rollenverhalten» und damit in die Abgrenzung vom Mitmenschen.

Am Beispiel des Möchtegern-Märtyrers Eugen Drewermann wird sinnfällig, warum im Rahmen eines liberalen Gemeinwesens noch die erstarrteste Institution dem Fundamentalismus der Ehrlichkeitsfanatiker vorzuziehen ist. Drewermann beklagt die fehlende Bereitschaft der katholischen Kirche, überlebte Dogmen aufzugeben und sich der wirklichen Probleme der Menschen anzunehmen. Auf diese Weise stoße die Kirche die Menschen ab und begebe sich ihres Einflusses in der Gesellschaft. Was Drewermann anklagt, ist freilich gerade das Beste an der katholischen Kirche. Denn indem sie sich als deutlich umrissene Institution vom Rest der Gesellschaft abhebt, erkennt sie an, daß sie nur eine Komponente in der Vielfalt der Traditionen des modernen Abendlandes ist.

Solange Staat und Kirche voneinander getrennt sind, ist die Kompetenz des organisierten Katholizismus klar definiert. Seine Dogmatik sondert nicht nur die Gläubigen von den Ungläubigen ab; sie schützt auch die Ungläubigen davor, missioniert zu werden. Wer nicht mehr an die jungfräuliche Geburt Mariä glaubt, verliert zwar sein Seelenheil, aber er erwirbt zugleich die Freiheit, die katholische Kirche zu verlassen. Das Dogma ermöglicht eine bewußte, inhaltlich begründete Entscheidung für oder gegen die katholische Konfession.

Indem die Kirche an ihren Glaubensdogmen festhält, gibt sie zu erkennen, daß sie sich mit ihrem partikularen Dasein in der pluralistischen Gesellschaft abgefunden hat. Denn jeder Kirchenführer weiß, sofern er noch bei klarem Verstand ist, daß er das Dogma von der Jungfrauengeburt nicht noch einmal als unhinterfragbaren Lehrsatz für alle Abendländer durchsetzen könnte. Mehr als an Unmöglichkeiten zu glauben, wird dabei auch vom gemeinen Kirchenvolk kaum noch verlangt. Gerade die Tatsache, daß an etwas nach rationalen Kriterien völlig Unsinniges geglaubt werden muß, macht aber die grundsätzliche Verschiedenheit von Glauben und Wissen deutlich. Kein moderner Katholik, der die Jungfrauengeburt für wahr hält, käme auf die Idee, sie mit den wissenschaftlichen Erkenntnissen der Gynäkologie durcheinanderzubringen.

Sieht man von einigen Schrulligkeiten ab – etwa davon, daß einige besonders Gläubige prinzipiell auf die Empfängnisverhütung verzichten, – leben Katholiken als ganz normale Bürger unter uns. Selbst in der Abtreibungsfrage hat man von rechtgläubigen Katholiken, sofern sie der offiziellen römischen Kirche folgen, keine militanten Übergriffe zu befürchten. Wenn sie auch auf die Gesetzgebung zur Abtreibung Einfluß zu nehmen versuchen, beschränken sich ihre Mittel doch auf massiven Lobbyismus und dramatische moralische Appelle. Weil sie sich als Institution mit beschränkter Haftung in die Gesellschaft eingeordnet hat, akzeptiert die katholische Kirche in letzter Instanz die demokratischen Spielregeln. Heiner Müller hat diesen Sachverhalt einmal in dem schönen Aperçu zusammengefaßt, die katholische Kirche greife nur noch nach den Seelen, aber nicht mehr nach den Körpern.

Die Institutionalisierung der Kirche führt zwangsläufig zu ihrer Verweltlichung und Mäßigung. Denn als Großorganisation muß sie die Sorge um die letzten und um die ersten Dinge zusammenbringen. Sie muß kategoriale Trennungen vornehmen und festschreiben. Dies hat die Ausbildung verschiedener Wertsphären zur Folge: Die reine Lehre wird in den Bereich der unverbindlichen Sonntagspredigt abgedrängt. Gerade die Weigerung der katholischen Kirche, ihre mystischen Glaubensinhalte realitätstüchtig zu machen, hält die Grenze zwischen Religion und weltlicher Sphäre aufrecht – was nicht zuletzt auch die Funktionalisierung der Religion für politische Ideologien erschwert. Für den Gläubigen bedeutet dies, daß sein Bekenntnis weitgehend zur Privatsache wird. Im besten Fall ist die Religion für den einzelnen Gläubigen Quelle einer ethischen Überzeugung, die ihn zu besonderen Leistungen gegenüber der

Gesellschaft befähigt.* (Man darf freilich nicht vergessen, daß die Zivilisierung des Katholizismus einen harten und schließlich siegreichen Kampf der Aufklärung zur Voraussetzung hatte, der in einigen katholischen Ländern noch lange nicht endgültig entschieden ist.)

Katholische Kirchenrebellen wie Drewermann wollen sich mit dieser Institutionalisierung der Religion nicht abfinden. Sie wollen den Katholizismus noch einmal als Heilslehre für alle Bereiche der Gesellschaft attraktiv machen. Zu diesem Zweck schlagen sie eine Modernisierung der Glaubensinhalte vor: Die Beichte soll in eine Art Psychotherapie umgewandelt, die Bibel als verschlüsselter Ratgeber für alle Lebenslagen gelesen werden. Das authentische Wort Jesu soll aus der dogmatischen Erstarrung freigelegt und in seiner ursprünglichen Menschenfreundlichkeit erkennbar werden. Nicht mehr Überlieferung eines spirituellen Prinzips soll die christliche Lehre sein, sondern aktuelles Emanzipationsprogramm.

Die Kirchenoberen erschrecken davor, weil sie befürchten, daß solche Ideen die Substanz des Katholizismus zerstören. Wir befürchten eher das Gegenteil: Indem sie Jesus als universalen Sinnstifter wieder flott machen, wollen die Fundamentalisten des Guten die Kirche aus einer *Institution* in eine *Bewegung* zurückverwandeln. Sie wollen die reine Lehre unverfälscht erhalten und müssen versuchen, sie in den Gläubigen wieder «lebendig» werden zu lassen. Da das Wort des Herrn aber nur dann lebt, wenn jeder einzelne es unmittelbar empfängt, werden charismatische Kommunikatoren nötig, die es für alle hörbar machen. An die Stelle der festgelegten Glaubenssätze tritt die Mobilisierung der Gläubigen für eine Re-Christianisierung der Gesellschaft. Wenn die Grenze zwischen Glaube und praktischem Leben überschritten wird, mündet dies unweigerlich in einen neuen Missionierungsauftrag.

Drewermann kann seinem Schöpfer dafür danken, daß seine Thesen von den Kirchenoberen abgelehnt wurden und sein Erneuerungseifer im

---

* Die mutige Haltung nicht nur ganzer katholischer Gemeinden, sondern auch der katholischen Kirchenführung in der Frage der Abschiebung von Asylsuchenden verdient es, in diesem Zusammenhang hervorgehoben zu werden. Während die deutschen Intellektuellen über letzte Fragen wie den Sinn oder Unsinn einer Nation diskutierten, griffen «einfache» katholische Christen, gedeckt von ihren Bischöfen, tatkräftig und unter Einkalkulierung persönlicher Risiken zur praktischen Hilfe und gewährten von der Ausweisung bedrohten Flüchtlingen Kirchenasyl.

Kuriositätenkabinett der Unterhaltungsindustrie landete. Er wäre nicht der erste gewesen, der aus fanatischer Menschenliebe eine inquisitorische Bewegung in Gang gesetzt hätte. Die Reinerhaltung der Lehre kann nicht ohne Reinigungsaktionen abgehen: Wenn der reine Glaube mit der schmutzigen Wirklichkeit aufräumt, beginnt die ideologische Säuberung.

Der Liberalismus als institutionalisierte Skepsis

Der moderne Liberalismus glaubt nicht an das gute Volk und den guten Menschen. Er mißtraut allen Utopien von der idealen Demokratie, die das mühsame Geschäft der Austarierung von Interessen durch direkte Ansprache und rücksichtslos ehrliche Aussprache ersetzen wollen.

Büchners Danton bemerkt richtig, daß die Gesellschaft eine Ansammlung von Einsamen ist, die einander unmöglich kennen können; daher müssen alle Versuche, eine symbiotische Gemeinschaft auf Einverständnis und gegenseitige Zuneigung zu gründen, in Mord und Totschlag enden. Und dies nicht etwa aus Haß, sondern wegen der verzehrenden Sehnsucht nach Nähe. Die Liebe zu den Menschen taugt nicht zum Organisationsprinzip einer freien Gesellschaft. Denn wie alle Leidenschaften hat die Liebe eine Tendenz zum Absoluten.

Zwischen die einzelnen Menschen mit ihren brutalen Interessenskonflikten schaltet die liberale Gesellschaft daher «neutrale» Institutionen, die auf abstrakten, für alle gültigen und akzeptablen Werten beruhen.[5]

Die Idee solcher neutralen Institutionen beruht keineswegs auf der Illusion, sie würden *de facto* neutrale oder objektive Entscheidungen treffen. Denn die Menschen innerhalb der Institutionen sind nicht «neutral», und da alle institutionellen Enscheidungen letztlich von Menschen getroffen werden, können auch ihre Entscheidungen es niemals sein. Neutral müssen aber die Werte sein, an denen ihre Entscheidungen gemessen und in bezug auf die sie kritisiert werden. Die Existenz solcher Normen gewährleistet, daß die institutionellen Entscheidungen zu keinem Zeitpunkt den Anspruch auf Endgültigkeit und Unveränderbarkeit erheben.

Der dezisionistische Staatsrechtler Carl Schmitt hat das Wesen des Liberalismus treffend erfaßt, wenn er ihm vorwirft, sein Wesen sei «abwartende Halbheit» und er wolle die «blutige Entscheidungsschlacht» in «einer ewigen Diskussion ewig suspendieren». Tatsächlich besteht das Prinzip des Liberalismus darin, die Realisierung seines Ideals bis in alle Ewigkeit aufzuschieben, ohne das Streben danach aber jemals aufzugeben. Die permanente Verschiebung der endgültigen Entscheidung führt gerade nicht – wie Carl Schmitt behauptet – zur politischen Handlungsunfähigkeit des Liberalismus. Vielmehr setzt allein sie den Rahmen für politisches Handeln in einer pluralistischen Gesellschaft. Entscheidungen, die von demokratischen Institutionen getroffen werden, sind allein dann legitim, wenn sie kritisierbar und korrigierbar sind. Nur die Tatsache, daß sie grundsätzlich aufgehoben werden kann, verleiht der Entscheidung die Legitimation, die sie braucht, um von allen befolgt zu werden – auch von denen, die sie ablehnen.

Die Institutionen des liberalen Staates beziehen ihre Autorität also gerade daraus, daß sie keine metaphysischen Instanzen repräsentieren. Repräsentativ sollen sie nur für den jeweiligen Stand der «ewigen Diskussion» sein, aus der niemand ausgeschlossen werden darf. Volksherrschaft bedeutet im liberalen Verständnis nichts anderes, als daß jedes Mitglied der Gesellschaft an dieser Diskussion mit gleichberechtigter Stimme teilhaben kann. Damit die Debatte transparent bleibt, muß es das Recht auf freie Artikulation in Wort, Schrift und Bild geben. Der Stand der Diskussion wird durch demokratische Abstimmungen gemessen. Die Summe der bei diesen Abstimmungen zugelassenen Individuen konstituiert jeweils «das Volk». Außerhalb dieser Willensbildung, die sich zyklisch wiederholt, kann es keine Artikulation des «Volkswillens» geben. Das Volk ist also kein reales Gebilde, sondern eine ideelle Konstruktion. Im Englischen heißt *Volk* übrigens *people*. Wörtlich ins Deutsche übersetzt bedeutet das: «Leute». Das Volk ist nicht mehr und nicht weniger als die gedachte Gesamtheit aller Leute.

Solange diese Einsichten beherzigt werden, ist nichts dagegen einzuwenden, wenn plebiszitäre Elemente in den politischen Entscheidungsprozeß einbezogen werden. Freilich besteht der Vorteil von Volksabstimmungen keineswegs darin, daß politische Entscheidungen dadurch «authentischer» würden; allenfalls darin, daß sie ein umfassenderes Bild vom Stand der Diskussion in der Gesellschaft liefern. Und der Glaube, durch Volksabstimmungen könnte der Einfluß organisierter Parteien auf die Wähler begrenzt werden, ist naiv. Im Gegenteil. Eine Partei, die in einer bestimmten Frage durch das direkte Votum der Wähler bestätigt wurde, kann mit noch größerer Selbstsicherheit auch noch die restlichen

«Wahrheiten» ihres Programmes vertreten. Es ist ja kein Zufall, daß Parteien Volksabstimmungen immer genau dann fordern, wenn die Meinungsumfragen für sie günstig stehen.

Daß das Volk in irgendeiner Weise kompetenter entscheiden würde als die vielgeschmähten Parteien, ist ein idealistischer Mythos. Er beruht auf einem tief verwurzelten Affekt gegen das Vermittelte, das Nicht-Authentische. Was sich unverstellt und durch keinen Kompromiß verwässert artikuliert, gilt als echt und ursprünglich. Die repräsentative Demokratie, die nur vermittelte Argumente in die Sphäre des Politischen eindringen läßt, erscheint dagegen als eine reduzierte, als eine «Schwundform» der Volksherrschaft.[6]

Die liberale Demokratie kann aber nicht ohne Parteien auskommen, weil sie die am besten geeignete Form sind, in der die politischen Interessen gebündelt und in einen faßbaren, definierten Meinungsstreit überführt werden können. Dabei handelt es sich keineswegs um eine Verwässerung des freien Meinungsstreits. Erst durch ihre Vermittlung in einer durch Regeln definierten Debatte wird eine Meinung überhaupt zu einem politischen Argument.

Wie alle Institutionen der liberalen Demokratie wirken die Parteien als Stoßdämpfer gegen die Gewalt, die dem unreflektierten Aufschrei der «Stimme des Volkes» innewohnt. Sie dienen dazu, die Sphäre der politischen Diskussion vor der zerstörerischen Wirkung zu bewahren, die von dem bedingungslosen Streben nach dem Guten ausgeht. Die liberale Demokratie ist, wie Thomas Schmid sagt, «auch ein Unternehmen zum Schutz der zivilen Gesellschaft vor dem direkten Zugriff des Volkes».[7] Die Institutionen halten die einander fremden einzelnen voreinander auf Distanz, damit sie sich nicht, wie Büchners Danton sagt, «die Schädeldecken aufbrechen und die Gedanken einander aus den Hirnfasern zerren». Gerade diese Distanz aber schafft den Raum, in dem die einzelnen einander ungefährdet begegnen können. Demokratie ist, wie Thomas Schmid formuliert, «ein Unternehmen, das den Souverän» – das Volk – «einerseits entmachtet, ihm andererseits aber zur Artikulation verhilft.»[8]

Die liberalen Institutionen beruhen auf Trennungen: Sie zielen auf Begrenzung von Macht und Zuständigkeiten. So versuchen sie, die Gesellschaft in ihrer prekären Balance zu halten. Und das ist es, was die Anhänger einer «direkten» oder «organischen» Demokratie nicht ertragen können. Sie halten den permanenten Zustand einer nur relativen und ständig bedrohten Stabilität für das Symptom einer fundamentalen Krise und fordern, die Gesellschaft müsse wieder auf festen Boden gegründet werden.

Die Urmodelle der unmittelbaren Volksherrschaft

Die Forderung nach der ganzheitlichen Demokratie geht wenigstens auf Jean-Jacques Rousseau zurück. Rousseau stellte der *volonté des tous* eine *volonté general* entgegen: Während der «Gesamtwille» lediglich die Summe egoistischer Einzelinteressen sei, drücke der «Gemeinwille» das ideelle Interesse des ganzen Volkes aus. Die Herrschaft der *volonté des tous* führe zu einem zerstörerischen Kampf der Individuen und zur Entfremdung der politischen Repräsentanten vom wirklichen Willen des Volkes. Die *volonté general*, hinter der das Interesse aller einzelnen zurückzustehen habe, garantiere den Zusammenhalt und die Harmonie des gesellschaftlichen Gesamtkörpers. Rousseau meinte, das Volk könne zwar von gewählten Volksvertretern betrogen und «verdorben» werden; es selbst wolle aber immer das Gute. Der unverfälschte *Gemeinwille* könne daher nur in Vollversammlungen des Volkes, nicht aber durch parlamentarische Repräsentation festgestellt werden.[9]

Voltaire warnte schon damals vor den katastrophalen Konsequenzen dieser Idee. Gegen die These Rousseaus, vor «dem Volk als souveränem Körper» erlösche «jegliche Gerichtsbarkeit der Regierung» und «die exekutive Gewalt sei» während der Beschlußfassung durch die Volksversammlungen «ausgesetzt», bestand Voltaire darauf, daß die Rechtsgrundsätze von keinem Souverän angetastet werden dürften – auch nicht von der Gesamtheit des Volkes. In Rousseaus direkter Demokratie sah Voltaire eine «feierliche Einladung zum Verbrechen».[10]

Voltaires Befürchtung hat durch Robespierres «Wohlfahrtsausschuß» seine erste schauerliche Bestätigung gefunden. Weil sie sich als Vollstrecker der *volonté general* fühlten, mußten Robespierre und seine Gesinnungsgenossen ihr politisches Handeln als die Erfüllung eines unmittelbaren Auftrags des «Volkes» verstehen. Diesen Auftrag ließen sie sich auf «Volksversammlungen» durch ihre Anhänger bestätigen. Wer sich dem vom Wohlfahrtsausschuß artikulierten Gemeinwillen widersetzte, wurde als Feind betrachtet und aus dem «gesunden Volkskörper» entfernt. Die willkürliche Rechtssprechung der Volkstribunale rechtfertigten die Initiatoren der *terreur* unter Berufung auf ein angebliches höheres Notwehrrecht des Volkes. Um ihrer Mission eine quasi-metaphysische Absicherung zu geben, erfanden die Robespierristen sogar eine «Religion der Vernunft», der alle Staatsbürger huldigen sollten. Und Robespierre selber wurde von seinen Parteigängern wie ein Messias verehrt.

Eine Variante des Rousseauschen Modells der *volonté general* ist die deutsche romantische Volkstumsideologie. «Institutionen» sind in diesem Verständnis gewachsene Körperschaften, mittels derer die verschiedenen Stände ihre spezifischen Anliegen vortragen. Synthetisiert werden sie durch den Souverän, idealerweise den König. Der König sei, wie schon Novalis betonte, nicht bloß Repräsentant des Staates, sondern eines über dem Staat stehenden absoluten Prinzips:

Die Monarchie ist deswegen echtes System, weil sie an einen absoluten Mittelpunkt geknüpft ist; an ein Wesen, was zur Menschheit, aber nicht zum Staat gehört. Der König ist ein zum irdischen Fatum erhobener Mensch. ... Alle Menschen sollen thronfähig werden. Das Erziehungsmittel zu diesem fernen Ziel ist ein König. Er assimiliert sich allmählich die Masse seiner Untertanen.[11]

Aus diesen Sätzen des Novalis geht hervor, daß die politische Romantik keineswegs eine bloße reaktionäre Ideologie war. Sie teilte Rousseaus revolutionäre Utopie von der Vervollkommnung des Menschen in der großen Gemeinschaft des Volkes. Nur wollten die Romantiker dieses Ziel durch ein organisches Modell verwirklichen: Als Vorbild und Erzieher ist der Monarch der ideale Gesamtmensch, der die harmonische Versöhnung von traditioneller Bindung und moderner Emanzipationsidee sicherstellt. Die politischen Romantiker gingen zwar von dem Vorbild der mittelalterlichen Ständegesellschaft aus, doch wollten sie deren Prinzipien mit den Errungenschaften der Moderne in Übereinstimmung bringen. Die Wiederherstellung einer natürlichen Gemeinschaft sollte jedem einzelnen ermöglichen, an der Gestaltung des Ganzen mitzuwirken, und so den Anspruch des modernen Menschen einlösen, sich zum ganzheitlichen Subjekt, zum «vollständigen Menschen» (Novalis) zu entwickeln. Der Errichtung einer solchen Ordnung sollte eine Art geistige Fundamentalrevolution vorausgehen. Folgerichtig waren die politischen Romantiker nicht nur gegen den Liberalismus, sondern kritisierten auch die restaurierten deutschen Untertanenstaaten nach dem Sieg über Napoleon.

Es verwundert darum nicht, daß sich die ständischen Ideen der politischen Romantik in frühsozialistischen Gemeinschaftsutopien wiederfinden. Maßgebliche Theoretiker der politischen Romantik, allen voran

Adam Müller und Franz von Baader, haben bereits in den zwanziger und dreißiger Jahren des 19. Jahrhunderts eine tiefgreifende Kapitalismuskritik entwickelt. Die Abstraktion des Kapitalkreislaufs führte nach ihrer Meinung nicht zuletzt zur Aushöhlung der politischen Institutionen des Staates. Diese dienten im Liberalismus nur noch dazu, die ungehinderte Profitmaximierung und rücksichtslose Ausbeutung der zu «Proletärs» herabgewürdigten Arbeiter abzusichern. Der korporative Ständestaat, dessen naturwüchsige Institutionen das Wohl des Ganzen unverfälscht zum Ausdruck brächten, sei dagegen die ideale Lösung der sozialen Frage.

In konservativer Denktradition müssen Institutionen auf unbezweifelbaren Werten beruhen. Ohne solche Normen, die jeder rationalen Entscheidung vorausgehen, müsse die Gesellschaft zwangsläufig zerfallen. Für ungebundene, selbstverantwortliche Freiheit sei der Mensch von seiner Anlage her nicht disponiert. In scheinbarem Gegensatz zu diesem konservativen Menschenbild steht eine weitere Variante der Ideologie von der authentischen Volksherrschaft: die anarchistische. Bakunin war das spiegelverkehrte Gegenstück zu den politischen Romantikern; er war davon überzeugt, daß der ursprünglich freie und ungebundene Mensch nur durch die Gewalt der Konventionen zum unterdrückerischen Ausbeuter oder zum ergebenen Knecht degeneriert sei. Es gelte darum, alle Institutionen, die den Menschen von seiner natürlichen Freiheit entfremdet hätten, restlos zu zerstören – religiöse ebenso wie politische und soziale. Nur dann werde der Weg frei für die dem Menschen einzig gemäße Gesellschaftsform: die freiwillige Assoziation.[12]

Sämtliche aktuelle Versionen der direkten Demokratie gehen auf eines der oben skizzierten Modelle zurück. Häufig treten dabei freilich Mischformen auf. Bei aller vordergründigen Gegensätzlichkeit ist den verschiedenen Spielarten des Antiinstitutionalismus aber zumindest eines gemeinsam: die Verherrlichung der *Bewegung* und des unverbildeten *Lebens*. Die liberalen Institutionen seien starr und abstrakt, und es fehle ihnen an der notwendigen Dynamik, um der lebendigen Realität der Gesellschaft zu entsprechen. Sie zwängten die schöpferischen Kräfte des Volkes in das starre Korsett ihres leblosen Regelwerkes und verdammten die von ihnen verwalteten Menschen zu Passivität und Gleichgültigkeit. Friedrich Nietzsche hat diesen ewigen Einwand gegen liberale Institutionen exemplarisch formuliert:

Die liberalen Institutionen hören alsbald auf, liberal zu sein, sobald sie erreicht sind: es gibt keinen ärgeren und gründlicheren Schädiger der Freiheit, als liberale Institutionen. Man weiß ja, was sie zuwege bringen: sie unterminieren den Willen zur Macht, sie sind die zur Moral erhobene Nivellierung von Berg und Tal, sie machen klein, feige und genüßlich, – mit ihnen triumphiert jedesmal das Herdentier. Liberalismus: auf deutsch: *Herden-Vertierung.*[13]

Diese Sätze schrieb Nietzsche wohlgemerkt gegen Ende des 19. Jahrhunderts, also lange bevor an die liberalen Institutionen der Bundesrepublik auch nur zu denken war. Die heutigen Propheten einer bevorstehenden Sklerose der liberalen Gesellschaft können zumindest nicht behaupten, daß ihre Mahnungen originell seien. Das Problem ist nicht etwa, daß der Liberalismus an einer tödlichen Krankheit leidet. Das Problem ist, daß die Antiwestler den Liberalismus selbst für eine tödliche Krankheit halten. Und um ihrer Diagnose Nachdruck zu verleihen, setzen sie alles daran, ihn zu Tode zu bringen.

Eine alte Platte in linkskonservativem Remake: Der Kommunitarismus

Aber leidet unser demokratisches System nicht tatsächlich an einem Legitimationsdefizit? Plagen nicht Erstarrung und Mittelmäßigkeit unser Parteiensystem? Und liegt das nicht auch daran, daß die abstrakten liberalen Institutionen dem einfachen Bürger zu wenig emotionale Identifikationsmöglichkeiten bieten?

So argumentieren nicht nur antiliberale Agitatoren, sondern auch Zeitgenossen, die sich selbst zu den Befürwortern des Westens zählen. Der Liberalismus, so meinen sie, müsse durch sinnstiftende Werte wie Familie, Freundschaft und Liebe ergänzt und untermauert werden.* Eine

---

* So argumentiert Sibylle Tönnies, die vor der Verkürzung des Liberalismus auf die «Vorstellung von endlosen Konflikten, Diskursen und Kompromissen» warnt und betont, auch der Liberalismus könne auf positive «Bilder des Guten und Schönen» nicht verzichten. Tönnies verwechselt die Feststellung, daß liberale Institutionen auf «kalten», abstrakten Werten basieren müssen, mit einem «Plädoyer» für eine «kalte liberale Gesellschaft». Tatsächlich dienen aber die «kalten Werte» doch gerade dem Zweck, den verschiedenen Leidenschaften für die von Tönnies eingeklagten Werte wie «Liebe» oder «Freundschaft» Freiräume zur Entfaltung zu sichern. Vgl. Sibylle Tönnies: Wieviel Gemeinschaft braucht der Mensch? Über Nähe, Entfremdung und Individualität. Eine Antwort auf Richard Herzingers Plädoyer für eine kalte liberale Gesellschaft, in: Wochenpost, 14. Jhg, 11. August 1994, S. 28.

Denkschule, die in den Vereinigten Staaten großen intellektuellen Einfluß gewonnen hat und hierzulande immer mehr Sympathisanten findet, hat diesen Gedanken zu einer Theorie ausgebaut. Sie nennt sich «Kommunitarismus».

Die Kommunitaristen bilden keine homogene, organisierte Gruppierung. Was sie aber verbindet, ist die Auffassung, daß die Forderung nach Autonomie und Selbstbestimmung des Individuums den modernen Gesellschaften keine tragfähige ethische Basis mehr bieten könne. Das Spektrum kommunitaristischer Ideen reicht dabei von «harten» Positionen wie jener Michael Sandels oder Alasdair Mac Intyres, der den Patriotismus als einen dem liberalen Gerechtigkeitsprinzip vorgängigen Wert propagiert, bis zu «weichen» Auffassungen wie denen von Michael Walzer oder Charles Taylor, die behaupten, liberale und kommunitaristische Standpunkte miteinander vermitteln zu können.[14] Der wichtigste gemeinsame Nenner der Kommunitaristen ist ihre Kritik an den Prämissen der Theorie des modernen politischen Liberalismus, wie sie vor allem von John Rawls formuliert wurde.[15] Rawls' Annahme, das Prinzip der «Gerechtigkeit als Fairneß» sei ein für die gesamte Gesellschaft gültiger neutraler Wert, basiere auf ideologischer Voreingenommenheit. Die Anerkennung eines solchen Wertes setze nämlich den liberalen Glauben voraus, demzufolge die Freiheit des Individuums höher zu bewerten sei als die ethischen und normativen Ansprüche regionaler, ethnischer oder religiöser Gemeinschaften.[16] Die Anerkennung eines «neutralen Wertes», der Geltung vor allen partikularen Wertvorstellungen beanspruche, sei für Gemeinschaften mit geschlossenen, intakten Wertesystemen nicht möglich. Indem der Liberalismus die Unterordnung gemeinschaftlicher Werte unter das Recht auf die freie Entfaltung des einzelnen verlange, zwinge er der Gesellschaft sein eigenes Wertesystem auf und gebe diesen Usurpationsakt auch noch als Stiftung einer objektiven, für alle akzeptablen Norm aus.

Der Liberalismus stütze sich dabei, so meint die kommunitaristische Kritik, auf ein einseitiges Menschenbild. Er betrachte den Menschen als ein atomisiertes Einzelwesen, das seine ethischen Orientierungen frei wählen könne. In Wahrheit sei das Individuum primär – oder doch zu einem von den Liberalen weit unterschätzten Teil – durch die Werte der Gemeinschaft determiniert, in die es hineingeboren wird. Weil liberale Institutionen, die alle Individuen gleich abstrakt und gleichsam wertfrei betrachten, dieser fundamentalen Prägung nicht Rechnung trügen, könnten sie ihre Funktion als neutrale Instanzen des gesellschaftlichen Zusammenlebens nicht erfüllen. Es gelte daher, den Gemeinsinn auf wirklich tragfähige Überzeugungen zu stützen. Diese seien nur in Werten zu finden, die anthropologisch vorgegeben seien.

Die Liberalismuskritik der Kommunitaristen zielt also gerade auf die Erhaltung des gemeinschaftsübergreifenden, des gesamtgesellschaftlichen Zusammenhalts. Dieser sei nur zu gewährleisten, wenn man die Realität nichtliberaler Grundüberzeugungen anerkenne und ihnen einen angemessenen Platz in der Gesellschaft zugestehe. Eine solche nichtliberale Überzeugung stellt die Loyalität gegenüber der eigenen Familie und der eigenen religiösen oder lokalen Gemeinschaft über die Forderung nach Gleichheit und Gerechtigkeit für alle. Solange das Recht auf die in der eigenen Gemeinschaft gültigen Werte nicht gesichert sei, blieben die universalen Menschenrechte ein lebloses Abstraktum.[17]

In der Praxis heißt das für die Kommunitaristen, daß die staatlichen Institutionen wesentliche Verantwortlichkeiten an kleinere, gewachsene Einheiten zurückgeben müßten. Es sei zum Beispiel falsch, daß der Staat in einem bestimmten Stadtteil die Eröffnung eines pornographischen Buchladens durchsetze, nur weil der Betreiber sich auf die Gewerbefreiheit berufen kann, wenn die Mehrzahl der Bewohner einen solchen Laden als Beleidigung ihrer Sittlichkeit betrachtet. Ein abstraktes Recht über die Werteordnung einer bestimmten Gemeinschaft zu stellen, könne in einem derartigen Fall nur zu sozialen Spannungen führen.

Die Kommunitaristen behaupten, daß eine Umkehrung der liberalen Prioritätenliste keineswegs eine Abschottung der verschiedenen Gemeinschaften nach sich ziehen würde. Im Gegenteil: Wenn sich diese Gemeinschaften in ihren unverzichtbaren ethischen Grundüberzeugungen akzeptiert und geschützt wüßten, würden sie anderen Wertorientierungen weit aufgeschlossener und toleranter gegenübertreten können. Und vor allem würden sich Bürger, die ihre Umgebung nach ihren eigenen Wertvorstellungen selber organisieren könnten, für die Erhaltung dieser Umgebung viel stärker verantwortlich fühlen, als wenn ihnen die Sorge darum von einer abstrakten Institution abgenommen wird.

Die Argumente, die die Kommunitaristen bei ihrer Liberalismuskritik anführen, scheinen auf den ersten Blick den traditionellen Einwänden der konservativen Ideologie zu entsprechen. Der Witz besteht aber darin, daß sich die meisten Kommunitaristen eher als links definieren. Sie glauben, ihre «Entdeckung» des Vorranges von Gemeinschaftswerten ermögliche eine Politik, die beispielsweise Machtkonzentrationen in Staat und Wirtschaft besser kontrollieren könne als eine Politik unter liberalen Vorzeichen. Aber die Kommunitaristen bleiben die Erklärung schuldig, warum Gemeinschaftswerte im Dienste ihrer Politik Freiheit und Toleranz in der Gesellschaft hervorbringen würden – wo doch die Favorisierung genau derselben Werte mit «konservativen» Zielsetzungen immer zum gegenteiligen Resultat geführt habe.

Die Liberale Amy Gutman hält den Argumenten des Kommunitaristen Michael Sandel entgegen, daß Intoleranz

zum großen Teil aus Gesellschaften von Persönlichkeiten hervorgegangen ist, die derart ‹selbstsicher mit ihren Lebensgewohnheiten verwoben waren›, daß sie nicht daran zweifelten, Unterdrückung diene einer höheren Sache. Das Gemeinwohl der puritanischen Einwohner Salems im 17. Jahrhundert befahl ihnen, Hexen zu verfolgen. Das Gemeinwohl der Moral Majority befiehlt ihnen, Homosexuelle nicht zu tolerieren. Die Durchsetzung liberaler Rechte, nicht das Fehlen einer festgegründeten Gemeinschaft, steht zwischen der Moral Majority und dem heutigen Gegenstück zur Hexenjagd.[18]

Die Kommunitaristen behaupten jedoch unverdrossen, nur auf der Basis solcher festgegründeten Gemeinschaften ließen sich Freiheitsrechte in der Gesellschaft verankern. «Die kommunitaristischen Kritiker», schreibt Amy Gutman, «möchten, daß wir in Salem leben, aber nicht an Hexen glauben – oder an Menschenrechte».[19] Die Kommunitaristen behaupten, auch der Liberalismus sei nur ein Glauben, und leiten daraus die kurzschlüssige Folgerung ab, liberale Rechte basierten lediglich auf der Durchsetzung liberaler Inhalte auf Kosten anderer. Aber der Liberalismus denkt, wie Amy Gutman zeigt, gar nicht in dualistischen Kategorien. Zwar favorisiert er bestimmte Werte vor anderen, er macht die Anerkennung dieser Wertehierarchie jedoch nicht zur *conditio sine qua non* für die Inanspruchnahme liberaler Grundrechte. Es sei sinnlos, erklärt Amy Gutman,

Konflikte zwischen konkurrierenden Zwecken – wie etwa dem Konflikt zwischen der Sexualmoral einer Gemeinschaft und individuellen sexuellen Neigungen – einfach per Voraussetzung aufzulösen. Gerade solche Konflikte lassen das charakteristisch liberale Interesse für Rechte entstehen.[20]

Der Ansatz des Liberalismus besteht also gerade darin, diese Konflikte nicht endgültig zu entscheiden, sondern sie zu regeln, ohne einer der beiden Seiten in einem substantiellen Sinne recht zu geben. Der Konflikt wird nicht durch eine moralische Grundsatzentscheidung aufgehoben, sondern in der Schwebe gehalten: Die letzte Frage nach der richtigen oder falschen Moral wird aus der Kompromißentscheidung ausgeklammert. Die liberale Abwägung von Rechten schützt so auch das Recht, an Wertvorstellungen festzuhalten, die der politischen Philosophie und den ethischen Überzeugungen des Liberalismus grundsätzlich widersprechen.

Jeder Versuch, substantielle Werte zu moralischen Leitnormen der ganzen Gesellschaft zu erheben, müßte das liberale Modell der permanenten rechtlichen Ausbalancierung von Konflikten gefährden. Er würde aber nicht nur den Liberalismus, sondern auch die Grundlagen unseres Verständnisses von einer modernen pluralistischen Gesellschaft insgesamt aus den Angeln heben. «Schließlich ist die Einsicht, daß man sich über die Natur des guten Lebens kaum vernünftig wird einigen können, ein unverwechselbares Merkmal des modernen Denkens», schreibt der liberale Theoretiker Charles Larmore, und er fährt fort:

Diskussionen zwischen vernünftigen Menschen über den Sinn des Lebens führen normalerweise nicht, wie Aristoteles glaubte, zu einem Konsens, sondern vielmehr zu einer Kontroverse. Je länger wir über solche Dinge sprechen, desto weniger stimmen wir überein – sogar mit uns selbst, wie Montaigne treffend festhielt. Der Liberalismus verkörpert die Hoffnung, daß wir trotzdem bei Fragen von größerer Bedeutung einen Weg des Zusammenlebens finden können, der ohne Zwangsherrschaft auskommt. Es ist seine Überzeugung, daß wir uns über eine Kernmoralität einigen können, auch wenn wir unterschiedliche Konzeptionen des guten Lebens vertreten. Letztlich könnte sich diese Überzeugung als haltlos erweisen. Der Liberalismus ist vielleicht notwendigerweise bloß ein weiteres parteiisches Ideal. Solange sich unsere moderne Erfahrung aber nicht im Lichte des einen, unwiderstehlichen und allumfassenden Guten auflöst, wird unsere Zukunft in der Tat eine sein, ‹wo unwissende Armeen nachts zusammenstoßen›.[21]

Der kommunitaristische Versuch, diese skeptische liberale Haltung durch den Verweis auf angeblich grundlegendere Werteorientierungen in Frage zu stellen, ist nicht mehr als das Remake einer alten Platte. In neuer, aber wenig origineller Instrumentierung wird einmal mehr die Illusion verbreitet, die grundsätzlich unlösbaren Konflikte innerhalb der offenen Gesellschaft könnten vermieden werden, wenn man angeblich unbeschädigte Werte wieder in ihr Recht setzt. Doch immerhin hat der Kommunitarismus den Grundkonsens der liberalen Gesellschaft nicht aufgekündigt. Seine Argumentation – die wir für falsch und tendenziell gefährlich halten – zielte doch immer auf die Verbesserung, nicht auf die Abschaffung der pluralistischen Demokratie. Das ermöglichte eine intensive Diskussion zwischen den Liberalen und ihren kommunitaristischen Kritikern in den USA, die zur Aufweichung der schroffen Fronten zwischen beiden Positionen führte. Die Liberalen gaben zu, daß die stärkere Beachtung der Ansprüche von Gemeinschaften, wie sie die Kommunitaristen forderten, zur Erweiterung des Blickfelds liberaler Theorien beitragen kann. Im Gegenzug betonten Kommunitaristen wie Michael Walzer, daß die kommunitaristische Kritik nur als regulative Stimme im Rahmen des Liberalismus Sinn macht, nicht aber als Alternative außerhalb des liberalen Kontextes.[22]

Wenn jetzt aber das Zauberwort «Kommunitarismus» unter deutschen und europäischen Intellektuellen die Runde macht, sind ganz andere Wirkungen zu befürchten. Losgelöst von seinem amerikanischen Hintergrund wird der Kommunitarismus hier als eine neue Heilsbotschaft verstanden, die dem Glauben an die Selbstverständlichkeit des Guten neuen Auftrieb gibt. Der Kommunitarismus hat das Image, er sei eine moderne Antwort auf die angebliche Erstarrung des Liberalismus. Da er im Rufe steht, links zu sein, scheint er über den Verdacht erhaben, er könnte einer regressiven Verherrlichung der geschlossenen Gemeinschaft Tür und Tor öffnen. Der Kommunitarismus ist wie maßgeschneidert für Linke, die von Herzen gerne nostalgische Konservative sein möchten, es aber nicht zugeben wollen.

Appendix: Die Sehnsucht nach dem Führer

Das Grundmuster steht, wie bereits angemerkt, bei Carl Schmitt. Er erfand 1926 in einem politischen Essay die berühmte Unterscheidung von «Volksherrschaft» und «Parlamentarismus»; der Gegensatz von Demokratie und Diktatur erschien ihm daneben allenfalls zweitrangig. Schmitt diagnostizierte, daß der liberale Parlamentarismus auf den Tod erkrankt sei, denn die wirklich wichtigen Entscheidungen würden längst außerhalb der klassischen Volksvertretungen gefällt. «Die Parteien...», schrieb er, «treten heute nicht mehr als diskutierende Meinungen, sondern als soziale oder wirtschaftliche Machtgruppen einander gegenüber... und schließen auf dieser falschen Grundlage Kompromisse und Koalitionen.»[23] Die moderne Massendemokratie sei nichts als Lug und Trug – sie habe «die argumentierende öffentliche Diskussion zu einer leeren Formalität gemacht».[24] Die imperialistischen Demokratien des Westens seien ohnehin nur verkleidete Oligarchien. Sie würden sofort aufhören zu funktionieren, wenn sie nicht alle Fremden aus ihren Reihen ausschlössen.[25] «Von den über 400 Millionen Bewohnern des englischen Weltreiches», höhnte Schmitt, «sind über 300 Millionen nicht englische Bürger»; bei allgemeinen Wahlen würden «diese Hunderte von Millionen... ebenso selbstverständlich ignoriert wie die Sklaven in der athenischen Demokratie».[26]

Wie kann man die Krise des Parlamentarismus überwinden? Ganz einfach: indem man ihn abschafft. Das Volk muß aus der «Sphäre des Privaten und Unverantwortlichen» heraustreten, sich zu einem einheitlichen Block zusammenschließen und per Zuruf («durch *acclamatio*») einen Führer bestimmen. Originalton Carl Schmitt:

Volk ist ein Begriff des *öffentlichen* Rechts. Volk existiert nur in der Sphäre der *Publizität* ... Je stärker die Kraft des demokratischen Gefühls, um so sicherer die Erkenntnis, daß Demokratie etwas anderes ist als ein Registriersystem geheimer Abstimmungen. Vor einer ... im vitalen Sinn *unmittelbaren* Demokratie erscheint das aus liberalen Gedankengängen entstandene Parlament als eine künstliche Maschinerie, während diktatorische und zäsaristische Methoden ... Äußerungen demokratischer Substanz ... sein können.[27]

Dies ist, wie gesagt, das Generalthema; was danach kommt, sind allenfalls Variationen oder leichte Akzentverschiebungen von rechts nach links und wieder zurück. Nehmen wir zum Beispiel den marxistischen Philosophen Ernst Bloch. In seinem Buch «Erbschaft dieser Zeit» dachte er darüber nach, warum die Deutschen 1933 nicht kommunistisch, sondern nationalsozialistisch gewählt hatten, und kam zu folgendem Schluß: Geistiger Diebstahl war schuld. Die Nazis, meinte Bloch, hätten die edelsten, die wunderbarsten und humansten Ideale der Kommunisten gestohlen und schamlos für ihre Propaganda ausgeschlachtet; so sei es ihnen gelungen, die Massen auf ihre Seite zu ziehen.

Eine Verletzung des revolutionären Copyrights sei es etwa, wenn die Nazis den Slogan vom «Dritten Reich» für ihre Zwecke mißbrauchten. Schließlich hätten bereits die mittelalterlichen Millenaristen von einem tausendjährigen Reich geträumt, das endlich der ganzen Menschheit Frieden und Gerechtigkeit bringen werde – unter ihnen Blochs heißgeliebter Bauernführer Thomas Münzer. Und auch die Ablehnung der bürgerlichen Demokratie sei eigentlich etwas sehr Fortschrittliches. Bloch schrieb:

Bei den Kommunisten wie bei den Nationalsozialisten wird wehrhafte Jugend aufgerufen; hier wie dort ist der kapitalistisch-parlamentarische Staat verneint, hier wie dort wird die Diktatur gefordert, die Form des Gehorsams und Befehls, die Tugend der Entscheidung statt der Feigheiten der Bourgeoisie, dieser ewig diskutierenden Klasse.[28]

Das ist nun Carl Schmitt pur: Hoch die Dezision, hoch die «Tugend der Entscheidung» und das Freund-Feind-Denken! Nieder mit der Debatte, den faulen Kompromissen und dem endlosen Herumlavieren um den heißen Brei! Gefragt ist ein starker Mann, der den bourgeoisen Saustall einmal ordentlich aufräumt: «Sich selber helfen die Armen erst langsam und spät. Der Wunsch nach einem *Führer* dürfte der älteste sein.»[29] Richtig ins Schwärmen geriet Bloch aber erst, wenn er über die Sowjetunion sprach:

Wie anders [nämlich anders als die deutschen Nazis] hat Lenins Rußland bereits *Heimat* und Folklore einmontiert...; nicht nur spießig oder angesetzt zeigen sich hier die organischen Kräfte der *Familie*, die organisch-historischen der *Nation* umfunktioniert und in den Dienst einer *Volksgemeinschaft* gestellt, aber einer echten.[30]

Eben darauf kommt es an: Echt muß die Volksgemeinschaft sein. Es überrascht somit nicht, daß Ernst Bloch anno 1937 die Moskauer Schauprozesse wütend gegen ihre linken und bürgerlichen Kritiker verteidigte. Zu diesem Zeitpunkt hatte das stalinistische Regime bereits acht Millionen Kulaken gezielt und vorsätzlich dem Hungertod preisgegeben; als krönender Abschluß wurde nun die gesamte alte Elite der Kommunistischen Partei Rußlands ermordet. Bloch aber imponierte, wie «hart» der «zwanzigjährige bolschewistische Jüngling» (gemeint ist selbstverständlich Stalin) sich seiner Feinde «entledigt».[31] Für diesen großen Volkstribun war der Philosoph zu jedem *sacrificium intellectus* bereit, denn wie sagte schon Goethe? «Ein Bedeutendes weiß uns immer für sich einzunehmen, und wenn wir seine Vorzüge anerkennen, so lassen wir das, was wir an ihm problematisch finden, auf sich beruhen.»[32]

Später sah Bloch seinen stalinistischen Irrtum zwar widerwillig ein; seine Grundeinstellung aber hat er, entgegen anderslautenden Gerüchten, niemals revidiert. Zu tief war der Führerglaube in seinem Denken verwurzelt, zu sehr hoffte er auf eine apokalyptische Erlösergestalt, die der bürgerlich-demokratischen Schlange aufs Haupt tritt. Noch 1974 sagte er in einem Interview: «Welch ein Magnet liegt für das Volk in dem Wort ‹Blut und Boden›, in dem Wort ‹Führer›, in der Unterscheidung des Menschen nach Rang, nicht nach Kapital, denn das hat keinen Rang, sondern ist bloß durch Zahlen ausgedrückte Profitmaximierung.»[33] Es ist peinlich, aber wahr: Blochs Philosophie der Hoffnung war immer auch eine Philosophie der organischen Gemeinschaft. Bis zum Ende seines Lebens wiederholte er gebetsmühlenhaft:

So hat man kampflos alles preisgegeben. Den Nazis preisgegeben, was eigentlich kommunistisches Erbgut war... Auch die Kategorie «Führer»... Der «Führer» ist eine kommunistische Parole gewesen. Spartakus ist doch ein Führer gewesen, zum Donnerwetter! Warum läßt man sich das Wort stehlen?[34]

Die neue Linke der sechziger Jahre ließ es sich gesagt sein. Freilich schwärmte sie nicht mehr für Stalin, der war mittlerweile *out*, sondern entdeckte ihr Herz für Mao Tse-tung. Kaum eine linke Wohngemeinschaft im Westen, die nicht von einem roten Mao-Poster geschmückt gewesen wäre; ganze Reisegruppen fuhren ins Reich der Mitte und kehrten euphorisch lächelnd zurück. Auch Simone de Beauvoir, die Lebensgefährtin von Jean-Paul Sartre und Verfasserin etlicher feministischer Studien, unternahm damals eine Wallfahrt nach Utopia. Auszüge aus ihrem Reisebericht fanden wir in Gerd Koenens vorzüglichem Buch «Die großen Gesänge».

Uns interessiert diese Lobeshymne vor allem deswegen, weil sie einen zentralen Schmittianischen Topos aufgreift. Simone de Beauvoir schildert eine Parade anläßlich des Revolutionsfeiertags; sie beschreibt, wie die Demonstranten – natürlich ganz spontan – zur Regierungstribüne strömen, springen und stampfen, Blumensträuße schwenken und aus vollem Hals lachen. Simone de Beauvoir wendet sich zu ihrem Begleiter und fragt: «Ist es denkbar, daß dies nicht freiwillig ist?» Postwendend gibt sie sich selbst die Antwort: «Nein, das ist undenkbar.» Und nun kennt sie keine Zurückhaltung mehr – Simone de Beauvoir ist ganz einfach «tief beeindruckt vom so überaus persönlichen, unmittelbaren Charakter dieser Beziehung zu Mao Tse-tung». Sie meint:

Da ist nichts von dem, was man «Kollektivhysterie» oder «Führermystik» nennt... weder Servilität noch Behextsein, sondern ganz deutlich Zuneigung. Einen Augenblick lang begegnet dieser Handwerker Mao vertraulich wie unter vier Augen... und sagt ihm Dank von Mensch zu Mensch.[35]

Das ist die *acclamatio*, wie sie Carl Schmitt vorschwebte. Die Regierten müssen keine entfremdeten parlamentarischen Mechanismen über sich ergehen lassen, sondern bestätigen per Zuruf – durch Lachen, Tanzen und Stampfen – einen Diktator. Die direkte Demokratie findet als Massenerlebnis statt, als Volksfest.

Der chinesische Weg zum Sozialismus fand indessen nicht nur auf der Linken enthusiastische Anhänger. 1974 tagte in Brüssel eine ökumenische Konferenz, deren Teilnehmer feststellten, «... daß die Christenheit von der sozialen Umgestaltung in China viel zu lernen hat ... China übt einen besonderen Einfluß auf unser Verständnis und unsere Erfahrungen mit Gottes rettender Liebe aus.»[36] Viele Konservative lobten China als vorbildliches Modell, weil dort die althergebrachten Werte noch etwas gelten würden: Autorität, Disziplin, Familiensinn, Unterordnung und Fleiß. Mit westlichen Ideen, so versicherte man in beruhigendem Tonfall, habe all dies recht wenig zu tun, und mit Marxismus schon gleich gar nichts. Herbert Kremp, seines Zeichens Chefredakteur der *Welt*, notierte noch 1976: «China unterlag dem Westen, gegen ihn mußte es sich erheben.»[37] Ein derart nobles Ziel entschuldigt natürlich so manches.

Schnell und doch bedachtsam nähern wir uns dem Höhepunkt der Veranstaltung: Gedämpfter Trommelwirbel für Luise Rinser. Wer wollte dieser erfolgreichen katholischen Schriftstellerin vorwerfen, sie habe sich jemals geändert? 1981 warf der Fischer-Verlag ihr «Nordkoreanisches Reisetagebuch» auf den Markt, das umgehend zum Kassenschlager wurde. Innerhalb eines halben Jahres waren 27.000 Exemplare verkauft.[38]

Das «Reisetagebuch» faßt sämtliche Strukturmerkmale des Führermythos noch einmal auf beeindruckende Weise zusammen. Nordkorea imponiert Luise Rinser vor allem deswegen, weil es *Opferwillen* zeigt.[39] Im Unterschied zur Bundesrepublik verteidigt dieses Land seine gewachsene Kultur gegen die westliche Überfremdung; außerdem ist «in Nordkorea ... jedermann in eine Gruppe und in die Volksgemeinschaft eingebettet».[40] Unter der milden Herrschaft des Diktators Kim Il Sung (doch im Grunde ist er natürlich gar kein Diktator) wird ein wahrer, echter, demokratischer Sozialismus aufgebaut. Des näheren handelt es sich um einen eigenständigen Sozialismus, der sich weder an das chinesische noch ans sowjetische Modell anlehnt. Denn: «Man kann nicht internationalisieren, was national gemeint sein muß.»[41] In diesem Zusammenhang zitiert Luise Rinser die beliebte nationalsozialistische Parole: «Gemeinnutz geht vor Eigennutz.»[42]

Das Land wird der Schriftstellerin zum «Stachel», sie fragt sich: «Wie bringt man dem pervertierten Westen eine gesunde Moral bei?»[43] Zunächst müßte man wohl die bürgerliche Demokratie abschaffen. Schließlich werde «... in den westlichen Parlamenten sehr viel Zeit, Kraft und

Volksvermögen vergeudet». Was sollen all diese unübersichtlichen Parteikämpfe, «bei denen sich die Gegner wüst beschimpfen und verleumden und bei denen nichts herauskommt, was dem Volk wirklich zum Glück verhilft»?[44]

Nordkorea hat es schon geschafft, dort gibt es keinen Parteienhader mehr. Leider wird dieses tapfere kleine Land aber von den USA, der CIA und ihrem südkoreanischen Vasallenstaat bedroht. Die Vereinigten Staaten haben Nordkorea sogar mit dem Virus der Unkeuschheit verseucht: «Es ist... westlicher verderblicher Einfluß, wenn Männer Hemden mit kurzen Ärmeln tragen und Frauen enge Pullover. Das lernen sie, wenn sie im Westen studieren.»[45] Aber trotz ihrer Schwächen liebt Luise Rinser die einfachen Untertanen: «Die Menschen hier haben etwas so Kindliches, Unerwecktes, blind Vertrauensvolles, sind so bereit, dem Vater zu gehorchen und sich in die große Volksfamilie einzufügen.»[46]

Das stärkste Argument für Nordkorea ist indessen, daß es hier keine Gefängnisse gibt. Woher Luise Rinser das so genau weiß? Sowohl ihr freundlicher Reisebegleiter als auch der große Führer selbst haben es ihr erzählt: «Aber nein, sagt er fast belustigt, wir haben wirklich keine Gefängnisse nach westlicher Art, wir haben Erziehungshäuser für Schwererziehbare; die gesetzliche Höchstdauer des Verbleibens ist ein halbes Jahr...»[47] Zu guter Letzt hält die Dichterin dem Diktator eine freundschaftliche Standpauke: Bloß nicht das Land dem kapitalistischen Weltmarkt öffnen! Sie sagt:

Herr Präsident, ich glaube nicht, daß Sie anstreben sollten, was wie am Schnürchen klappt... Sie haben den Menschen nicht durch den Computer, den Roboter ersetzt... Warum wollen Sie beginnen, wo wir enden?... Es geht menschlich zu in ihrem Land... Bei Ihnen zählt nicht Arbeit und Besitz, sondern der menschliche Wert und das Maß an Opferbereitschaft... Ich flehe Sie an, ihren Weg nicht zu verlassen.[48]

Nur eine ernste Sorge plagt Luise Rinser: Was wird aus Nordkorea, wenn Kim Il Sung stirbt? Sie ist Realistin, sie weiß, daß nicht einmal Übermenschen ewig leben, und könnte also «verstehen, wenn Kim Il Sung seinen Ältesten zum Nachfolger haben möchte: der kennt das Land, die Leute, die Ideologie..., der würde dafür sorgen, daß nicht nach dem Tod des Präsidenten ein Bruch entstünde... zum Unheil für das Volk.»[49] Mittlerweile ist der Ernstfall eingetreten. Es scheint so, als hätte die nordkoreanische Parteiführung Luise Rinsers guten Rat beherzigt – Kim Jong Il (der «liebe Führer») ist offenbar der Thronfolger seines Vaters Kim Il

Sung. Damit wäre die erste kommunistische Dynastie der Weltgeschichte begründet.

Man könnte meinen, nun seien endlich alle Varianten des Carl-Schmitt-Schemas durchgespielt. Aber nein; auch die guten Menschen von der Friedensbewegung wollten partout einen Führer haben. Unvergeßlich bleibt, wie Alfred Mechtersheimer und Otto Schily Anfang der achtziger Jahre zu Muhammar al-Ghaddafi pilgerten. Der libysche Diktator war damals *in* bei den deutschen Alternativen: Er hatte soeben ein «Grünes Buch» veröffentlicht, das einen dritten Weg für die Dritte Welt wies, und er war ein unerschrockener Kämpfer gegen den Imperialismus, was man daraus sah, daß seine Killertrupps gelegentlich Amerikaner in die Luft sprengten. Zudem entzog er sich dem Kalkül des westlichen Zweckrationalismus – Ghaddafi war herrlich unberechenbar.

Die Pilgerreise nach Tripolis hatte Folgen. Es kam zu einer heftigen Leserbriefschlacht in der grünen Hauspostille, der *tageszeitung*. Manche Briefschreiber wiesen dabei zaghaft darauf hin, daß «Das Kapital» in Lybien verboten, «Mein Kampf» aber in sämtlichen Buchhandlungen zu haben ist. Andere wiederum verfochten die These, daß Libyen trotz aller Fehler und Schwächen eine sozialistische Räterepublik sei: In Wahrheit herrsche dort gar kein Führer, sondern die radikaldemokratische Volksversammlung, und Ghaddafi sei lediglich ein Symbol, eine Metapher, der sichtbare Repräsentant des kollektiven Willens… Die Leitmelodie ändert sich nie, sie wird nur jeweils anders instrumentiert.

Das Fazit steht bei dem Philosophen G. W. F. Hegel. Er formulierte: «Daß das Allgemeine zu einer Tat komme, muß es sich in das Eins der Individualität zusammennehmen und ein einzelnes Selbstbewußtsein an die Spitze stellen…»[50] Ein prophetischer Satz. Der Traum von der unentfremdeten, der selig widerspruchsfreien Gemeinschaft erwies sich immer wieder als Wappen auf einer Münze, deren andere Seite vom Kopf des Großen Bruders geschmückt wurde.

Bleibt der Westen westlich?

I.

Und doch: Am Ende ist der Westen an allem schuld. Sämtliche antiliberalen Fundamentalismen, die wir in diesem Buch vorgestellt haben, gehen letztlich auf sein Konto – ohne Westen kein Antiwestlertum.

Um Mißverständnissen vorzubeugen: Wir behaupten damit nicht, daß die antiwestliche Zivilisationskritik lediglich ein Reflex auf jene Krisen sei, die am laufenden Band von der Moderne produziert würden. Denn in Wahrheit *ist* die Moderne diese Krise. Seit dem Tag, da wir den Mutterschoß der Stammesgemeinschaft verlassen haben und selber laufen lernen mußten, schwankt der Boden gefährlich unter unseren Füßen. Es wäre aber eine Illusion zu glauben, wir könnten jemals den Heimweg ins Warme, Dunkle und Verantwortungslose antreten. Die Pforten des Paradieses (das bei näherem Hinsehen freilich so paradiesisch gar nicht war) sind uns bis zur nächsten Steinzeit verschlossen. Karl Popper schreibt:

Je mehr wir versuchen, zum heroischen Zeitalter der Stammesgesellschaft zurückzukehren, desto sicherer landen wir bei Inquisition, Geheimpolizei und einem romantisierten Gangstertum... Es gibt kein Zurück in einen harmonischen Naturzustand. Wenn wir uns zurückwenden, dann müssen wir den ganzen Weg gehen – wir müssen zu Bestien werden. [1]

Wer sich dem Rückruf in den Stammesverband verweigert, wird ertragen müssen, daß die Moderne eine Dauerkrise ist, eine Fragwürdigkeit in Permanenz; doch nicht darin liegt die Crux. Problematisch wird es vielmehr dann, wenn das westliche Krisenmanagement versagt. Und das ist der eigentliche Grund, warum die Antiwestler heute glauben, den Wind der Geschichte im Rücken zu spüren: Die Krise wird nicht mehr (oder nur noch mangelhaft) verwaltet. Der Schriftsteller Bodo Morshäuser hat dafür eine treffende sportliche Metapher gefunden. Er vergleicht den Wettstreit zwischen Westlern und Antiwestlern mit der Tour de France: Die Kritiker der Moderne, schreibt er, radeln so lange im Windschatten der Moderne, bis diese erlahmt. Dann schwenken sie scharf nach rechts oder links aus und setzen zum Überholmanöver an.[2] Erlahmt der Westen?

II.

Ganz im Gegenteil, sagt der amerikanische Gelehrte Samuel Huntington in einem vieldiskutierten Essay.[3] Der Westen ist so stark wie nie zuvor: Nach dem Ende des kalten Krieges könnte ihm niemand mehr strategisch oder ökonomisch das Feld streitig machen. Ironischerweise begegnen ihm aber gerade in diesem günstigen historischen Moment nichtwestliche Zivilisationen, die sowohl den Willen als auch die Ressourcen haben, sich eine Welt nach ihrem Bilde zu schaffen. Dem Westen ergeht es also wie dem Helden in der griechischen Tragödie, der sein Schicksal gerade dadurch herbeiführt, daß er es verzweifelt abzuwenden trachtet. Um diese These zu untermauern, zitiert Huntington folgende Beispiele: die Auseinandersetzung zwischen Prowestlern und Nationalbolschewisten in Rußland; den ethnischen Krieg im ehemaligen Jugoslawien; den kalten Krieg zwischen Festlandchina und den USA um die Menschenrechte; den islamischen Fundamentalismus und den Golfkrieg gegen den Irak.

Doch Samuel Huntington geht noch einen entscheidenden Schritt weiter. Er postuliert, daß die Auseinandersetzungen des 21. Jahrhunderts weder politisch, noch ideologisch noch auch ökonomisch sein werden, sondern kulturell. Die Welt, meint Huntington, sei im Begriff, in sieben (oder möglicherweise acht) grundverschiedene Zivilisationstypen auseinanderzubrechen. «Zivilisation» definiert er dabei ganz banal: als jene größtmögliche Gruppe von Menschen, die durch eine gemeinsame Geschichte und vor allem Religion zusammengehalten wird.

Demnach gibt es außer dem jüdisch-christlichen Westen noch einen konfuzianischen, einen japanischen, einen islamischen, einen hinduistischen, einen slawisch-orthodoxen, einen lateinamerikanischen und einen afrikanischen Kulturkreis. Die Interessen und Wertvorstellungen dieser Gesellschaften sind laut Huntington mit den westlichen vollkommen inkompatibel. Weder der Islam noch der Konfuzianismus habe jemals eine Renaissance oder eine Aufklärung gekannt; der Begriff des freien Individuums müsse ihnen darum immer wesensfremd bleiben. Allenfalls seien die nichtwestlichen Zivilisationen fähig, eine eigenständige Moderne zu entwickeln. Als Beispiel dienen Huntington jene asiatischen Staaten, die zwar hochgradig effizient und kapitalistisch sind, aber stockautoritär regiert werden.

Gewiß, der Westen hat seinen kommunistischen Widersacher besiegt. Doch an die Stelle des Eisernen Vorhangs sei eine viel tiefere Schneidelinie getreten: Sie zerschneide Europa entlang jener Grenze, die um 1500 das katholische vom orthodoxen Christentum trennte. Wieder kämpfen Serben gegen Kroaten und Muslime; wieder orientieren sich Balten und Westukrainer in Richtung Rom, während das byzantinische Rußland heftig mit sich selbst ringt, ob es überhaupt zum Westen gehören will.[4] Wieder steht dem christlichen Europa der islamische Halbmond gegenüber. Der Westen hat gesiegt – aber der Preis für diesen Sieg ist hoch. Denn als Antwort besinnen sich nun die anderen Zivilisationen auf ihre angestammten Traditionen.

Huntington glaubt, daß dem Westen angesichts dieser Herausforderung nichts anders übrigbleibe, als pragmatisch seine Einflußsphären zu definieren, sich klar abzugrenzen und ständig auf der Hut zu sein. In diesem Zusammenhang prägt er die berühmt gewordene Formel: *The West versus the Rest*.[5] Es sei, schreibt Huntington, eine Illusion zu glauben, der Westen könne künstlich eine universalistische Globalkultur kreieren.[6] Statt dessen werde es eine Welt verschiedener Zivilisationen geben, die nun versuchen müßten, irgendwie miteinander auszukommen.

III.

Es ist Samuel Huntingtons Kritikern nicht entgangen, daß seine These vom Zusammenprall (clash) der Zivilisationen auf einer falschen Diagnose beruht. Huntington behauptet ja, daß die nichtwestlichen Zivilisationen zu ihren kulturellen Wurzeln zurückfinden; er setzt das Antiwestlertum also mit diesen gewachsenen Traditionen gleich. In Wahrheit ist das Antiwestlertum aber nichts als der Schatten, den der Westen auf die Welt wirft. Der islamische Fundamentalismus stellt keineswegs eine Wiedergeburt des mittelalterlichen Islam dar; er ist – wie der Orientalist Fouad Ajami ausführt – eher ein Zeichen der Panik darüber, daß die kulturelle Grenze zum «anderen», zur Moderne, auch in den arabischen Ländern längst überschritten ist.[7]

Dasselbe konstatiert der chinesische Dissident Liu Binyan für seinen eigenen Kulturkreis. Er schreibt: Es sei ein welthistorischer Witz, daß Samuel Huntington ausgerechnet zu einem Zeitpunkt, wo es in China keinerlei Leitwerte mehr gibt, von einer Renaissance des Konfuzianismus spricht. Tatsächlich sei das kommunistische Regime in China ideologisch bankrott: Kein Mensch glaube dort noch an den Marxismus-Leninismus-Maoismus. In der Not klagten die chinesischen Chefideologen nun den Hedonismus und die Dekadenz des Westens an. Und um den unvermeidlichen Kollaps der Staatsmacht hinauszuzögern, griffen sie überdies auf die autoritären Elemente der konfuzianischen Philosophie zurück.[8]

Damit soll keineswegs geleugnet werden, daß die verschiedenen Kulturkreise sich gravierend voneinander unterscheiden. Die Kritiker von Samuel Huntington machen aber darauf aufmerksam, daß die wirklich tiefgreifenden Konfliktlinien heute gar nicht *zwischen* den Zivilisationen verlaufen, sondern *quer durch sie hindurch*. Es soll uns nicht irritieren, daß die großserbischen Ideologen ihren Blutrausch mit der Schlacht auf dem Amselfeld (AD 1389) legitimieren und manche Kroaten sich allen Ernstes als Verteidiger des katholischen Abendlandes betrachten. Fouad Ajami meint mit Recht: Nichts spricht dafür, daß wir den Herren Milošević und Tudjman ihre Geschichtslegenden glauben.[9] In Wirklichkeit sind Serben, Kroaten und Bosnier einander kulturell etwa so fremd wie Bayern, Franken und Berliner. Sie alle gehören derselben Zivilisation an: der europäischen.

Als Diagnose – oder gar als Prognose – ist Huntingtons These somit nicht sonderlich ernst zu nehmen. Wohl aber als politisches Programm: Samuel Huntington ist der Vordenker eines Amerika, das seinen universalistischen Anspruch aufgibt. Doch ein Westen, der sich selbst zu einer partikularen Kultur erklärt; ein Westen, der aufhört, seine liberalen Werte zu verbreiten; ein Westen, der im Namen der Realpolitik mit seinen Todfeinden kollaboriert – ein solcher Westen ist keiner mehr.

IV.

Freilich hat der Westen schon oft seinen universalistischen Anspruch aufgegeben und sich damit zugleich selbst verraten. Die Präzedenzfälle sind zahlreich, der schwärzeste sei hier kurz skizziert. Bekanntlich haben die westlichen Aliierten des Zweiten Weltkriegs Auschwitz nicht bombardiert, obwohl ihre Flugzeuge diese Lager problemlos hätten erreichen können, obwohl sie über den Massenmord durchaus informiert waren und obwohl sie über genaue Lagepläne der Gaskammern und Krematorien verfügten. Dahinter stand eine pragmatische und ungeheuerliche Rechnung: Für so viele Juden gab es ganz einfach keinen Platz. Präsident Roosevelt wollte seine Wiederwahl in den USA nicht gefährden, indem er die Tore für Millionen jüdischer Flüchtlinge öffnete. Churchill sah keine Möglichkeit, die Juden in Großbritannien anzusiedeln; und nach Palästina wollte er sie auch nicht schicken. Also stand man kaltblütig und seelenruhig beiseite, als die deutschen Völkermörder ihr Werk vollbrachten.

Der Westen ist damals – in der Parlance von Raul Hilberg – ganz bewußt ein *bystander* geblieben: ein Wegschauer und Zuseher, der durch seine Passivität zum aktiven Kollaborateur wird. Gunnar Heinsohn nimmt an, daß dieses Beispiel künftig im Weltmaßstab Schule machen könnte. Unter Verwendung von Hilbergs Terminus schreibt er:

Alle Anzeichen sprechen dafür, daß der Westen zu einem exklusiven Club von Bystander-Nationen wird. Dieser öffnet seine Tore nur für ausgewählte Einwanderer und zur Aufrechterhaltung der eigenen Bevölkerung, hält sie aber ansonsten eisern geschlossen. Null-Immigration nennt man das jetzt in Frankreich. Den Elendsnationen dürfte versprochen werden, daß man ihnen nichts zu tun gedenke, daß sie ihre Probleme aber selbst zu lösen hätten. Wo solche Lösungen in Gestalt von Massensterben durch Hunger, Massaker oder Bürgerkriege daherkommen, wird man sich ebenso verhalten wie bei den bereits erfolgten zwölf Völkermorden nach 1945. Nicht erhörte Hilferufe könnten dabei denjenigen ähneln, die am 20. Juni 1993 von Moslems aus dem serbisch beschossenen Gorazde an die Menschheit gefunkt wurden: «Wir fordern nur das Recht auf Leben, nachdem uns Europa und die Welt das Recht auf Selbstverteidigung abgesprochen haben.»[10]

Gunnar Heinsohn vermutet, daß dieser nicht-mehr-westliche Westen sich (genau wie die Kleptokratien in der Dritten Welt) mit einer harten Legierung aus grünen und kulturrelativistischen Argumenten absichern wird.[11] Schon heute werden Bücher umgehend zu Bestsellern, wenn sie Titel wie «Zeitbombe Mensch» tragen; der geistige Nährboden für eine Neue Antiuniversalistische Weltordnung ist somit längst bereitet. Ihre Propagandisten müssen lediglich eine weitverbreitete Endzeitstimmung ausnützen.

Global denken, lokal handeln! könnte also die Devise der Zukunft lauten. Dabei wird man sich auch darauf berufen, daß unsere liberalen Hirngespinste für fremde Zivilisationen keinerlei Bedeutung hätten: Menschenrechte sind eben nichts für konfuzianische Asiaten. Jene chinesischen Studenten, die auf dem Platz des Himmlischen Friedens eine Nachbildung der Freiheitsstatue errichteten, sind ja nicht mehr da, um das Gegenteil zu beweisen.

Allerdings würde ein Westen, der sich nach außen abschottet, unweigerlich auch im Inneren Verfallserscheinungen zeitigen. Aus Bündnispartnern würden mißtrauisch beäugte Rivalen und aus Rivalen womöglich Feinde: Bereits heute zeigt sich Frankreich zunehmend weniger bereit, die anglo-amerikanische Außenpolitik mitzutragen. Im Gegenzug könnte die isolationistische Stimmung in den Vereinigten Staaten stärker werden und schließlich die Oberhand gewinnen. Was dann? Rußland hätte jedenfalls gar keine andere Chance mehr, als den Nationalbolschewisten in die Hände zu fallen. Deutschland aber könnte sich über die Köpfe seiner unmittelbaren Nachbarn hinweg mit diesem Rußland einig werden. Nach einem halben Jahrhundert Frieden wäre in Europa wieder ein Krieg möglich. Was aber würde mit den Gegnern dieser antiuniversalistischen Politik geschehen?

Als die Elitetruppen Saddam Husseins sich nach ihrer Niederlage anschickten, dennoch den Genozid an den Kurden zu vollenden, entfesselten amerikanische Neokonservative (die mit ihren deutschen Namensvettern nicht das mindeste gemein haben) eine beispiellose Medienkampagne. Dem amerikanischen Fernsehpublikum wurden stundenlang Bilder von frierenden, sterbenden, halbverhungerten kurdischen Familien gezeigt; Journalisten wie Abraham Rosenthal und William Saffire verfaßten seitenlange zornige Zeitungskolumnen, in denen sie die Verlogenheit und den Zynismus ihrer Regierung geißelten. Tatsächlich gelang es den Neokonservativen, die öffentliche Meinung in ihrem Sinn zu beeinflussen. Präsident Bush mußte aus dem Urlaub zurückkehren, und in der Folge wurde eine militärische Schutzzone für die Kurden im Nordirak eingerichtet. Könnte ein nicht-mehr-westlicher Westen dulden, daß sich derartiges wiederholt?

Einmalig war an unserer Zivilisation bislang dies: daß sie sich immer aufs neue radikal in Frage stellte. Es zeichnete den Westen aus, daß er sich erbarmungsloser selbst anklagte, als es seine schärfsten Gegner jemals taten. Das System lieferte seine eigenen Kritiker sozusagen gratis mit; dieser Service trug – nebenbei bemerkt – nicht unwesentlich zu seiner ökonomischen Erfolgsgeschichte bei. Jene Fähigkeit zur umfassenden Selbstkritik würde aber schnell verlorengehen, wenn der Westen aufhörte, sie als seinen wichtigsten Exportartikel zu betrachten. Er wäre dann wirklich nur noch eine Weltregion unter vielen.

V.

Bleibt der Westen westlich? Wir sind keine Propheten. Es gibt kein Gesetz der Geschichte, und letztlich hängt alles von unserem eigenen Tun oder Lassen ab: Niemand zwingt uns, zu grünen Kulturrelativisten zu werden. Vielleicht gelingt es ja, China so weit mit Verträgen einzubinden, daß dieses mächtige Land sich allmählich rechtsstaatlichen Ideen öffnet. Vielleicht geht das Mullah-Regime im Iran in nicht allzu ferner Zukunft bankrott, und der islamische Fundamentalismus verliert seine spirituelle Zentrale. Vielleicht bleiben die Demokratien in Lateinamerika stabil, bauen in enger Abstimmung mit den USA ein kollektives Wirtschafts- und Verteidigungsbündnis auf und entwaffnen die guatemaltekischen Todesschwadrone. Vielleicht obsiegen in den GUS-Staaten die liberalen Kräfte und machen die politische und kulturelle Verwestlichung Rußlands irreversibel. Wer weiß? Vielleicht gelingt es dem Westen ja, mit List, Phantasie und pragmatischem Sachverstand jene Krise zu verwalten, die man gemeinhin Moderne nennt.

Für den Fall, daß es anders kommt, stehen die Antiwestler schon jetzt mit ihren Legitimationsideologien bereit.

Anmerkungen

Westler gegen Antiwestler

1 Agnes Heller: «Der Westen als Phantom: Die Welt nach dem Ende des Kommunismus». In: die tageszeitung, 16. 10. 1993, S. 10.

2 Vgl. Karl Popper: Die offene Gesellschaft und ihre Feinde. Bd. 1: Der Zauber Platons. Tübingen (UTB) 1992, S. 144–149.

3 Vgl. Thomas Hobbes: Leviathan. Harmondsworth (Penguin) 1985.

4 Diese Einsicht verdanken wir Herrn Avi Primor, dem israelischen Botschafter in der Bundesrepublik Deutschland.

5 Novalis: Fragmente und Studien. Die Christenheit oder Europa. Hrsg. v. Karl Paschek, Stuttgart (Reclam) 1984, S. 78.

6 Ebd., S. 80.

7 Brigitte Seebacher-Brandt: «Strudel im Meinungsstrom: Gegen geistigen Konformismus». In: Frankfurter Allgemeine Zeitung, 18. 4. 1994, S. 31.

8 Novalis: Glauben und Liebe oder Der König und die Königin. In: ders.: Fragmente und Studien. Die Christenheit oder Europa, a. a. O., S. 48.

Wer hat Angst vor Amerika?

1 Vgl. Wolfgang Pohrt: Stammesbewußtsein, Kulturnation. Pamphlete, Essays, Feuilleton. Berlin (Edition Tiamat) 1984, S. 77 f.

2 Friedrich Nietzsche: Also sprach Zarathustra I–IV. Kritische Studienausgabe, hrsg. v. Giorgio Colli und Mazzino Montinari. München (dtv) 1988, S. 19.

3 Vgl. Reinhard Lettau: Dossier 1: Täglicher Faschismus. Evidenz aus fünf Monaten. In: Kursbuch 22/1970, S. 1–44.

4 Zit. n. Mario Krebs, Ulrike Meinhof. Ein Leben im Widerspruch. Reinbek (rororo aktuell) 1988, S. 233.

5 Christa Wolf: Probe Vietnam. In: Werner Bräunig, Fritz Cremer u. a. (Hrsg.): Vietnam in dieser Stunde. Künstlerische Dokumentation, Halle/Saale 1968, S. 212.

6 Carl Schmitt: Großraum gegen Universalismus (1939). In: Ders.: Positionen und Begriffe im Kampf mit Weimar–Genf–Versailles 1923–1939. Nachdruck Hamburg 1940: Berlin (Duncker & Humblot) 1988, S. 295–302.

7 Ebd., S. 295.

8 Ebd., S. 296.

9 Ebd.

10 Carl Schmitt: Der Reichsbegriff im Völkerrecht (1939), in: Ders.: Positionen und Begriffe im Kampf gegen Weimar, Genf, Versailles, a. a. O., S. 303–312, hier: S. 312.

11 Ebd.

12 Vgl. Carl Schmitt: Gespräch über die Macht und den Zugang zum Machthaber. Gespräch über den Neuen Raum. Berlin (Akademie) 1994, S. 35–64.

13 Ebd., S. 64.

14 Sibylle Tönnies: Europa oder die Welt? Über Kosmopolitismus und die Schwäche der Europa-Idee. In: Wochenpost, 14. Juli 1994, S. 23.

15 Vgl. Richard Wagner: Ein Gebirge von Mythen. Das Modell des postkommunistischen Präsidenten Ion Ilieseu. In: «Der Spiegel», Nr. 29/1994, S. 123–127.

16 Vgl. Dan Diner: Verkehrte Welten. Antiamerikanismus in Deutschland. Ein historischer Essay, Frankfurt am Main (Eichborn) 1993, hier S. 160–167.

17 P. J. Blumenthal: «Ist nur die Demokratie eine gute Staatsform?» PM 2/1994, 21.1.1994, S. 71.

18 Amos Oz: Bericht zur Lage des Staates Israel. Suhrkamp. Frankfurt a. M., 1992: S. 25.

19 Ebd., S. 21.

20 Zit. nach Gunnar Heinsohn: Was ist Antisemitismus? Der Ursprung von Monotheismus und Judenhaß – Warum Antizionismus? Frankfurt a. M. (Eichborn) 1988, S. 103 ff.

Antiwestler in Deutschland I: Szenen einer Abkoppelung

1 Rainer Zitelmann, Karlheinz Weißmann und Michael Großheim (Hrsg.): Westbindung. Chancen und Risiken für Deutschland. Frankfurt/M. und Berlin (Propyläen Verlag) 1993, S. 10.

2 Ebd., S. 15.

3 Ebd.

4 Vgl. dazu Moeller van den Bruck: Die Zeitgenossen. Minden i. W. 1906, und ders.: Das Dritte Reich. Hamburg 1923.

5 Junge Freiheit. Deutsche Zeitung für Politik und Kultur, Oktober 1992.

6 Junge Freiheit, Oktober 1992.

7 Zitelmann, Weißmann und Großheim, a. a. O., S. 14.

8 Ulrich Schacht und Heimo Schwilk (Hrsg.): Die selbstbewußte Nation. «Anschwellender Bocksgesang» und andere Beiträge zu einer deutschen Debatte. Berlin (Ullstein) 1994.

9 Karlheinz Weißmann: Herausforderung und Entscheidung. Über einen politischen Verismus für Deutschland. In: Ulrich Schacht und Heimo Schwilk (Hrsg.): Die selbstbewußte Nation, a. a. O., S. 309–326, hier S. 309 u. 319.

10 Ebd., S. 323.

11 Karl-Eckhard Hahn: Westbindung und Interessenlage. Über die Renaissance der Geopolitik. In: Ulrich Schacht und Heimo Schwilk: Die selbstbewußte Nation, a. a. O., S. 327–344, hier: S. 339 u. 343 f.

12 Vgl. dazu Carl Schmitt: Land und Meer. Eine weltgeschichtliche Betrachtung. Köln-Lövenich 1981.

13 Karl-Eckhard Hahn, a. a. O., S. 343.

14 Rainer Zitelmann: Demokraten für Deutschland. Adenauers Gegner – Streiter für Deutschland. Mit einem Vorwort von Erhard Eppler. Berlin (Ullstein) 1993.

15 Ebd., S. 7.

16 Vgl. Jeffrey Herf: War by Other Means. Soviet Power, West German Resistance, and the Battle of the Euromissiles. Toronto (The Free Press) 1991, S. 178 f.

17 Vgl. dazu den Band «Deutsche Identität heute», hrsg. von Studienzentrum Weikersheim e. V. Stuttgart (v. Hase & Koehler) 1983.

18 Vgl. Jeffrey Herf: War by Other Means, a. a. O., S. 179.

19 Zit. n. Arno Klönne: Zurück zur Nation? Kontroversen zu deutschen Fragen. Köln (Eugen Diederichs), S. 37 f.

20 Vgl. ebd., S. 103 ff.

21 Alfred Mechtersheimer: Friedensmacht Deutschland. Plädoyer für einen neuen Patriotismus. Frankfurt/M., Berlin (Ullstein) 1993, S. 376 f.

22 Ebd., S. 376.

23 Ebd.

24 Vgl. dazu Klaus von Münchhausen: Der Traum vom großen Arabien, in: Die Zeit, Nr. 37, 7. 9. 1990.

25 Vgl. Wolfgang Pohrt: Endstation. Über die Wiedergeburt der Nation, Berlin (Rotbuch) 1982.

26 Vgl. Hoimar von Ditfurth: So laßt uns denn ein Apfelbäumchen pflanzen – Es ist soweit. Hamburg (Rasch und Röhring) 1985.

27 Karl Richter: Lieber tot als Öko-Diktatur? Die Menschheit auf dem Weg ins postdemokratische Zeitalter. In: Europa Vorn, Nr. 4/4. Quartal 1992, S. 20–22.

28 Wolfgang Schäuble: Und der Zukunft zugewandt. Berlin (Siedler) 1994, S. 220 f.

29 Botho Strauß: Anschwellender Bocksgesang. In: Der Spiegel Nr. 6/1993, S. 201–207.

30 Hans Magnus Enzensberger: Aussichten auf den Bürgerkrieg. Frankfurt am Main (Suhrkamp) 1993.

31 Berlin – Belgrad – Zagreb. Hans Magnus Enzensberger zum jugoslawischen Bürgerkrieg. Interview mit Antje Vollmer. In: die tageszeitung vom 14. 12. 1993, S. 12.

32 Eberhard Straub: Der irdische Gott kennt keine Gnade. Verlegenheit für Demokraten: Eine Tagung in Essen über die Wiederkehr des sogenannten Bösen. In: Frankfurter Allgemeine Zeitung, Feuilleton, vom 3. 3. 1994.

33 «Ein historisches Recht Hitlers»? Der Faschismus-Interpret Ernst Nolte über den Nationalsozialismus, Auschwitz und die Neue Rechte. Spiegel-Gespräch mit Rudolf Augstein. In: Der Spiegel, Nr. 40, 3. 10. 1994, S. 83–103.

34 Ebd., S. 97.

35 Ernst Nolte: Links und rechts. Über Geschichte und Aktualität einer politischen Alternative. In: Ulrich Schacht und Heimo Schwilk: Die selbstbewußte Nation, a. a. O., S. 160 f.

36 So Nolte im «Spiegel», a. a. O., S. 85.

37 Ebd., S. 85.

Antiwestler in Deutschland II: Ostzonale Gemeinschaftsträume

1 Vgl. Frankfurter Rundschau, 10. 2. 1994, S. 1.

2 Volker Braun: Die Zickzackbrücke. Ein Abrißkalender, Halle (Mitteldeutscher Verlag) 1992, S. 64.

3 Ebd.

4 Zit. nach: Werner Bräunig/Fritz Cremer et al. (Hrsg.): Vietnam in dieser Stunde:
   Künstlerische Dokumentation. Halle a. d. Saale 1968: S. 35.

5 Heiner Müller: Es gibt ein Menschenrecht auf Feigheit. In: Frankfurter Rundschau, 22. Mai 1993, S. ZB 3.

6 Dies ist ein Zitat. Die oppositionelle Freya Klier äußerte sich so in der Radiosen-
   dung «Grenzen und Tabus in der politischen Kultur», die am 7. 2. 1994 vom SFB
   ausgestrahlt wurde. Ihre Gesprächspartner waren Rainer Zitelmann, Tilmann Fischer und Eberhard Zenz.

7 Vgl. Wolf Biermann: Der Sturz des Dädalus oder Eizes für die Eingeborenen der
   Fidschi-Inseln über den IM Judas Ischarioth und den Kuddelmuddel in Deutschland
   seit dem Golfkrieg. Köln: Kiepenheuer und Witsch, 1992: S. 26.

8 Zit. nach Henryk M. Broder: Erbarmen mit den Deutschen. Hamburg (Hoffmann
   und Campe) 1993: S. 191.

9 Peter-Michael Diestel: «Die deutsche Einheit ist nicht nur die Vergrößerung einer
   Immobilie». In: Junge Freiheit, 4. 3. 1994, S. 3.

10 Wolfgang Templin: «Die Spuren von Gulag und Drittem Reich führen in unsere
   Geschichte hinein» (Wolfgang Templin über politische Kultur, nationale Identität
   und Vergangenheitsbewältigung). In: Junge Freiheit, 25. 2. 1994, S. 3.

Totalitarismus in grün

1 Vgl. Thomas Jahn/Peter Wehling: Ökologie von rechts: Nationalismus und Umweltschutz bei der Neuen Rechten und den Republikanern. Frankfurt/New York.
   (Campus Verlag) 1990: S. 45.

2 Ebd., S. 22.

3 Vgl. dazu George L. Mosse: Ein Volk, ein Reich, ein Führer: Die völkischen Ur-
   sprünge des Nationalsozialismus. Königstein i. Tns. (Athenäum) 1979.

4 Vgl. dazu Micha Brumlik: Der Anti-Alt: Wider die furchtbare Friedfertigkeit.
   Frankfurt a. M. (Eichborn) 1991.

5 Franz Alt: Schilfgras statt Atom: Neue Energie für eine friedliche Welt. München/
   Zürich (Piper), o. J., S. 180.

6 Ebd., S. 179.

7 Zit. nach Marie-Luise Heuser: «Was grün begann endete blutigrot». In: Dieter
   Hassenpflug (Hrsg.): Industrialismus und Ökoromantik: Geschichte und Perspektiven der Ökologisierung. Wiesbaden (Deutscher Uni-Verlag) 1991, S. 46.

8 Alt, S. 190.

9 Zit. nach Heuser, S. 48.

10 Alt, S. 191.

11 Ebd., S. 278.

12 Ebd., S. 217.

13 Ebd., S. 189.

14 Vgl. Jahn/Wehling, S. 48 ff.

15 Alt, S. 196.

16 Ebd., S. 206.

17 Ebd., S. 203.

18 Ebd., S. 13.
19 Hans Jonas: «Dem bösen Ende näher». (Im folgenden kurz: Ende). In: Der Spiegel
    20/1992, S. 92–107.
20 Ebd., S. 107.
21 Hans Jonas: Das Prinzip Verantwortung. (Im folgenden kurz: PV). Frankfurt
    a. M. (Insel Verlag) 1980.
22 Jost Hermand: Grüne Utopien in Deutschland: Zur Geschichte des ökologischen
    Bewußtseins. Frankfurt a. M. (Fischer) 1991, S. 144.
23 Ebd.
24 Ende, S. 107.
25 PV, S. 388.
26 Ende, S. 101.
27 Ebd., S. 95.
28 Ebd., S. 103/99.
29 Ebd., S. 95.
30 Hermand, S. 8.
31 Ebd., S. 195.
32 Ebd., S. 197.
33 Ebd., S. 194.
34 Ebd., S. 13.
35 Ebd., S. 140.
36 Ebd., S. 112–118.
37 Rudolf Bahro: Logik der Rettung: Was kann die Apokalypse aufhalten? Ein Ver-
    such über die Grundlagen ökologischer Politik. Stuttgart/Wien (Edition Weiß-
    brecht) 1987: S. 461.
38 Heuser, S. 58 ff.
39 Ebd., S. 57.
40 Ebd., S. 56.
41 Ebd., S. 57 ff.
42 Hermand, S. 112.
43 Ebd., S. 113.
44 Ebd., S. 194.
45 Alt, S. 136 ff.
46 Vgl. Heuser, S. 62.

Der neue Antiuniversalismus I: Regionalismus und Kulturnationalismus

1 Das europäische Haus, gut bedacht. Eine Information des Presse- und Informa-
   tionsamtes der Bundesregierung. Anzeige in: Lettre International, Heft 22, III.
   Vj. 1933.
2 Vgl. Karl Popper: Die offene Gesellschaft und ihre Feinde. Bd. 2: Falsche Propheten, Tübingen (Francke/UTB), 6. Aufl. 1980, S. 67 f.
3 Novalis: Die Christenheit oder Europa (1799). In: Ders.: Fragmente und Studien.
   Die Christenheit oder Europa, a. a. O., S. 77.
4 Karl Popper: Die offene Gesellschaft und ihre Feinde, a. a. O., S. 64.

5 Ebd., S. 64 f.

6 Oswald Spengler: Der Untergang des Abendlandes. Umrisse einer Morphologie der Weltgeschichte (1918). München (Beck) 1988, S. 44.

7 Gian Enrico Rusconi: Los von Rom: Die Region als Monstrum. Die Einheit muß aus den Nationen kommen. In: Frankfurter Allgemeine Zeitung vom 28. August 1992, S. 25.

8 «Die Einparteienregierung ist die angemessenste politische Umsetzung des Begriffes ‹kulturelle Identität›», bemerkt der französische Philosoph Alain Finkielkraut in seiner kritischen Studie zum Kulturnationalismus. Alain Finkielkraut: Die Niederlage des Denkens. Reinbek (rororo aktuell Essay) 1989, S. 75.

9 Was ist eine Nation? Aus einem Vortrag des französischen Religionshistorikers Ernest Renan, gehalten in Paris am 11. 3. 1882. In: Nationalismus. Dokumente zur Geschichte und Gegenwart eines Phänomens, hrsg. v. Peter Alter, München (Piper) 1994, S. 46.

10 Hermann Bausinger: Europa der Regionen: Kulturelle Perspektiven. In: Leviathan. Zeitschrift für Sozialwissenschaft 4/1993, S. 476.

11 Ebd., S. 478.

12 Ebd., S. 480.

13 Vgl. dazu: Michel Foucault: Von der Subversion des Wissens. Frankfurt am Main (stw) 1987. Hier v. a. die Kap.: Jenseits von Gut und Böse. Gespräch zwischen Michel Foucault und Studenten und: Die Intellektuellen und die Macht. Gespräch zwischen Michel Foucault und Gilles Deleuze.

14 Zit. n. Reiner Luyken: Die Söhne des Glendower. In: Die Zeit vom 29. Januar 1993.

15 Herman Bausinger, a. a. O., S. 481.

Ethnopluralismus versus Multikulturalismus – Die Geschichte einer Begriffsverwirrung

1 Vgl. dazu Alain de Benoist: Aus rechter Sicht. Eine Anthologie zeitgenössischer Ideen. Tübingen 1984. Vgl. auch Ders.: Kulturrevolution von rechts. Krefeld 1985.

2 Vgl. dazu Léon Poliakov: Der arische Mythos. Zu den Quellen von Rassismus und Nationalismus, Hamburg (Junius) 1993.

3 Pierre Krebs: Eine Epoche in der Krise. In: Elemente der Metapolitik zur europäischen Neugeburt, Hauptausgabe 1990, S. 14.

4 Junge Freiheit. März 1993.

5 Vgl. dazu Richard Herzinger: Der neue Kulturnationalismus. In: Die Zeit, Nr. 34, vom 20. 8. 1993, Feuilleton, S. 40.

6 Ebd.

7 Vgl. Frantz Fanon: Die Verdammten dieser Erde (1961). Vorwort von Jean Paul Sartre, Frankfurt am Main 1981.

8 Vgl. Alain de Benoist: Plädoyer für eine organische Demokratie. In: Elemente für die europäische Wiedergeburt, 1. Ausg. 1986, S. 17–19.

9 Carl Schmitt: die geistesgeschichtliche Lage des heutigen Parlamentarismus (1923). Berlin 1961, S. 16.

10 Vgl. Elemente der Metapolitik zur europäischen Wiedergeburt, Jahresausgabe 1990.

11 In der Zeitschrift «Nation und Europa», Heft 12/1991.

12 Vgl. Wir selbst. Zeitschrift für deutsche Identität, Nr. 3/4, 1990.

13 Vgl. Heiner Geißler: Zugluft. Politik in stürmischer Zeit. München (Bertelsmann) 1985; Daniel Cohn-Bendit und Thomas Schmid: Heimat Babylon. Das Wagnis der multikulturellen Demokratie. Hamburg 1992.

14 Diane Ravitch: Multiculturalism. E Pluribus Plures. In: The American Scholar, Vol 59, No. 3, Summer 1990, S. 339. (Übers. von den Verfassern.)

15 Vgl. Berndt Ostendorf und Paul Levine: Intellektuelle und die Krise der amerikanischen Kultur. In: W. P. Adams u. a.: Länderbericht USA II. Gesellschaft, Außenpolitik, Kultur – Religion – Erziehung. Schriftenreihe der Bundeszentrale für politische Bildung, Bd. 293/II, Bonn 1990, S. 466.

16 Vgl. dazu Diane Ravitch, a. a. O., S. 342.

17 Vgl. ebd., S. 344 f.

18 Vgl. dazu Robert Hughes: Nachrichten aus dem Jammertal. Wie sich die Amerikaner in ‹political correctness› verstrickt haben. München 1994, S. 185 f.

19 Vgl. ebd., S. 189 ff.

20 Diane Ravitch, a. a. O., S. 341 f.

21 Louis Farrakhan erklärte dies wörtlich in einer Rede am Kean College, New Jersey am 29. 11. 1993. Das Zitat ist den Auszügen aus der Rede entnommen, die in einer Anzeige der Anti-Defamation League in der New York Times vom 16. Januar 1994 veröffentlicht wurden.

22 Die rassistischen und antisemitischen Äußerungen Farrakhans sind in einer Publikationsreihe der Anti-Defamation League dokumentiert worden. Vgl. «Louis Farrakhan: The Campaign to Manipulate Public Opinion. A Study in the Packaging of Bigotry», ADL Research Report, New York 1990; «Farrakhan Unchanged: The Continuing Message of Hate. The Ongoing Record of Racism an Anti-Semitism by Louis Farrakhan and the Nation of Islam», February – March 1994, ADL Research Report, New York 1994; «Louis Farrakhan: In His Own Words – 1994», ADL Special Research Report, New York 1994.

23 Manfred Rouhs: Das Ende der offenen Gesellschaft. In: Europa Vorn spezial, Nr. 3/1992.

Der neue Antiuniversalismus II: Nationalpazifisten gegen UNO und neue Weltordnung

1 Immanuel Kant: Kritik der praktischen Vernunft/Grundlegung zur Metaphysik der Sitten. Frankfurt a. M. (Suhrkamp) 1991, S. 140.

2 Malte Lehming: Krieg und nukleare Abschreckung. In: Kurt Bayertz (Hrsg.): Praktische Philosophie: Grundorientierungen angewandter Ethik. Reinbek (Rowohlt) 1991, S. 142.

3 Zur Legitimität des Sechstagekrieges vgl. Michael Walzer: Just and Unjust Wars. A Moral Argument with Historical Illustrations. New York (Basic Books) 1977, S. 80–85.

4 Vgl. Martin Luther: Der Christ in der Welt / Luther Deutsch VII. Stuttgart / Göttingen (Klotz / Vandenhoek & Ruprecht) 1967, S. 16 / 20. Siehe auch Elizabeth Anscombe: War and Murder. In: Richard A. Wasserstrom (ed.): War and Morality. Belmont, Cal. (Wadsworth) 1970, S. 43–53.

5 Zit. nach George Orwell: Collected Essays, Journalism and Letters 2: My Country Right or Left, Harmondsworth (Penguin) 1984, S. 256 ff.

6 Lehming, S. 144.

7 Vgl. Amos Oz: Friedenspreis des Deutschen Buchhandels 1992: Ansprachen aus Anlaß der Verleihung. Frankfurt a. M. (Verlag der Buchhändler-Vereinigung) 1992, S. 39 / 52.

8 Vgl. Walzer, S. 21.

9 Vgl. Lehming, S. 146–149.

10 Vgl. Walzer, S. 58–63.

11 Vgl. Dan Diner: Verkehrte Welten: Antiamerikanismus in Deutschland. Frankfurt a. M. (Eichborn) 1993, S. 158.

12 Carl Schmitt: Positionen und Begriffe im Kampf mit Weimar–Genf–Versailles 1923–1939. Berlin (Duncker & Humblot) 1988 (Nachdruck Hamburg 1940), S. 304.

13 Ebd., S. 303.

14 Ebd., S. 302.

15 Ebd., S. 312.

16 Günter Maschke: Frank B. Kellogg siegt am Golf. In: Siebte Etappe, Oktober 1991, S. 28.

17 Ebd., S. 32.

18 Ebd., S. 36.

19 Ebd.

20 Achte Etappe, April 1992, S. 103.

21 Siebte Etappe, S. 34.

22 Vgl. Henryk M. Broder: Unser Kampf. In: Klaus Bittermann (Hrsg.): Liebesgrüße aus Baghdad: Die «edlen Seelen» der Friedensbewegung und der Krieg am Golf. Berlin (Edition Tiamat), 1991, S. 15.

23 Vgl. Ulrike Heider: Eine Nation vor Gott: Die amerikanischen Intellektuellen im Golfkrieg. In: Kursbuch 105, September 1991, S. 74.

24 Ebd., S. 78.

25 Ebd.

26 Vgl. Schmitt, S. 295 ff.

27 Heider, S. 77.

28 Ebd., S. 83.

29 Ebd., S. 76.

30 Ebd., S. 84.

31 Alfred Mechtersheimer: Friedensmacht Deutschland: Plädoyer für einen neuen Patriotismus. Frankfurt a. M. / Berlin (Ullstein) 1993, S. 169.

32 Ebd., S. 114.

33 Ebd., S. 275.

34 Ebd., S. 285.

35 Ebd., S. 289.

36 Ebd., S. 269.
37 Ebd., S. 253.
38 Ebd., S. 264.
39 Ebd., S. 174.
40 Ebd., S. 93.
41 Ebd., S. 43.
42 Ebd., S. 184 ff.
43 Ebd.
44 Alfred Mechtersheimer: Ich bin ein Gegner des Amerikanismus. In: Wir selbst: Zeitschrift für nationale Identität 1/1991, S. 19.

Ein rechts-links gestrickter Modell-Antiwestler: Ernst Niekisch

1 Zu Leben und Werk Niekischs vgl. Friedrich Kabermann: Widerstand und Entscheidung eines deutschen Revolutionärs. Leben und Denken von Ernst Niekisch, Köln 1973.
2 Vgl. dazu Ernst Niekisch: Die Entscheidung, Berlin 1930 und ders.: Hitler – ein deutsches Verhängnis, Berlin 1931. Zu Ernst Jünger vgl. dessen Aufsatz «Über die Judenfrage» in: Die Kommenden, 5. Jhg., 36. Folge 1930.
3 Vgl. dazu Louis Dupeux: «Nationalbolschewismus» in Deutschland. Kommunistische Strategie und konservative Dynamik, München (C. H. Beck) 1985.
4 Ebd., S. 34.
5 Vgl. Oswald Spengler: Jahre der Entscheidung. Erster Teil: Deutschland und die weltgeschichtliche Entwicklung, München 1933.
6 Vgl. dazu Fritz Stern: Kulturpessimismus als politische Gefahr. Eine Analyse nationaler Ideologie in Deutschland, München (dtv) 1986, hier das Kapitel: Moeller van den Bruck und das Dritte Reich, S. 223–317.
7 Ernst Niekisch: Widerstand. Ausgewählte Aufsätze aus seinen «Blättern für sozialistische und nationalrevolutionäre Politik». Hrsg. u. eingel. von Uwe Sauermann, Krefeld (edition sinus) 1982, S. 65.
8 Vgl. Oswald Spengler: Preußentum und Sozialismus. München 1920.
9 Ernst Niekisch: Widerstand, a. a. O., S. 45 f.
10 Ebd., S. 32.
11 Ebd., S. 42.

Ex Oriente Teneber: Nationalbolschewisten und Eurasier in Rußland

1 Vgl. Metropolit Ioann: Der Westen will das Chaos. In: Glaube in der 2. Welt: Zeitschrift für Religionsfreiheit und Menschenrechte 1993, 21. Jg., Nr. 7/8, S. 43 ff.
2 Walter Laqueur: Der Schoß ist fruchtbar noch: Der militante Nationalismus der russischen Rechten. München (Kindler) 1993, S. 99.
3 Ebd., S. 109.
4 Ebd., S. 116.

5 Ebd., S. 128 ff.
6 Vgl. Karla Hielscher: Die Eurasien-Ideologie: Geschichtsmythen der russischen
   ‹Neuen Rechten›. In: Glaube in der 2. Welt, S. 27.
7 Ebd.
8 Ebd.
9 Ebd.
10 Ebd.
11 Ebd., S. 26.
12 Ebd., S. 28.
13 Ebd.
14 Vgl. Dan Diner: Weltordnungen: Über Geschichte und Wirkung von Recht und
   Macht. Frankfurt a. M. (Fischer) 1993, S. 136.
15 Ebd., S. 138.
16 Vgl. Laqueur, S. 330.
17 Zit. nach Hielscher, S. 29.
18 Ebd., S. 28.
19 Vgl. Elisabeth von Erdmann-Pandzic: Vordenker des Krieges: Die Geheimschrif-
   ten der Serbischen Akademie. In: Frankfurter Allgemeine Zeitung, 15. 10. 1992,
   S. 33 ff.
20 Laqueur, S. 188 ff.
21 Zit. nach Gerd Koenen: Russische Schatten: ‹Zionismus› als Idée fixe der sowjetischen Geschichte. In: Frankfurter Allgemeine Zeitung, 12. 3. 1994, Bilder und Zeiten.
22 Ebd.
23 Laqueur, S. 142.
24 Vgl. Hielscher, S. 28.
25 Zit. nach Gunnar Heinsohn: Was ist Antisemitismus? Der Ursprung von Monotheismus und Judenhaß – Warum Antizionismus? Frankfurt a. M (Eichborn) 1988:
   S. 78.
26 Hielscher, S. 30.
27 Ebd., S. 28.
28 Vgl. Christian Schmidt-Häuer: Ein Irrwisch mit tausend Zungen. In: Die Zeit,
   17. 12. 1993, S. 3.
29 Nikita Michalkow: Rußland braucht die Zensur. In: Der Spiegel 10 / 1994, S. 186.
30 Hielscher, S. 30.
31 Ebd., S. 28.

Sieben Gründe, den islamischen Fundamentalisten dankbar zu sein

1 Bassam Tibi: Daß die Demokratie ein Unglaube ist: Die algerischen Fundamentalisten und ihre verfassungsfeindlichen Ziele (im folgenden kurz: Unglaube). In:
   Frankfurter Allgemeine Zeitung, 14. 3. 1992, Ereignisse und Gestalten.
2 Rachid Boudjedra: Prinzip Haß: Pamphlet gegen den Fundamentalismus im
   Maghreb. (Verlag Donata Künzelbach) Mainz 1993, S. 143.

3 Ahmed Rouadjia: Der islamische Fundamentalismus und die modernen Intellektuellen. In: Rowohlt Literaturmagazin 33/April 1994, S. 38.
4 Vgl. Juan Goytisolo: «Parabeln und Parabolantennen». In: Frankfurter Rundschau, 18. 4. 1994, S. 7.
5 Vgl. Christopher Dickey/Marcus Mabry: Algeria: Powder Keg. In: Newsweek,
7. 2. 1994, S. 6–11.
6 Vgl. Emmanuel Sivan: Radical Islam: Medevial Theology and Modern Politics.
New Haven/London: Yale University Press, 1990, S. 118 ff.
7 Vgl. Jochen Hippler/Andrea Lueg: Feindbild Islam. Hamburg (Konkret Literatur
Verlag) 1993, S. 82.
8 Vgl. Richard Herzinger: Das aktive Nichts: Die konservative Revolution und die
deutsche Übermoderne. In: Frankfurter Rundschau, 12. 2. 1994, S. ZB 3.
9 Zit. nach: Theo Sommer: Der Westen als Prügelknabe. In: Die Zeit, 20. 4. 1994,
S. 3.
10 Vgl. Sivan, a. a. O.
11 Vgl. Bassam Tibi: Bedroht uns der Islam? In: Der Spiegel 5/1993. S. 126.
12 Hassouna Mosbahi: Die verratene Tradition. In: Die Zeit, 11. 2. 1994, S. 47.
13 Zit. nach: Bernard Lewis: Treibt sie ins Meer! Die Geschichte des Antisemitismus.
Frankfurt a. M./Berlin (Ullstein) 1989, S. 175.
14 Unglaube, ebd.
15 Zit. nach: Henryk M. Broder: Der ewige Antisemit. Frankfurt a. M. (Fischer)
1988, S. 230.
16 Zit. nach: Arno Lustiger: Schalom Israel: Schriftenreihe der Zionistischen Organisation in Deutschland 4. Oktober 1993, S. 62.
17 Anonymus: «Veiled and Fearful in Besieged Algeria». In: International Herald
Tribune, 2./3. 4. 1994, S. 6.

Krieg gegen Rom oder Die Römer kamen nur bis zur DDR-Grenze

1 Gerhard J. Baudy: Die Brände Roms. Ein apokalyptisches Motiv in der antiken
Historiographie. In: Spudasmata. Studien zur Klassischen Philologie und ihren
Grenzgebieten, Band 50, Hildesheim–Zürich–New York (Georg Olms Verlag)
1991, S. 43.
2 Ebd.
3 Vgl. Heiner Müller: New York oder Das eiserne Gesicht der Freiheit. In: Heiner
Müller Material, hrsg. v. Frank Hörnigk, Leipzig (Reclam) 1989, S. 95–98.
4 «wir selbst. Zeitschrift für nationale Identität», Heft 3–4, 1992.
5 Vgl. dazu Colin Wells: Das Römische Reich. München (dtv) 1985, S. 223 ff.
6 Marc Aurel: Selbstbetrachtungen. Übersetzung, Einleitung und Anmerkungen
von Albert Wittstock. Stuttgart 1993, S. 43.
7 Vergil: Aeneis. Deutsch von Emil Staiger. München (dtv) 1985, S. 15.
8 Vgl. dazu Karl Christ: Die Römer. Eine Einführung in ihre Geschichte und Zivilisation. Dritte, überarbeitete Auflage, München (C. H. Beck) 1994, vor allem
S. 42–246.

9 Vgl. dazu Werner Dahlheim: Geschichte der römischen Kaiserzeit. München (Oldenbourg Grundrisse der Geschichte) 1989, S. 109–115.

10 Pierre Grimal: Marc Aurèle. Paris (Fayard) 1991, zit. n.: Pierre-François Mourier: Lobrede auf Rom. Die römische Zivilisation als Spiegel des modernen Europa. In: Lettre International, Heft 22. III. Vj. 1993, S. 36–42; hier: S. 39.

11 Pierre-François Mourier: Lobrede auf Rom (vgl. Anm. 10), S. 39.

12 Pierre Grimal: a. a. O., S. 40.

13 Zit. n. Karl Christ: Die Römer, a. a. O., S. 199.

14 Karl Christ: Die Römer, a. a. O., S. 246.

15 Vgl. dazu Helmuth Plessner: Die verspätete Nation. Über die Verführbarkeit des bürgerlichen Geistes. Frankfurt am Main (stw) 1974, S. 52 ff.

16 Adam Müller: Die Elemente der Staatskunst (1808/09), hrsg. v. Jakob Baxa, in: Die Herdflamme. Sammlung der geisteswissenschaftlichen Grundwerte aller Zeiten und Völker, hg. vom Othmar Spann, Bd. 1, Jena 1922, S. 246.

17 Heinrich von Kleist: Die Hermannsschlacht. Ein Drama. In: Ders.: Sämtliche Werke und Briefe, hg. v. Helmut Sembdner, erster Band, München (Hanser) 1985, S. 628.

18 Thomas Mann: Betrachtungen eines Unpolitischen (erstmals erschienen: 1918). Frankfurt am Main (dtv) 1988, S. 40.

19 Zit. n. Thomas Mann, a. a. O., S. 36.

20 Ebd., S. 44 u. 40.

21 Vgl. Johann Gottlieb Fichte: Reden an die deutsche Nation. In: Fichtes Werke, Berlin 1971, S. 257–499.

22 Vgl. Oswald Spengler: Der Untergang des Abendlandes, a. a. O., S. 44.

23 «Die Römer haben die Welt gar nicht erobert», schreibt Spengler wörtlich. «Sie haben nur in Besitz genommen, was als Beute für jedermann dalag.» Ebd., S. 50.

24 Vgl. Oswald Spengler: Jahre der Entscheidung. Erster Teil: Deutschland und die weltpolitische Entwicklung. Hamburg 1933, v. a. S. 157 ff.

25 Vgl. dazu Hermann Hirsch: Auf steht das Reich gegen Rom. Stuttgart–Berlin (Truckenmüller) 1940.

26 Zit. n. Karl Christ: Die Römer, a. a. O., S. 249 f.

27 Johann Gottfried Herder: Auch eine Philosophie der Geschichte zur Bildung der Menschheit. Beitrag zu vielen Beiträgen des Jahrhunderts (1774). In: Ders.: Werke, Bd. 1, Darmstadt (Wissenschaftliche Buchgesellschaft) 1984, S. 622.

28 Zit. n. Léon Poliakov: Der arische Mythos. Zu den Quellen von Rassismus und Nationalismus. Hamburg (Junius) 1993, S. 97.

29 Zit. n. ebd., S. 102.

30 Ebd., S. 101.

31 Heiner Müller: Deutschland ortlos. Anmerkung zu Kleist. Rede anläßlich der Entgegennahme des Kleist-Preises. In: Jenseits der Nation. Heiner Müller im Interview mit Frank M. Raddatz, Berlin (Rotbuch) 1991, S. 61–67.

1 Léon Poliakov: Der arische Mythos: Zu den Quellen von Rassismus und Nationalismus. Hamburg (Junius) 1993, S. 51.
2 René Goscinny / Albert Uderzo: Asterix der Gallier. Stuttgart (Ehapa) 1971, unpaginiert.
3 Dieselben: Die goldene Sichel. Stuttgart (Ehapa) 1970, S. 10.
4 Dieselben: Die Trabantenstadt. Stuttgart (Ehapa) 1974, S. 5.
5 Ebd., S. 47.
6 Vgl. dieselben: Der Kampf der Häuptlinge. Stuttgart (Ehapa) 1969, S. 15.
7 Dieselben: Asterix bei den Schweizern. Stuttgart (Ehapa) 1973, S. 35.
8 Vgl. dieselben: Streit um Asterix. Stuttgart (Ehapa) 1973.
9 Vgl. dieselben: Das Geschenk Cäsars. Stuttgart (Ehapa) 1974, S. 16.
10 Ebd., S. 42.
11 Vgl. Albert Uderzo: Obelix GmbH & Co KG. Stuttgart (Ehapa) 1978.
12 Vgl. Asterix der Gallier, S. 8.
13 Vgl. Die goldene Sichel, S. 6.
14 Vgl. Albert Uderzo: Die Odyssee. Stuttgart (Ehapa) 1982, S. 47.
15 Vgl. Kampf der Häuptlinge, S. 26–35.
16 René Goscinny / Albert Uderzo: Der Seher. Stuttgart (Ehapa) 1975, S. 5.
17 Ebd., S. 48.
18 Vgl. Gaius Julius Caesar: Der Gallische Krieg. Stuttgart (Reclam) 1980, S. 3.
19 René Goscinny / Albert Uderzo: Asterix bei den Belgiern. Stuttgart (Ehapa) 1979, S. 46.
20 Vgl. Asterix bei den Schweizern, S. 7.
21 Vgl. ebd., S. 20 ff. u. 26.
22 Dieselben: Die Lorbeeren des Cäsar. Stuttgart (Ehapa) 1974, S. 46–48.
23 Vgl. Donald Duck: Traum und Wirklichkeit. In: Die tollsten Geschichten von Donald Duck, Sonderheft Nr. 93, Stuttgart (Ehapa) 1988, S. 36.
24 Grobian Gans: Die Ducks – Psychogramm einer Sippe. Reinbek (Rowohlt Taschenbuch) 1972.
25 Der Schneemann-Preis. In: Die besten Geschichten von Donald Duck. Sammelband 3, 3 Donald-Duck-Klassik-Alben in einem Band, Stuttgart (Ehapa) 1987, 1. Teil, S. 39–48. Der Sammelband im Folgenden kurz: DD 3.
26 Der goldene Helm. In: DD 3, 2. Teil, S. 1–34.
27 Vgl. Das Horoskop. In: DD 3, 1. Teil, S. 3.
28 Vgl. Der Schneemann-Preis, a. a. O., S. 39 ff.
29 Der Goldene Helm, a. a. O., S. 9.
30 Ebd.
31 Ebd.
32 Ebd.
33 Carl Schmitt: Politische Theologie. Vier Kapitel zur Lehre von der Souveränität. Berlin (Duncker und Humblot) 1985, S. 11 u. 20.
34 Der goldene Helm, a. a. O., S. 7.
35 Vgl. Daniel Düsentrieb: Der Löcherich. In: Die tollsten Geschichten von Donald Duck, Sonderheft Nr. 94, Stuttgart (Ehapa) 1988, S. 26–30.

36 Vgl. Onkel Dagobert: Eine haarige Geschichte. In: Die tollsten Geschichten von Donald Duck, Sonderheft Nr. 62, Stuttgart (Ehapa) 1988.
37 Vgl. Botho Strauß: Anschwellender Bocksgesang, a. a. O.
38 Vgl. ebd., S. 202.

Sündenböcke und Bocksgesänge: Die Sehnsucht nach dem Blutopfer

1 Vgl. René Girard: Das Heilige und die Gewalt (im Folgenden kurz: Girard). Frankfurt am Main (Fischer) 1992, S. 182.
2 Ebd., S. 162 ff.
3 «Medea» (Italien 1970): Regie: Pier Paolo Pasolini; in den Hauptrollen: Laurent Terzieff, Maria Callas, Guiseppe Gentile, Massimo Girotti, Margaret Clementi. – Für den Hinweis auf diesen Film danken wir Gunnar Heinsohn.
4 Girard, S. 198. Vgl. dazu A. B. Cook: Zeus: A Study in Ancient Religion I. Cambridge 1925, S. 667 ff.
5 Botho Strauß: «Anschwellender Bocksgesang» (im folgenden kurz: Strauß). Der Spiegel 6/1993, S. 205.
6 Ebd.
7 Ebd., S. 204.
8 Vgl. Benny Peiser: Das Dunkle Zeitalter Olympias. Kritische Untersuchung der historischen, archäologischen und naturgeschichtlichen Probleme der griechischen Achsenzeit am Beispiel der antiken Olympischen Spiele. Frankfurt am Main (Peter Lang) 1993, S. 135–164.
9 Ebd., S. 205.
10 Strauß, S. 206.
11 Ebd., S. 202.
12 Ebd., S. 202. – Hervorhebung von uns.
13 Vgl. G. K. Chesterton: As I Was Saying. London (Faber & Faber) 1936, S. 217–222.
14 Vgl. Eugen Drewermann: Der Krieg und das Christentum: Von der Ohnmacht und Notwendigkeit des Religiösen (im folgenden kurz: Drewermann). Regensburg (Friedrich Pustet) 1991, S. 286 ff.
15 Ebd., S. 296.
16 Ebd., S. 288. – Für den Hinweis auf dieses und die anderen Drewermann-Zitate danken wir Benny Peiser.
17 Ebd.
18 Ebd., S. 318.
19 Ebd.
20 Ebd., S. 319 ff.
21 Ernst Jünger: Der Arbeiter: Herrschaft und Gestalt. Stuttgart 1981, S. 38. – Vgl. dazu Richard Herzinger: Masken der Lebensrevolution: Vitalistische Zivilisations- und Humanismuskritik in Texten Heiner Müllers (im folgenden kurz: Herzinger). München (Wilhelm Fink) 1992, S. 93–95. – Hervorhebung von uns.
22 Vgl. Herzinger, ebd.
23 Ebd., S. 169–178.

24 Die Einwände gegen René Girard hat Benny Peiser zusammengetragen: Vgl. Benny Peiser, «Die Mimesis-Theorie des Opfers» (unpubliziert), S. 239 ff.

25 Vgl. Nigel Hawkes: «Raining Death and Dark Ages: Theories that the Earth is shaped by cosmic catastrophes are gaining ground». The Times, 27. 7. 1994, S. 13. Siehe auch Benny Peiser: «Catastrophism and Anthropology: The Influence of Neo-Catastrophism on the Interpretation of Flood Rituals and Ceremonies». Chronology and Catastrophism Review/Special Issue, Manchester 1994, S. 130–134. Und der-selbe: «Cometary Collisions: Bericht über eine Tagung der Royal Astronomical Society». Vorzeit/Frühzeit/Gegenwart: Interdisziplinäres Bulletin 3/94, S. 5–10.

26 Vgl. Gunnar Heinsohn: Was ist Antisemitismus? Der Ursprung von Monotheis-mus und Judenhaß – Was ist Antizionismus? (im folgenden kurz: Heinsohn). Frankfurt am Main (Eichborn) 1988, S. 24–44.

27 Strauß, S. 204.

28 Ebd., S. 202.

29 Ebd., S. 203.

30 Ebd., S. 205 ff.

31 Ebd., S. 203.

32 Ebd., S. 204.

33 Ebd.

34 Ebd., S. 205.

35 Ebd., S. 206.

36 Vgl. Heinsohn, S. 45–62.

37 Ebd., S. 84 ff.

38 Drewermann, S. 185.

39 Ebd., S. 189.

40 Ebd., S. 190.

41 Heinsohn, S. 86 ff.

42 Zit. nach: Herzinger, S. 113.

43 Strauß, S. 203.

44 Ebd., S. 205.

Anti-Institutionalismus oder Der Mythos vom guten Volk

 1 Georg Büchner: Dantons Tod. Ein Drama. In: Ders.: Sämtliche Werke und Briefe. Historisch-kritische Ausgabe mit Kommentar, hrsg. v. Werner R. Lehmann, er-ster Band: Dichtungen und Übersetzungen, München (Hanser) 1974, erster Akt, erste Szene, S. 11.

 2 Ebd., S. 12.

 3 Ebd., S. 9.

 4 Vgl. dazu das Interview des Republikaner-Vorstandsmitglieds Klaus Zeitler in «Junge Freiheit», Nr. 39 vom 23. September 1994, S. 3, und den Beitrag über Jörg Haider in der gleichen Ausgabe der Zeitung (S. 7).

 5 Vgl. dazu John Rawls: Eine Theorie der Gerechtigkeit. Frankfurt am Main 1975 und ders.: Die Idee des politischen Liberalismus. Aufsätze 1978–1989, Frankfurt am Main 1992.

6 Vgl. Thomas Schmid: Desouveränität. Plädoyer für die Entmachtung der Massen. In: Kursbuch, Heft 117: Das Volk, der Souverän. September 1994, S. 15–26.

7 Ebd., S. 24.

8 Ebd.

9 Vgl. Jean-Jacques Rousseau: Der Gesellschaftsvertrag. Stuttgart (Reclam) 1987, S. 30ff.

10 Voltaire: Republikanische Ideen, hrsg. u. eingel. von Günter Mensching, Frankfurt am Main (Syndikat) 1986, S. 16.

11 Novalis: Glauben und Liebe oder Der König und die Königin (1798), a. a. O., S. 47.

12 Vgl. dazu Michail Bakunin: Staatlichkeit und Anarchie und andere Schriften, hrsg. u. eingel. v. Horst Stuke, Berlin (Ullstein) 1972.

13 Friedrich Nietzsche: Götzen-Dämmerung. In: Jenseits von Gut und Böse und andere Schriften, Werke 3, Köln (Könemann) 1994.

14 Vgl. dazu: Axel Honneth (Hrsg.): Kommunitarismus. Eine Debatte über die moralischen Grundlagen moderner Gesellschaften. Frankfurt am Main (Campus) 1993.

15 Vgl. Anm. 6.

16 Der Begriff «community» ist im Amerikanischen nicht in gleicher Weise ideologisch belastet wie das deutsche Wort «Gemeinschaft». «Community» heißt im allgemeinen Sprachgebrauch eher «Gemeinde» oder «Bevölkerungsgruppe».

17 Deutliche Anklänge dieser kommunitaristischen Auffassung finden sich in der Universalismuskritik von Hans Magnus Enzensberger wieder. Vgl. H. M. Enzensberger: Aussichten auf den Bürgerkrieg, a. a. O., v. a. S. 71–85.

18 Amy Gutmann: Die kommunitaristischen Kritiker des Liberalismus. In: Axel Honneth (Hrsg.): Kommunitarismus, a. a. O., S. 68–83, hier: S. 80.

19 Ebd.

20 Ebd., S. 81.

21 Charles Larmore: Politischer Liberalismus. In: Axel Honneth (Hrsg.): Kommunitarismus, a. a. O., S. 129–156, hier: S. 156.

22 Vgl. Michael Walzer: Die kommunitaristische Kritik am Liberalismus. In: Axel Honneth (Hrsg.): Kommunitarismus, a. a. O., S. 157–180.

23 Carl Schmitt: Die geistesgeschichtliche Lage des heutigen Parlamentarismus. Berlin (Duncker und Humblot) 1969 (unveränderter Nachdruck von 1926) S. 11.

24 Ebd., S. 10.

25 Ebd., S. 14.

26 Ebd., S. 15.

27 Ebd., S. 22ff.

28 Ernst Bloch: Erbschaft dieser Zeit. Frankfurt a. M. (Suhrkamp) 1981, S. 162ff.

29 Ebd., S. 128.

30 Ebd., S. 159.

31 Ernst Bloch: Vom Hasard zur Katastrophe: Politische Aufsätze aus den Jahren 1934–1939. Frankfurt a. M. (Suhrkamp) 1972, S. 281.

32 Zit. nach: Ebd., S. 231.

33 Rainer Traub/Harald Wieser (Hrsg.): Gespräche mit Ernst Bloch. Frankfurt a. M. (Suhrkamp) 1980, S. 200ff.

34 Zit. nach: Gerd Koenen: Die großen Gesänge: Führerkulte und Heldenmythen des 20. Jahrhunderts. Frankfurt a. M. (Eichborn) 1991, S. 14.

35 Ebd., S. 354.

36 Koenen, S. 422.

37 Ebd., S. 430.

38 Vgl. Koenen, S. 495.

39 Luise Rinser: Nordkoreanisches Reisetagebuch. Frankfurt a. M. (Fischer) 1981, S. 102.

40 Ebd., S. 13.

41 Ebd., S. 143.

42 Ebd., S. 75.

43 Ebd., S. 102.

44 Ebd., S. 28.

45 Ebd., S. 71.

46 Ebd., S. 35.

47 Ebd., S. 143.

48 Ebd., S. 140 ff.

49 Ebd., S. 18.

50 G. W. F. Hegel: Phänomenologie des Geistes. Frankfurt a. M. 1981 (Suhrkamp): S. 435.

Bleibt der Westen westlich?

1 Karl Popper: Die offene Gesellschaft und ihre Feinde. Bd. 1: Der Zauber Platons, a. a. O., S. 238.

2 Vgl. Bodo Morshäuser: Warten auf den Führer. Frankfurt a. M. (Suhrkamp) 1993, S. 92.

3 Vgl. Samuel P. Huntington: The Clash of Civilizations? Foreign Affairs 3/1993, S. 22–49.

4 Ebd., S. 29 ff.

5 Ebd., S. 39.

6 Ebd., S. 49.

7 Vgl. Fouad Ajami: The Summoning. Foreign Affairs 4/1993, S. 3.

8 Vgl. Liu Binyan: Civilization Grafting: No Culture is an Island. Ebd., S. 20 ff.

9 Vgl. Ajami, S. 7.

10 Gunnar Heinsohn: Die Zukunft des Völkermords: Umweltapokalyptiker und Ökokrieger. Bremen 1993 (unpubliziert), S. 22.

11 Ebd., S. 22 ff.

Sachregister

Daniela Dahn
Wir bleiben hier oder Wem gehört der Osten *Vom Kampf um Häuser und Wohnungen in den neuen Bundesländern*
(aktuell 13423)
Mehrere Millionen Menschen in den neuen Bundesländern sehen die Grundlage ihrer Existenz gefährdet. Sie wissen nicht, ob und wie lange sie noch in ihren Häusern und Wohnungen bleiben können. Der Band beschreibt die desaströsen Folgen der bis heute üblichen Rechtspraxis – «Rückgabe vor Entschädigung» – und entwickelt Perspektiven für eine politisch wie sozial vertretbare Eigentumsregelung.

Götz Eisenberg/Reimer Gronemeyer
Jugend und Gewalt *Der neue Generationenkonflikt oder Der Zerfall der zivilen Gesellschaft*
(aktuell 13352)

Walter Hanesch u.a.
Armut in Deutschland *Der Armutsbericht des DGB und des Paritätischen Wohlfahrtsverbandes*
(aktuell 13420)

Holger Rosenberg/Marianne Steiner
Paragraphenkinder *Erfahrungen mit Pflege- und Adoptivkindern*
(aktuell 12989)

Wolfgang Schmidbauer (Hg.)
Pflegenotstand – das Ende der Menschlichkeit *Vom Versagen der staatlichen Fürsorge*
(aktuell 13118)

Die Autoren/innen dieses Bandes liefern mit ihren Beiträgen nicht nur eine dramatische Bilanz des Pflegenotstands, sondern unterbreiten Vorschläge für die Lösung des Problems, die über die Flickarbeit an Tarifen und Schichtdienstzeiten hinausreichen.

Burkhard Schröder
Heroin *Sucht ohne Ausweg? – Ein Aufklärungsbuch*
(aktuell 13276)
Heroin gilt als Symbol für den Drogenmißbrauch überhaupt. Diese zweifelhafte Prominenz basiert vor allem auf einem Mix von Mythen, Halbwahrheiten und gezielter Desinformation. Dieser Band soll Betroffene und Interessierte über die Wirkung und die Gefahren des Heroinkonsums, über Behandlungsweisen und –möglichkeiten sowie über Sinn und Praxis von Substitution aufklären. Darüber hinaus enthält das Buch praktische Hinweise für den Umgang mit Süchtigen.

Hans-Jürgen Heinrichs
Inmitten der Fremde *Von In-
und Ausländern*
(aktuell Essay 13219)

Wolf-Dieter Just (Hg.)
Asyl von unten *Kirchenasyl
und ziviler Ungehorsam. Ein
Ratgeber*
(aktuell 13356)

Claus Leggewie/Zafer
Şenocak (Hg.)
Deutsche Türken. Türk Almanlar
*Das Ende der Geduld. Sabrın
sonu*
(aktuell 13426)

Barbara Malchow /
Keyumars Tayebi / Ulrike
Brand
Die fremden Deutschen *Aus-
siedler in der Bundes-
republik*
(aktuell 12786)
In diesem Buch kommen
Aussiedler/innen aus ver-
schiedenen Ländern selbst zu
Wort. Sie erzählen ihre Le-
bensgeschichte, beschreiben
ihre Ausreisemotive und
schildern ihre ersten Eindrük-
ke vom Leben in der Bundesrepublik.

Bahman Nirumand (Hg.)
Angst vor den Deutschen *Terror
gegen Ausländer und der
Zerfall des Rechtsstaates*
(aktuell 13176)
«Nicht nur die Nächsten-
liebe, erst recht die Selbstliebe
gebietet es, die einheimischen
Ausländer gegen die Angriffe
selbsternannter Bewahrer des
"Deutschtums" zu verteidigen. Diese Anschläge stellen
das Existenzminimum einer
zivilen Gesellschaft in Frage.»
Peter Schneider

Deutsche Zustände *Dialog über
ein gefährdetes Land*
(aktuell 13354)
In sechs Dialogen entwickeln
jeweils ein ausländischer und
ein deutscher Autor ihre Sicht
auf den rechten Terror in
Deutschland, seine Wurzeln,
seine Entstehung, seine
Folgen.

Leben mit den Deutschen *Briefe
an Leila*
(aktuell Essay 12404)

Elisabeth Petersen
Kinder auf der Flucht *Vertrie-
ben, entwurzelt, unerwünscht
– Kinderflüchtlinge in
Deutschland*
(aktuell 13393)
Etwa zehn Millionen Kinder
und Jugendliche sind
weltweit auf der Flucht.
Kriege, politische Unruhen,
Naturkatastrophen oder
Hungersnöte zwangen sie,
allein oder mit ihren Eltern
die Heimat zu verlassen.
In diesem Band berichten
Kinderflüchtlinge von ihren
Ängsten und Hoffnungen,
von den Umständen ihrer
Flucht und dem Leben in
Deutschland.

Johannes Beck
Der Bildungswahn *Essay*
(Band 13421)
«Bildungsnotstand» – dieser
populäre und vielzitierte
Begriff führt in die Irre, sofern
er die Aufmerksamkeit
lediglich auf die anachro-
nistisch gewordenen «Lern-
vollzugsanstalten» bündelt.
Zu diagnostizieren ist
vielmehr ein moralischer
Notstand unserer Gesell-
schaft. Die immer wieder
beklagte Bildungskrise ist in
Wahrheit eine Art Bildungswahn: Die totalitär gcworde-
ne Pädagogisierung sämtlicher
Lebensverhältnisse.

Walter Janka
Schwierigkeiten mit der Wahrheit
(Band 12731)

Michael Lukas Moeller
**Der Krieg, die Lust, der Frieden,
die Macht**
(Band 13175)

Peter Nádas/Richard Swartz
Zwiesprache *Vier Tage im Jahr
1989.*
(Band 13277)

Bahman Nirumand
Leben mit den Deutschen *Briefe
an Leila*
(Band 12404)

Chaim Noll
Nachtgedanken über Deutschland
(Band 13120)
Leben ohne Deutschland
(Band 13619)